教育部"中央专项彩票公益金支持未成年人校外教育项目"研究成果

U0641868

劳动

Laodong

Zhongxiaoxue Kecheng Ziyuan Sheji

——中小学课程资源设计

◉ 重庆市巴南区教育综合实践中心　主编

华中科技大学出版社
http://press.hust.edu.cn
中国·武汉

图书在版编目(CIP)数据

劳动:中小学课程资源设计/重庆市巴南区教育综合实践中心主编. —武汉:华中科技大学出版社,
2023.2

ISBN 978-7-5680-9187-9

Ⅰ. ①劳… Ⅱ. ①重… Ⅲ. ①劳动课-中小学-教学参考资料 Ⅳ. ①G634.933

中国国家版本馆 CIP 数据核字(2023)第 029958 号

劳动——中小学课程资源设计 重庆市巴南区教育综合实践中心 主编
Laodong——Zhongxiaoxue Kecheng Ziyuan Sheji

策划编辑:汪　粲

责任编辑:余　涛　李　昊

封面设计:黄　淦

责任监印:曾　婷

出版发行:华中科技大学出版社(中国·武汉)　　电话:(027)81321913

　　　　　武汉市东湖新技术开发区华工科技园　　邮编:430223

录　排:华中科技大学惠友文印中心

印　刷:武汉科源印刷设计有限公司

开　本:787mm×1092mm　1/16

印　张:21

字　数:440 千字

版　次:2023 年 2 月第 1 版第 1 次印刷

定　价:49.80 元

编 委 会

目　录 CONTENTS

上篇

下篇

上篇

巴南区小红军实践教育基地劳动教育课程
"小红军种植青稞"单元主题说明

一、单元主题概述

1.本主题以"生产劳动"为核心,遵循小红军成长基地的课程主线,从红军长征"借粮"的真实故事出发,创设了小红军"还粮"的重要任务。又根据小学高段学生的年龄特点、劳动能力和日常需要,结合基地特有的场地环境、设施设备,确定生产劳动课程内容,主要开展"种青稞""磨青稞面""制作糌粑"三个系列活动。

2.三个活动着重劳动技能的学习。"种青稞"活动让学生在种植青稞的农业生产过程中,了解青稞的生长过程,学会使用锄头、镰刀等农业工具,掌握相关种植技术,养成吃苦耐劳、珍惜劳动成果的劳动习惯和品质。"磨青稞面""制作糌粑"两个活动则让学生感受劳动创造的价值,增强产品质量意识。

(1)根据青稞的生长变化,"种青稞"活动将播种青稞、田间管理、收获青稞作为学生学习劳动技能的机会。每个过程是一个完整的体验活动,而每个过程又渗透不同的劳动技能和劳动习惯与品质。例如种植活动侧重使用锄头去播种青稞,体验青稞播种的整个流程,感知挖地的辛苦。田间管理则侧重对青稞的管理,从除草、施肥、打虫三方面体验,让学生懂得植物的健康生长需要细心耐心地呵护管理。而收获青稞则更考验学生是否能吃苦,通过割青稞、运青稞、脱壳、晾晒等系列活动,感受粮食的来之不易,从而更加珍惜粮食。

(2)"磨青稞面"是一个承上启下的活动,因为整个小红军种植情景是建立在"还粮"背景任务之下的,既然已经收获了青稞,我们就要赶紧兑现承诺将青稞还给老百姓,而剩下的青稞需要研磨成粉末,给即将上战场的战士准备干粮。磨青稞面的方法虽然简单,但程序比较繁多,需要炒熟青稞后,一遍又一遍研磨,直到粉末较为细腻为止。本活动在培养学生磨粉技能的同时,还加强了学生对产品质量的关注。通过体验,学生将明白:好的成果,是劳动者倾注了很多心血的,我们要珍惜劳动成果,杜绝浪费。

(3)"制作糌粑"活动创设的情景是小红军在长征途中休息时用青稞面做糌粑吃。学生在享受劳动成果带来快乐的同时,也因为真实感受到红军当时的条件有多么艰苦,内心自觉地对红军产生崇敬之情。

3.在读本的编排与呈现上,力求以情景为主线、用问题做牵引、辅助相关的资源。通过有目的、有计划地组织学生参与各项生产劳动，创造动手实践的机会，使他们在活动中出力流汗、磨炼意志，从而形成正确的劳动价值观和良好的劳动品质。

二、单元主题教学目标

1.认识青稞，通过种青稞、磨青稞面、制作糌粑，体验基础的种植劳动，让学生学会相关劳动工具的使用、种植技术和糌粑简单的制作方法。

2.劳动习惯和品质：通过种青稞、磨青稞面、制作糌粑的活动，让学生能自觉自愿、认真负责、安全规范、坚持不懈地参与劳动，形成吃苦耐劳、珍惜劳动成果、杜绝浪费的品质。

3.初步体验种植、手工制作等简单的生产劳动，让学生懂得合理分工与团结合作是有效完成任务的重要前提，感受劳动带来的快乐。

4.阅读、聆听长征故事，模拟长征情境，感受红军战士的吃苦耐劳、默默奉献精神和钢铁意志，坚定跟党走、听党话的信念。

三、教学实施建议

(一) 课时安排

活动名称	课时安排	结构	时间
种青稞	第1课时：播种青稞	(1)创设情景，发布任务，打包物资(10分钟) (2)认识青稞，学习使用锄头等工具播种青稞(60分钟) (3)交流分享，评价总结，整理归队(20分钟)	90分钟
	第2课时：田间管理	(1)创设情景，发布任务，打包物资(10分钟) (2)学习使用锄头、喷雾器等工具进行田间管理(60分钟) (3)交流分享，评价总结，整理归队(20分钟)	90分钟
	第3课时：收获青稞	(1)创设情景，发布任务，打包物资(10分钟) (2)学习使用镰刀工具，收割青稞(90分钟) (3)交流分享，评价总结，整理归队(20分钟)	120分钟
磨青稞面	1课时	(1)创设情景，发布任务，打包物资(10分钟) (2)认识石磨，青稞磨粉，青稞面装袋(90分钟) (3)交流分享，评价总结，整理归队(20分钟)	120分钟
制作糌粑	1课时	(1)创设情景，发布任务，准备物资(10分钟) (2)做糌粑，将青稞泡水，做创意糌粑(30分钟) (3)交流分享，评价总结，整队前行(10分钟)	50分钟

（二）教学目标的表述

本主题三个活动内容是劳动教育——生产劳动教育专题，在拟写教学目标时，教师可以参考《大中小学劳动教育指导纲要（试行）》中对劳动教育目标的概述，从劳动观念、劳动能力、劳动精神、劳动习惯和劳动品质多维度进行表述；表述时，应做到目标具体化、可视化，操作性强，具有指导意义。

活动开展方式为综合实践方式，避免将劳动教育做成简单的技能培养。

（三）教学准备

1. 熟知长征故事。三个活动都在红军"借粮"的真实背景下开展的"还粮"任务，这是红军的美好愿望，教师应提炼故事中与劳动教育紧密相关的信息，将劳动教育和红军长征精神有机结合起来。

2. 备好活动材料。三个活动涉及的材料均较多，教师要充分考虑器材的数量、过程中的分配情况，以及收纳整理等问题。由于几个活动场地变化较大，还要注意材料在运输过程中的丢失和安全问题。

（四）过程执行

1. 以生为本，多创造机会让学生亲身体验、出汗磨炼。

2. 任务驱动，紧紧围绕活动目标创设情景，设置真实的活动任务，引导学生根据任务进行自主探索或协作学习。

3. 落实评价，建立多维度、多元化的评价标准。评价内容应包括学生在活动过程中的表现、解决问题的过程、达成任务的情况。充分发挥评价导向、激励、调控的功能，促进学生积极主动地参与活动过程。

4. 做好户外活动安全预案。种植青稞的三个活动基本都在室外进行，要时刻关注天气情况，并做好安全预案，要指导学生正确使用工具，并针对可能存在的危险做好充分的预设和制定应急处理措施。将安全纳入评价内容，让学生建立安全意识，自觉将安全放在第一位。

（五）其他说明

每个活动除达成主要目标之外，还应关注细节处置。如活动结束后对工具的整理与收纳，是培养学生良好劳动习惯的契机。时时、事事、处处都是实践机会，教师应有全课程理念，将学生在活动过程中的即时表现、师生个体及其身边一切都转化为教学资源。

第一单元 小红军种植青稞

第一课 种青稞

说到青稞，我们不禁想起"红军借粮的故事"。从1933年开始，国民党对红军进行了五次围剿，红军在第五次反"围剿"斗争落败，部队被迫转移阵地，开启了万里长征的征途。到了四川，红军之前的粮食已经消耗得差不多了，于是决定在这里休整，顺便筹集粮食。但红军内部有着非常严明的规则，那就是不拿群众一针一线，可当时部队要是不收割这些青稞，战士们会被饿死。于是中央下令，允许战士们去收割粮食，但每支部队都要详细记载收割青稞的数量，然后再把记载了这些信息的木牌放在地里面，以后老百姓能拿着这些木牌去红军部队或者是苏维埃政府兑换钱财。

就这样，红军翻越高山、险渡河流，一路上吃得最多的就是青稞。青稞究竟是什么？这节课就和我们一起去种种青稞，全面认识青稞吧！

情景与任务

长征胜利结束，红军热泪盈眶地看着手中的青稞：我们能在那么艰难的长征中吃到老百姓送来的青稞，这份情，我们一定要还。

行动与体验

行动: 认识青稞

青稞和小麦长得好像啊!

你知道吗?

　　青稞,是大麦的一种,中国藏区居民的主要粮食。青稞谷粒可以磨成面粉,红军长征吃的就是青稞面,也可以将青稞面兑水喝。藏区人民食用时会添加当地的酥油茶或清茶,用手将它捏成坨做成糌粑吃。青稞还能酿制成青稞酒,一种低酒精度的米酒。

想一想: 青稞喜欢什么样的生活环境?

我觉得青稞喜欢……因为……

我觉得青稞还喜欢……因为……

行动: 种青稞

活动: 认识种植工具——锄头

锄刃

锄柄

你知道吗？

锄头分为两部分：第一部分是锄刃，用来松土、除草；第二部分是锄柄，手握的地方。双手一手在前，一手在后，前一只手和锄头的头部的距离为整个把柄的三分之二，后一只手距离长柄的尾部20厘米。挖地的时候，先把锄头抬高，稍微高过自己的头顶，这时，前一只手用力压下去，后一只手自然抬一下锄柄的尾部。两只手要同时同步运行，不是各自运用各自的。然后一下一下、连续刨地。

选一选 请选择一把合适的锄头来挖地！

(   )   (   )   (   )

据说锄头挖地利用的是杠杆原理，那怎么样能省力呢？

活动：跟我一起种青稞

说一说：怎样种青稞比较科学？

播种篇

1.请根据种植过程给下面的步骤排个序。

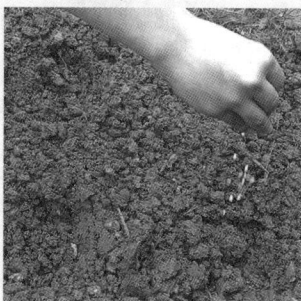

浇水(　　)　　　　打窝(　　)　　　　选种(　　)

松土(　　)　　　　播种(　　)　　　　盖土(　　)

想一想：在播种青稞的过程中我们要注意哪些问题，和战友们一起说一说。

我觉得挑选青稞种子很重要，要选……

我觉得窝与窝的间隔要考虑，这样……

2.播种青稞。

人员分工表

队　长：＿＿＿＿＿＿＿＿＿＿

队员1：＿＿＿＿＿＿＿＿＿＿

队员2：＿＿＿＿＿＿＿＿＿＿

队员3：＿＿＿＿＿＿＿＿＿＿

队员4：＿＿＿＿＿＿＿＿＿＿

队员5：＿＿＿＿＿＿＿＿＿＿

队员6：＿＿＿＿＿＿＿＿＿＿

队员7：＿＿＿＿＿＿＿＿＿＿

提醒

1.挖地时其他同学不能站在锄头前面，同学与同学的间隔为1米。

2.锄头与锄头不能交叉。

3.挖地时，观察周围是否有同学。

撸起袖子，和我一起来种青稞吧！

议一议：想要青稞健康生长，我们能为它做什么？

你知道吗?

　　想要种出高产高质量的青稞，除了翻土耕种以外，还需要随时关注青稞的生长，并根据情况进行施肥、除草、防虫害等，我们把这一过程的一系列管理活动叫作"田间管理"。

管理篇

1.学习田间管理方法。

除草要求

用锄头轻轻将地里非青稞的杂草一律铲起,铲起来的草用锄头放置到指定地方,有序整齐地堆放起来。

施肥要求

用锄头在青稞旁边10厘米处挖一个拳头大小的窝,放上乒乓球大小量的肥料,盖土,将窝填平,注意不要将青稞的根挖到。

打虫要求

将农药倒进喷雾器里,加入水稀释到需要的浓度。喷洒时喷头距青稞顶端0.5~1米,保证每窝喷洒药物均匀。

⚠ **特别提醒**

虽然农药是稀释后的,但仍具有毒性,所以打虫时,一定要戴好口罩,如果不慎将农药洒到皮肤和衣物上,要立即和老师报告,并及时清理。

这个时期的青稞,我们要施加什么肥料才合适呢?

温馨小贴士

在青稞拔节的时候要进行第一次施肥,这时所施的肥料为氮肥,氮肥有助于青稞苗的成长。第二次施肥就要等到它开花的时候,这时需要大量的养分,所以一定要及时施加钾肥与氮肥,不然会导致营养不良,果穗不大不多。第三次施肥要到结穗的时候,这个时候就要喷洒可以使果实饱满的肥料,也就是我们常说的磷酸二氢钾。

2.给青稞除草、施肥、打虫。

我们的分工表

姓名	任务		
	除草	施肥	打虫

除草的任务看似简单,我们还要详细分工? 不然谁去处理除下来的草呢!

对对对,我看施肥、打虫也要分解任务,小组之间要相互配合!

收获篇

我们的青稞可以收获了吗?

说一说:怎样收割青稞? 用什么工具?

1.认识收割工具——镰刀。

刀把

刀片(锯齿)

操作方法:左手抓住青稞秆,右手握住刀把,刀口平放,置于左手之下,对准青稞秆靠近地皮的位置割断青稞。然后将割下的青稞整齐地摆在一起,直到有小腿差不多粗就可以将它们捆成一捆,整齐地摆放在田坎上。

议一议：想要呈颗粒状的青稞，我们还得进行脱壳处理。用什么方法脱壳比较好？为什么？

金点子

青稞外壳成熟后很脆，轻轻使力，外壳就会破裂，所以为了能快速脱壳，我们可以将捆好的青稞，使劲往长条凳上打，直到青稞全部从穗上掉落下来。对于个别实在打不下来的青稞，我们也可以徒手脱壳。将成功脱壳的青稞平铺在地面上，让太阳把青稞晒干。

2.收割青稞。

看样子我们得进行细致分工，比如收割队、运输队、脱壳队、晾晒队，每个队的第一个人为队长……

人员分工表

收割队：_____

运输队：_____

脱壳队：_____

晾晒队：_____

交流与分享

和大家说说自己的看法吧！

　　1.种青稞的流程有哪些？
　　2.想要收获优质饱满的青稞，我们在种植过程中需要注意哪些方面？

评价与总结

(1) 通过种植青稞,我对自己劳动技能学习的评价。

评价内容	自评	互评	师评
能够熟练打包物资	☆☆☆	☆☆☆	☆☆☆
能够使用锄头挖地	☆☆☆	☆☆☆	☆☆☆
能够使用锄头打窝	☆☆☆	☆☆☆	☆☆☆
能够按照程序有序进行播种	☆☆☆	☆☆☆	☆☆☆
能够使用锄头除草	☆☆☆	☆☆☆	☆☆☆
能够选择合适的肥料给青稞施肥	☆☆☆	☆☆☆	☆☆☆
能够使用喷雾器为青稞除虫	☆☆☆	☆☆☆	☆☆☆
能够有序开展田间管理活动	☆☆☆	☆☆☆	☆☆☆
能够使用镰刀收割青稞	☆☆☆	☆☆☆	☆☆☆
能够用扁担运输青稞	☆☆☆	☆☆☆	☆☆☆
能够成功将青稞脱壳	☆☆☆	☆☆☆	☆☆☆
能够把青稞晾晒好	☆☆☆	☆☆☆	☆☆☆
能够有序开展收割活动	☆☆☆	☆☆☆	☆☆☆
能够合理分工,接受安排	☆☆☆	☆☆☆	☆☆☆
劳动过程中注意安全,没有受伤的情况	☆☆☆	☆☆☆	☆☆☆

(2) 假如在整地过程中弄脏了自己衣裤、鞋袜,你会怎样看待这个问题?

(3) 通过青稞种植,你觉得种粮食辛苦吗? 和我们说说印象最深刻一次种植吧!

(4) 种青稞的每个环节都需要大家合作完成,请谈谈你印象最深的一次分工合作和感想。

军民互助，共渡难关

红军长征历经的磨难除了过雪山草地的艰辛，还有食物匮乏。红军走到四川，粮食储备已经所剩无几，于是中央下令在这里休整，顺便筹集粮食。红军明确规定不拿群众一针一线，于是用各种方式写下借粮借条。

仁青卓玛家就有这样的一块木牌。在了解了木牌背后的故事之后，仁青卓玛十分感动，她并不想用木牌换钱，也拒绝了国家的主动赔偿。有人提出想高价收购这块木牌用于收藏，也被仁青卓玛拒绝了。对于她来说，这块木牌很有历史意义，所以她决定继续保存这块木牌。她之所以拒绝国家赔偿，是因为家里的经济条件已经好转，不仅住上了新修的房子，而且还养了一大群羊，这一切都是国家政策的功劳，所以她想：以前借出的青稞就当是为国家做贡献了。

红军的长征精神让人动容，在长征道路上红军与百姓的军民互助也让人动容。如今几十年过去，军人与百姓依旧保持着互相信任、互相帮助的良好关系，这是一个民族能复兴的关键。

每一粒粮食都来之不易，需要精心呵护。节约粮食，我们共同参与。

第二课 磨青稞面

成熟的青稞晒干后可以直接储藏起来,还可以将青稞磨成面做成各种美味。磨青稞的方法看似简单,却也十分讲究。究竟怎样才能磨出较为优质的青稞面呢? 这节课,就跟我们一起来磨青稞面吧!

情景与任务

一连几个月辛苦种植,现在终于要收获了青稞。战士们决定将大部分青稞送还给老百姓,留下一部分磨成面,给准备去前线的同志们作为路上的干粮。

说一说:用什么办法可以将青稞磨成细腻的面呢?

行动与体验

行动：认识研磨工具——石磨

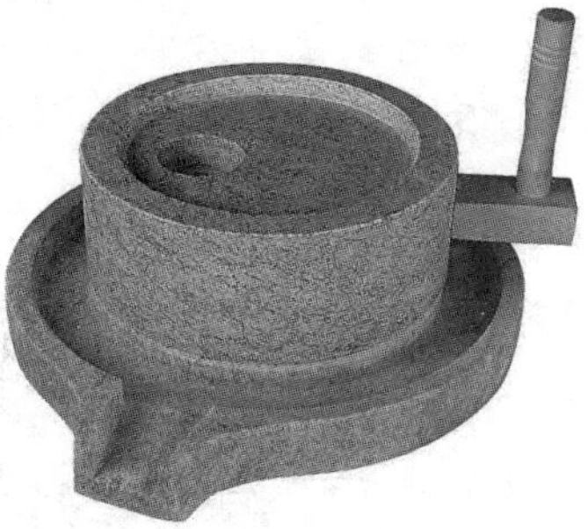

> 这就是将青稞磨成面的石磨啊!

你知道吗?

石磨，是将青稞加工成面的一种工具。通常由两个圆石组成，两个圆石的接触面都刻着许多规则的纹理。上方圆石打通着一个孔，连接着下方圆石。将青稞从小孔倒入，推动上方圆石上的手柄，青稞就被研磨成面了。

> 石磨的上下圆石接触面为什么要设计纹理呢?

议一议：石磨可以将青稞磨成面，还能将哪些粮食磨成面呢?

拓展与延伸 ··

石磨的动力起初是由人力或畜力提供的,到了晋代,中国劳动人民将水作为动力,发明了水磨。二十世纪七十年代,人们巧妙地将古老技术和现代化元素结合起来,创造出了用电动机驱动的石磨。电动石磨不仅保留了传统石磨的研磨部分,同时增加了输送装置和清理装置。现代石磨相比传统石磨节省了劳动力,提高了产量。

传统石磨

电动石磨机

行动: 磨青稞面

活动:炒青稞

温馨小贴士

青稞磨面之前通常都会先将青稞炒熟,这不仅便于直接食用,还容易保存,不易霉坏变质。

第一步:选优质青稞

第二步:生火热锅

第三步：炒青稞至裂开

第四步：晒凉熟青稞

说一说：在炒青稞的过程中，我们有哪些安全事项需要注意的？⚠️

活动：磨青稞

操作要求：将粮食从石磨上方的孔倒入两层磨石中间，转动磨盘上方的手柄，里面的粮食沿着纹理向外移动，但粮食受到纹理的阻碍，一旦能自由向前滚动，就会被上圆石碾压而变形、破碎。

温馨提醒：为了干净卫生，每次使用石磨前后都要认真清洗磨盘，并晾干哦！

想一想：在石磨上研磨一次就能将青稞磨成细粉吗？如果不能，还要怎么做？

你知道吗?

　　为了研磨出较为细腻的青稞面,充满智慧的劳动人民又想到了用筛子。这种筛子的空隙只能让非常细腻的粉末通过。所以我们可以将第一次研磨后的青稞颗粒转移进细筛里,通过画圈的方式摇动细筛,充分筛选出粉质细腻的青稞,将剩下的较大颗粒重新倒入石磨中再次研磨,筛选出的青稞粉末就装进我们的粮袋里。

那我们赶紧来磨青稞。

如果研磨第二次颗粒变小但还不够细腻,怎么办?

人员分工表

　　　　队　长:＿＿＿＿＿

队员1:＿＿＿＿＿　　　队员2:＿＿＿＿＿

队员3:＿＿＿＿＿　　　队员4:＿＿＿＿＿

队员5:＿＿＿＿＿　　　队员6:＿＿＿＿＿

⚠ 提醒

　　1.为了干净、卫生,建议每次使用完筛子后都要将筛子上面的残留物清理干净。

　　2.在研磨青稞时,最好买较大的簸箕来接青稞粉,不然容易散落在簸箕外面,造成污染和浪费。

　　3.队长根据研磨任务合理进行人员分工。

活动:青稞面装袋

要求:将研磨好的青稞面用粮袋装起来,一组一袋,打包。

交流与分享

和大家说说我们的看法吧！

1. 怎样才能磨出较为细腻的青稞粉，哪些细节需要我们特别关注？

2. 将青稞磨成较为细腻的青稞面容易吗？为此，我有一些感想。

3. 小组在规定时间内完成青稞磨粉的任务了吗？如果顺利完成，说说秘诀；如果没完成，谈谈问题在哪里。

评价与总结

(1)通过磨青稞面，我的评价：

评价内容	自评	互评	师评
能够熟练打包物资	☆ ☆ ☆	☆ ☆ ☆	☆ ☆ ☆
能够使用石磨研磨	☆ ☆ ☆	☆ ☆ ☆	☆ ☆ ☆
能够成功将青稞炒熟至裂开	☆ ☆ ☆	☆ ☆ ☆	☆ ☆ ☆
能够将青稞研磨成细腻的青稞面	☆ ☆ ☆	☆ ☆ ☆	☆ ☆ ☆
能够有序开展研磨活动	☆ ☆ ☆	☆ ☆ ☆	☆ ☆ ☆
能够合理分工，接受安排	☆ ☆ ☆	☆ ☆ ☆	☆ ☆ ☆
劳动过程中注意安全，没有发生受伤的情况	☆ ☆ ☆	☆ ☆ ☆	☆ ☆ ☆

(2)今天磨青稞面，手磨软了吗？我的感受是：_____

_____

_____

(3)如果队长给我安排了一项我完全不喜欢的任务，我要怎么做？

_____

_____

长征故事

长征途中最凶险的历程

兵马未动粮草先行。自古以来有许多关于军粮重要性的名言警句,军粮在战争中的作用不言而喻。但红军长征可没这么幸运,为了走出草地,红军真的吃了常人不能吃的苦。

爬雪山过草地,战友遗体成为悲壮的"路标"。

每一种食物都是我们身边最普通的劳动者通过简单却又烦琐的方法,细致、耐心地制作出来的,我们要对大自然的馈赠心存感恩。

第三课 制作糌粑

磨好的青稞面，是做糌粑的最好材料。长征的队伍刚进到藏区时，部队里主要吃的是酥油糌粑，这是藏区人民的主食。那糌粑是怎么制作的？味道又如何呢？这节课，我们就一起来做糌粑！

你知道吗？

糌粑的由来

糌粑是"炒面"的藏语译音。以前，游牧民族逐水草而生，居住的地方并不固定。生火做饭都不方便的时候，糌粑便成了游牧人民的主要粮食，它不仅营养丰富、热量高，很适合充饥御寒，还便于携带和储存。

情景与任务

红军大部队又要开始漫长的征途，休整时，红军们拿出了根据地同志们为他们准备的青稞面，学着藏区人民的方法捏糌粑充饥。

探索与体验

体验：做糌粑

说一说：怎么做糌粑？

这就是糌粑，和同伴一起说说你是怎么制作糌粑的吧！

我的糌粑制作方案

制作糌粑的步骤	需要注意的问题及解决方法
1.	1.
2.	2.
3.	3.
4.	4.

做一做 尝试做一次糌粑！

尝一尝：
和我的同伴一起品尝，说说味道如何？

⚠️ **提醒**

1. 做糌粑前一定要先保证我们的手是干净的，避免卫生情况导致的身体不适！
2. 糌粑含有大量脂肪，不宜食入太多，应少食多餐，这样才有利于消化吸收。

你知道吗？

半碗青稞面的故事

在荒无人烟的草地上，红军战士的青稞面吃完了，眼看战士们把随身携带的纸张都已经被咽下去充饥了，时任中央革命军事委员会副主席的周恩来命令警卫员将他仅存的半碗青稞面全部分给大家泡水喝。就这样，掺上一点点青稞面的热水，被分到战士们的手中，吃完后战士们又上路了。

体验：青稞面泡水

试一试：将青稞面泡水喝。

青稞面泡水好喝吗？

糌粑倒是很能充饥，那一点青稞面泡水，能抵挡饥饿吗？

拓展与延伸

糌粑的家常做法是和酥油茶搭配做成酥油糌粑。但很多人并不接受青稞的麦香味和酥油的气味。想一想,我们还可以怎样做让糌粑更美味?

交流与分享

和大家说说我们的看法吧!

1. 糌粑和青稞面泡水,哪种做法的味道更让你接受?

2. 吃了糌粑,行军多久之后会感觉到饿意?

3. 通过这个活动,你发现红军身上有哪种品质值得学习?

评价与总结

(1)通过制作糌粑,我对自己劳动技能学习的评价(自评):

评价内容	自评	互评	师评
能够熟练打包物资	☆☆☆	☆☆☆	☆☆☆
能够完成糌粑的制作	☆☆☆	☆☆☆	☆☆☆
能够有序开展制作活动	☆☆☆	☆☆☆	☆☆☆
劳动过程中注意安全,没有受伤的情况	☆☆☆	☆☆☆	☆☆☆

(2)通过学习本节课,面对现在家里一大桌的美食时,我要怎么做?

_____

_____

(3)通过制作糌粑,我要学习红军的哪些精神和品质?

_____

_____

长征故事

红军长征都吃过什么?

1.青稞面。

长征队伍刚进入藏区时,部队里主要吃的是酥油糌粑,来自江西、湖南等地区的红军战士吃不惯,各部队只好专门发材料,解释说藏民的这种食物其实对身体很有好处,鼓励大家吃下去。糌粑需要用水和着吃,没有水,干吃很难受。一下雨,糌粑被淋湿就成了疙瘩,再用开水和就成了稀面糊糊,不禁饿。直接吃黏疙瘩,又难以下咽。

2.野菜、草根、树皮。

战士准备的干粮,两三天就吃完了。一路上就靠吃野菜、草根、树皮充饥。有的野菜、野草有毒,吃了轻则呕吐腹泻,重则中毒死亡。走在前边的部队还有野菜、树皮充饥,后面的部队连野菜、树皮都吃不上,更艰苦。

3.皮带、皮鞋、马鞍子。

草原无边无际,青稞面、野菜吃光之后,军马也杀掉吃了,战士们只好烧皮带吃。当时的皮带与现在的皮带的工艺不同,就是将牛身上的皮直接剪成腰带的形状和大小,系在腰上。吃皮制品时,方法也简单,就是将皮制品扔进锅里,有盐便加点盐,不管皮带是否变软,有吃的就不错了。

哪有什么岁月静好,只是有人为我们负重前行,请珍惜现在和平的每一天!

巴南区小红军实践教育基地劳动教育课程
"小红军重做红军饭"单元主题说明

一、单元主题概述

1.本主题以"生活劳动"为核心，遵循小红军成长基地的课程主线，挖掘红军长征时期的真实生活劳动典型事例，根据小学高年级学生的年龄特点、劳动能力和日常生活需要，结合本基地特有的设施设备和场地环境，确立了"金色的鱼钩——钓小鱼""金色的鱼钩——做鱼汤""我能做红米饭南瓜汤"三个活动项目。

2.三个项目中，"金色的鱼钩——钓小鱼"侧重于对野外休闲生活劳动技能的学习和对毅力、耐性的磨炼。"金色的鱼钩——做鱼汤""我能做红米饭南瓜汤"侧重于对日常生活劳动技能的学习和劳动品质的培养。

(1)红军长征中，有战士钓鱼来解决食物不足的问题，帮助战友走出草地。而钓鱼本身既是一种休闲方式，有利于人们身心健康，也是一种磨炼学生的耐心和毅力，使其做事认真细致的生活劳动。本活动将室内做鱼钩、绑鱼钩、调鱼漂和室外鱼塘钓鱼作为学习内容，营造红军班长在长征途中为战士们钓鱼的真实情境，增强学生参与劳动的体验感受，也进一步提升了学生使用工具的能力，以及有智慧、创造性地劳动的生活能力，为学生自主生活打下基础。

(2)民以食为天，做鱼汤是学生需要掌握的一项生活劳动技能。红军长征中老班长用自己钓来的鱼，做了非常鲜美的鱼汤为战士们补充营养，学生对这个感人的故事非常感兴趣。在"做鲫鱼汤"活动中，要引导学生研究探讨鱼汤的多种做法，研究不同做法的共同点和不同点，提高学生可以根据不同材料或实际情况解决实际问题的能力。学生基于提供的工具和材料，分工合作，完成任务，不仅培养了学生使用剪刀、菜刀、锅、锅铲等工具技能，还培养了学生勤于动脑动手和在劳动中学习的意识，以及学生的团队协作能力，为学生以后的自主生活奠定基础。

(3)煮饭是学生必须掌握的基本生活劳动技能。长征时期的红米饭、南瓜汤，是红军的重要食物，对学生来说，又熟悉又陌生，可口的南瓜汤学生相对熟悉，如何做红米饭却少有尝试，他们对做红米饭、南瓜汤的生活劳动充满着好奇。针对当下学生动手做饭能力相对较差的问题，本活动通过让学生们探讨蒸饭和焖饭两种煮饭方式的不同，使他们了解不同做饭方式的特点，以学生煮一次红米饭，切一个南瓜，煮一锅南瓜绿豆汤为任务，旨在提高学生使用刀具切菜，做饭做汤等生活劳动技能，为学生未来生活劳动打好基础，引导学生在劳动过程中感受红军生活的不易和自己父母平时劳动的辛苦，增强珍惜劳动成果的体验感受。

3.本单元读本的编排和呈现，力求做到以下几点：一是主题以当年红军的"食"为主线，来组织安排活动项目，从红军通过钓鱼来补充食物，到红军做红米饭南瓜汤的生活劳动，都围绕"食"这个主题来展开。二是读本以情境活动方式呈现，用学生喜欢的方式与学生交流，具有较好的可读性和互动性。三是以问题为导向，链接相关资源，注意引导学生去寻找、阅读、收集更多的资源，拓展学生空间和实践途径，注重合作探究，让学生在主动参与、积极思考及反思感悟中，学习劳动技能，增强劳动意识，树立劳动精神，提高劳动品质。

二、单元主题教学目标

1.会用钳子、剪刀、菜刀、电磁炉等生活劳动工具完成相关的生活劳动任务，提高使用劳动工具的技能，感受劳动的苦与乐。

2.通过对钓鱼、煮鱼汤和做红米饭、南瓜汤的实践体验，让学生提高生活劳动技能，会联系日常学习生活中的父母、厨师等的生活劳动，感受生活劳动的辛苦，形成尊重劳动者的品质。

3.懂得分工合作是有效完成任务的重要保障，学习从不同角度分析探究问题，在劳动中学习，在劳动中创造，培养勤于动手、热爱劳动的品质。

4.在拓展链接中阅读、聆听长征故事，在模拟情境中体会和感受红军战士不畏艰辛、吃苦耐劳、创造性劳动的革命乐观主义精神。

三、教学实施建议

(一) 课时安排

活动名称	结构	时间
金色的鱼钩——钓小鱼	阅读资料，分配任务，做鱼钩	30分钟
	学习材料，研究方法，绑鱼钩	30分钟
	研究资料，探究道理，调鱼漂	30分钟
	领取工具，实践操作，钓小鱼	120分钟
	收拾用具，整理归队，评价总结	20分钟

（续表）

活动名称	结构	时间
金色的鱼钩——做鱼汤	人员分组、发布任务、任务分解	10分钟
	学习探究、比较方法、制作方案	30分钟
	剖鱼实践、清洗用具、完成准备	40分钟
	分组实践、分工协作、熬制鱼汤	40分钟
	整理归队、交流分享、评价总结	20分钟
我能做红米饭、南瓜汤	人员分组、发布任务、领取用具	10分钟
	阅读资料、探究方法、制定方案	30分钟
	分工协作、按序操作、做米饭	60分钟
	清洗物品、有序实施、熬制南瓜绿豆汤	50分钟
	整理归队、交流分享、评价总结	20分钟

（二）教学目标的表述

本主题三个活动内容是生活劳动教育专题，活动开展方式为综合实践。在拟写教学目标时，教师可以参考《中小学综合实践活动课程指导纲要》中价值体认、责任担当、问题解决、创意物化内容，也可以采用三维目标融合"通过（过程方法）+理解（知识技能）+形成（情感态度价值观）"的叙写方式。但是，无论采用何种描述方式，都应将目标具体化、可视化，尤其体现劳动技能、习惯、品质和精神的培养。

（三）教学准备

1.熟知长征故事。三个活动都承载了长征中的生活劳动情境故事，教师应能熟练讲解，提炼故事中与劳动教育紧密相关的信息，以便在活动过程中灵活运用。

2.备好活动材料。三个活动涉及的材料均较多，教师要充分考虑器材的数量、过程中的分配情况，以及收纳整理等问题。

3.了解各种做法。三个活动的实践操作方式都不是唯一的，教师要尽可能多地了解实践操作的不同方法，注意引导学生在探究中劳动，在劳动中探究，体会劳动的本质。

（四）过程执行

1.以生为本。教师可分层设置活动目标，根据学情调整活动过程。问题的提出要为学生留有更多的选择和创造空间，让学生从多角度获得更深刻的体验和更丰富的情感。

2.任务驱动。紧紧围绕活动目标创设情景，设置真实的活动任务，引导学生根据任务利用学习资源进行自主探索或协作学习，运用已知经验提出方案、解决问题。

3.落实评价。建立多维度、多元化的评价标准。评价内容应包括学生在活动过程中的表现、解决问题的过程、达成任务的情况。充分发挥评价导向、激励、调控的功能，促进学生积极主动地参与活动过程。

4.学习支架。借助学习单,立足学习过程,记录学习轨迹,呈现思维碰撞,获得可见成长。

5.安全保障。三个活动中,涉及用火烧针做鱼钩、池塘边钓鱼、高温蒸煮,以及各种刀具、细小的鱼钩、电磁炉等器具使用,均存在一定的安全隐患。教师必须有充分的安全预设,在活动开始前加强安全教育,过程中加强安全管控,并将安全纳入评价内容,让学生建立安全意识,自觉做到安全第一。

(五)其他说明

每个活动除达成主要目标之外,还应关注细节处置。如"金色的鱼钩——钓小鱼"活动,鱼钩做好以后,灭火回收蜡烛和打火机。钓鱼时,池塘边需要有保护措施。"我能做红米饭南瓜汤"活动,涉及高温操作,需要老师协作和保护。每个活动完毕以后需要收拾整理,这既是安全之需,又是环境要求。事事处处都是实践机会,教师应有全课程理念,将学生在活动过程中的即时表现、师生个体及其身边一切都转化为教学资源。

第二单元　小红军重做红军饭

第一课　金色的鱼钩——钓小鱼

一天，红军老班长在水塘边给战士们洗衣服，忽然，一条鱼跳出水面。老班长喜出望外，跑回了营地，取出一根缝衣针，烧红了，做成了一个鱼钩。这天夜里，战士们就喝到了新鲜的鱼汤，尽管没放什么调料，但战士们觉得没有什么比这鱼汤更鲜美了，端起碗来喝了个精光。老班长在行军部队粮食最短缺的时候，用金色的鱼钩钓鱼充饥，让战士们走出了草地，圆满完成了任务！

情景与任务

红军长征途中，战士们不仅要抵御国民党军队的围追堵截，更要面对伤病、饥饿带来的死亡威胁。部分伤病战士因病掉队，为了给伤病的战士补充营养，红军老班长用自制的鱼钩钓鱼。今天我们也是红军小战士，也来学学做鱼钩、绑鱼钩、钓小鱼吧。

链接

阅读《金色的鱼钩》这个故事，与同学一起开个阅读分享会吧。

探索与体验 ··

> 想知道我是如何做鱼钩、绑鱼钩、钓鱼的吗？快来跟我一起试试吧！

行动： 做鱼钩

认一认

尖嘴钳

剥线钳

老虎钳

> 研究一下，说说可以用它们做什么？怎么使用？做鱼钩选用哪种钳子最好呢？

选一选

> 我们也学学老班长，利用生活中的材料做鱼钩。一起研究一下吧，选用哪种材料做鱼钩最合适呢？

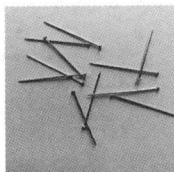

大头针

缝衣针

小铁丝

做一做

我们一起试试吧！

做鱼钩我最行

1. 点燃蜡烛，放置在桌面上。
2. 左手用尖嘴钳夹住小铁丝的二分之一处。
3. 右手用尖嘴钳夹住小铁丝的另一端。
4. 将两个尖嘴钳中间的铁丝放在蜡烛上烧。
5. 待铁丝发红时轻轻将其弯曲成鱼钩形状。
6. 将做好的鱼钩放进冷水杯里降温处理。

铁丝烧红时，当心烫伤哟！

想一想：还能用其他工具来做鱼钩吗?

行动：绑鱼钩

我们动手学着绑鱼钩吧！

1. 把线附在钩轴上。

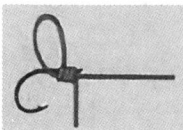

2. 包着钩绕4—5圈。

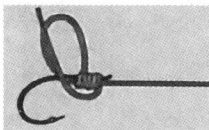

还有其他绑鱼钩的方法吗？上网查查后，再试试吧。

3. 完成穿回大外圈内，并拉紧，把多余的线剪去。

4. 拉紧时把主线带回向钩尖方向。

链接

到渔具店调查一下，有多少种绑好的鱼钩？

行动：调鱼漂

1. 用小水桶将透明的玻璃缸装水至八九分满。

2. 将钓鱼线上的七星鱼漂向下移动，相邻两颗之间保持距离在 2—3 厘米。

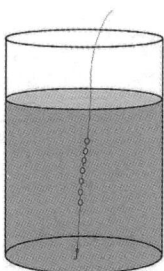

3. 在铅皮座上加铅皮，让七星漂全部沉入水中。

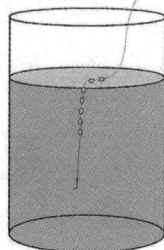

4. 用剪刀修剪铅皮，让七星鱼漂慢慢上浮，直到最上面两颗浮出水面。

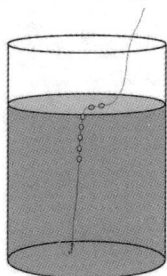

5. 给鱼钩挂上鱼饵（小麦粒），放入水中，再修剪铅皮，直到上面两颗浮出水面。

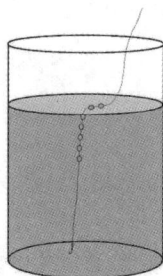

6. 上下调整鱼漂，将鱼钩悬停在你想要的深度处。

探究会

为什么鱼钩能够悬浮在水中任意深度呢？

慢慢减轻鱼钩部分的重量，鱼钩才会浮起来。

鱼漂有向上浮的力量，可以使鱼钩浮起来。

行动：钓小鱼

跟着我试一试，在池塘边钓鲫鱼吧，钓鱼可要保持安静！

钓鱼技巧我知道

第一步：调漂。按照前面的方法调漂，让鱼钩可以悬停在水的任何深处。

第二步：找底。加重铅皮，调整浮漂，让上面两颗浮漂(用七星浮漂)露出水面。

第三步：挂鱼饵。一手拿钩，一手拿鱼饵，鱼钩挂穿鱼饵，微微露出钩尖。

第四步：抛竿。右手拿住鱼竿底端，左手轻轻拿住铅皮处，右臂向前摆动时左手同时放钩，让挂好鱼饵的钩刚好沉入水底。

第五步：向鱼漂处抛洒喂料(小麦粒等)。

第六步：发现浮在水面上的两颗鱼漂全部沉入水中时，快速向上扬竿。

议一议：钓鲫鱼，挂好鱼饵的鱼钩应该停在水的什么深度？

提醒

1.抛钩时,鱼钩要离裤子和衣服一定距离。
2.注意在池塘边选择平稳的地方。
3.起竿要快,但不要用力过猛。

链接

到渔具店去调研,说说你发现了多少种钓鱼工具? 它们分别能钓哪些不同的鱼?

交流与分享

一起交流
一下吧!

1.调鱼漂为什么是钓鱼的关键点呢?
2.你还知道其他哪些钓鱼工具和钓鱼方法呢?

交流记录

1.鲫鱼是在水底层觅食。

2.调好鱼漂才能敏锐地发现鱼是否上钩了。

3. _____

4. _____

评价与总结

通过这次活动，我们学会了使用尖嘴钳这种工具，知道了绑鱼钩的结绳方法和钓鱼的基本技巧，还发现了钓鱼的关键点所在，原来钓鱼有那么多知识可以学习，真是样样劳动皆学问呀！

我们也来说说自己的收获吧！

收获一：鱼钩很不好做，我不小心把手给弄伤了，真的很辛苦，说明当年红军生活也真的不容易。

收获二：我今天一条鱼也没有钓起来，可我还是坚持下来了，磨炼了我的耐心。

收获三：_____

收获四：_____

劳动中有知识、有智慧，只要我们勤动手、不怕苦、有耐心，就会干成想干的事情。

第二课 金色的鱼钩——做鱼汤

红军长征中的一位老班长,每天行军后,把受伤的战士安顿好了,就带着鱼竿出去了。第二天,他总能端着热气腾腾的鲜鱼汤给战士们吃。受伤的战士虽然还是一天一天衰弱下去,但比起光吃草根野菜还是好多了。为了给受伤的战士补充营养,让他们尽快走出草地,老班长在行军中总是尽可能找有水塘的地方宿营,然后钓鱼做鱼汤给战士们喝,鱼汤成了战士们救命的粮食。

情景与任务

一天傍晚,老班长又来到鱼塘边。很长一段时间后,几条小鱼被钓起了。第二天早上,老班长一阵忙活之后,一碗碗热气腾腾的鱼汤就端到了战士们面前,香得战士们直流口水。这鱼汤是怎么做的呢? 今天我们小红军战士,也来学习做鱼汤吧。

想知道我是如何做鱼汤的吗? 挑选几条鲫鱼,跟我一起试试吧!

知识窗

鲫鱼是我国常见的淡水鱼类,生活在青藏高原地域以外的各大水系中。鲫鱼是杂食性鱼类,食性广、适应性强、繁殖力强、抗病力强、生长快、对水温要求不高,便于养殖,是我国重要的养殖性鱼类。

探索与体验

行动: 学剖鲫鱼

学一学

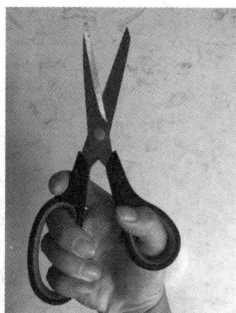

想一想: 剪刀该怎样使用?怎样使用才比较省力呢?

做一做

跟我一起做做吧!

1. 左手握住鲫鱼，使其固定并露出鱼肚部分。

2. 右手握住剪刀，剪开鱼肚。

3. 取出内脏，用水清洗干净鱼肚。

4. 用手(或剪刀)去除鱼鳃，用清水冲洗干净。

5. 用小刀刮掉鱼鳞，用清水冲洗干净。

为什么鱼鳃不能吃？有什么危害吗？

6. 将剖好并清洗干净的鱼，放进一个干净的盆中，放两勺食用盐、少许老姜和黄酒，然后在鱼身上抹匀，腌制10分钟左右。

想一想：鱼洗净后为什么要放老姜、黄酒等腌制呢？

行动：试煮鱼汤

我会查资料

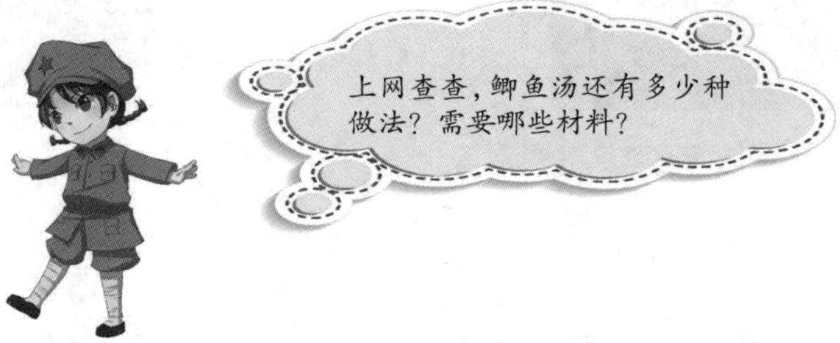

> 上网查查，鲫鱼汤还有多少种做法？需要哪些材料？

泡椒

老姜粒

葱头

......

......

......

> 我发现，做法不同，用的调料有不同。

> 在不同的制作方法中，需要的调料有的是相同的，我们来找找吧。

我会制定方案

我们也来研究且确定一个制作方案吧！

我的鱼汤制作方案

🌿 **需要的材料**

1.鱼　　　　　2.盐　　　　　3.姜片

……

🌿 **我的制作过程**

第一步：

第二步：

……

我来做一做

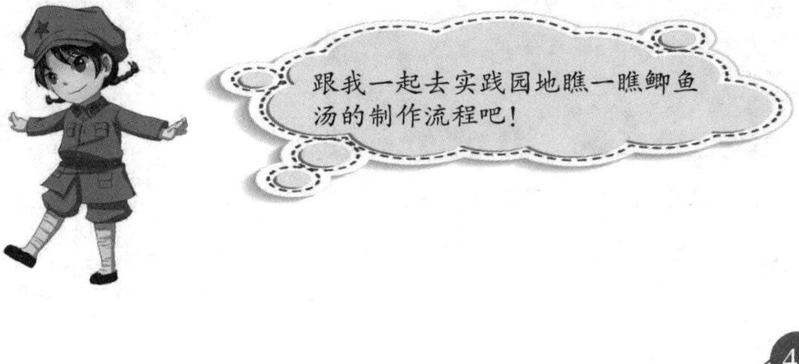

跟我一起去实践园地瞧一瞧鲫鱼汤的制作流程吧！

1.准备辅料：姜2颗(洗净切成姜片)、大蒜3瓣、葱若干、食用油、盐、料酒、胡椒粉。

2.将清理好的鱼，用清水洗干净，再切一些葱花、姜片、蒜片。

3.将洗干净的铁锅放在电磁炉上加热，待锅里无水时倒入一勺食用油烧热。

4.放入鲫鱼，加少许盐，小火慢煎，然后翻面，使每条鲫鱼的两面呈微黄色。

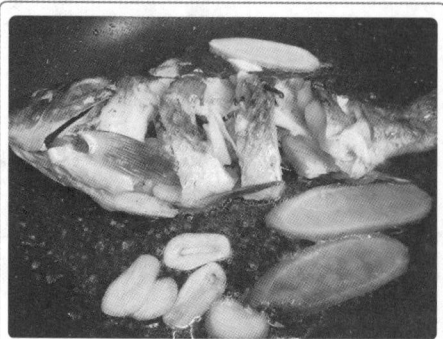

5.放入姜片和蒜片再小火慢煎一会，不要把姜片和蒜片煎得焦黑。

6.加水至没过鲫鱼，开大火煮10分钟，放入适量盐、料酒、胡椒粉。

7.待汤煮开后,将鱼和汤汁全部盛在盆里,再撒上葱花,鱼汤做成。

想一想: 听老人说:常喝鲫鱼汤,人会变得聪明,是真的吗?

交流与分享

交流一:要让鱼汤鲜美,需特别注意哪些事项呢? 和小伙伴们交流一下吧!

要注意去掉鱼的腥味……

煎鱼时,不要煎糊了……

我的经验是:_____。

交流二:不用煎鱼也可以做鱼汤吗? 还有其他的做法吗? 一起交流一下吧!

回家也可以试试!

评价与总结

今天熬制的鱼汤真鲜美,通过劳动,我们学会了用剪刀剖鱼的技能,学会了做鱼汤的方法,还发现了使鱼汤味道鲜美的关键。原来劳动中有那么多学问,辛苦中还这么有乐趣!

我们也来说说自己的收获吧!

收获一:我第一次剖鱼,感觉鱼太滑了,还弄得一手腥味,不是那么简单,还是很辛苦的。妈妈平时为我做了那么好喝的鱼汤,感谢您。

收获二:要做好一碗鱼汤也不容易,但做好后,感觉真香。

收获三:_____

收获四:_____

尝一尝,评一评,看看谁做的鱼汤又白又鲜美。

序号	颜色	香味	味道	时间	总评

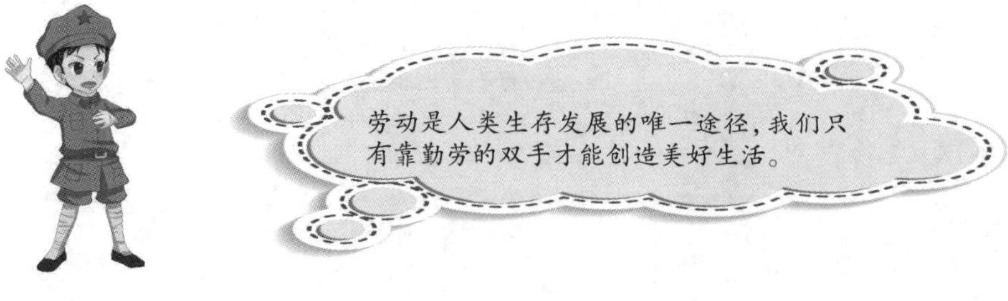

劳动是人类生存发展的唯一途径,我们只有靠勤劳的双手才能创造美好生活。

第三课　我能做红米饭、南瓜汤

　　红军在井冈山时期,面对粮食的匮乏,红军战士怀着革命的乐观主义精神,开荒破土,自力更生,解决吃饭问题。红米饭、南瓜汤便是当时红军的佳肴。我们作为红军小战士,也要具有红军战士的生活能力和乐观精神,今天我们就来体验一下红军的做红米饭、南瓜汤这门课程。

情景与任务

　　一天,炊事班的战士又要给训练一天的战士做晚餐了。屋角的南瓜、米缸里的红米,是战士们今天晚餐的主要食材。如何做一顿战士们喜欢吃的可口的晚餐呢? 我们一起来学学吧。

想知道我如何做红米饭、南瓜汤的吗? 跟我一起试试吧!

链接

听听歌曲《毛委员和我们在一起》,感受一下战士们的乐观精神吧!

探索与体验

行动： 学煮红米饭

我会煮一煮

跟我一起做一做吧！

1. 放好电磁炉。洗干净大铁锅，将其放在电磁炉上。

2. 红米淘好后放进锅里，向锅里加水，水量是米量的2—3倍即可。

3. 电磁炉通电，加到最大火力，直至将水烧开，然后根据需要调节火力。

4. 洗干净大盆子，上面放好筲箕。

5. 等到锅里的米七分熟时候，关掉电磁炉，用勺子将锅里的米舀进筲箕里。

我会蒸一蒸

再来试试用饭甑蒸饭吧!

1. 向锅里加水。

2. 将大铁锅或不锈钢锅放在电磁炉上,上面放好饭甑,让水面低于饭甑底部5—10厘米。

3. 把筲箕中的米倒入饭甑里,盖好盖子。

4. 打开电磁炉,加到最大火力,注意观察锅里水的位置。

5. 当锅盖里有大量水蒸气冒出的时候,再蒸15分钟即可。

链接

上网查查,红米是一种什么米?

我会查资料

让我们通过网络查找,试试用其他方法蒸饭。

🌿需要的材料:

1.铁锅   2.电磁炉   3.大米

……

🌿制作过程:

第一步:

第二步:

第三步:

……

👥 议一议:不同的蒸饭方法各有哪些优缺点呢?

能告诉我蒸饭与煮饭两种方式各有什么优缺点呢?

我发现在农村有时候100多人食用的米饭,也是用蒸的方式来制做的。

行动: 学做南瓜绿豆汤

跟着我来试试吧!

1. 准备好菜刀、老南瓜,并将其清洗干净。

2. 将老南瓜切开,去掉瓜瓤后,将其切成方块状。

4.准备一定量的绿豆,放入锅中盖好锅盖,加热煮至水沸腾。

3.将铁锅或者不锈钢锅放在电磁炉上,加水至五分满。

5.水沸腾15分钟后,将切好的南瓜块放入锅中,水应是南瓜块的两倍多。

6.盖好锅盖,开大火,水烧开后,转成小火煮,至南瓜熟。

议一议：如果将南瓜去皮后再煮？该怎样做呢？

回家试试吧！

拓展与延伸

我们去查查有关南瓜的知识吧！

南瓜的特点：_____

_____。

南瓜的产地：_____

_____。

我学习的途径：_____

_____。

交流与分享

交流一：蒸好红米饭的"关键点"是什么？和小伙伴们交流一下自己的看法吧！

煮的时候，不能把米煮到十分熟哟！

蒸饭的时候不要经常去揭锅盖。

交流二:煮南瓜汤有什么经验吗?

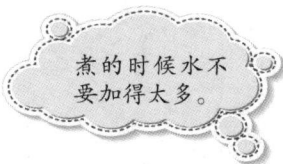

煮的时候水不要加得太多。

南瓜块要切得大小合适。

评价与总结

通过这次活动,我们学会了使用筲箕和饭甑两种工具,知道了做红米饭时煮和蒸的方法,还发现了煮南瓜绿豆汤的控火技巧。原来生活劳动中有这么多知识,真是样样劳动皆学问呀!

我们也说说自己的收获吧!

收获一:煮红米饭、南瓜汤时,我感到很辛苦,感谢父母平时为我付出辛苦劳动。

收获二:知道了红米饭、南瓜汤是红军的主要食物,红军生活真不容易,我们要珍惜劳动成果。

收获三:_____

收获四:_____

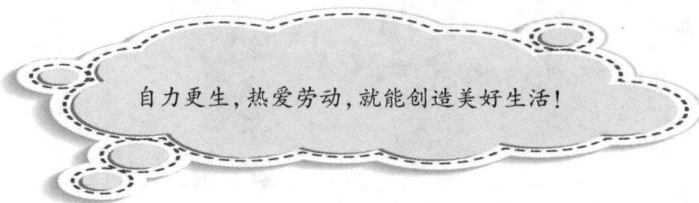

自力更生,热爱劳动,就能创造美好生活!

巴南区小红军实践教育基地劳动教育课程
"小红军缝缝补补"单元主题说明

一、单元主题概述

按照《中共中央 国务院关于全面加强新时代大中小学劳动教育的意见》精神，实施劳动教育的重点是在系统的文化知识学习之外，有目的、有计划地组织学生参加日常生活劳动、生产劳动和服务性劳动，让学生动手实践、出力流汗、接受锻炼、磨炼意志，培养学生正确的劳动价值观和良好的劳动品质。《义务教育劳动课程标准(2022版)》指出：劳动课程要培养学生的劳动素养，即劳动观念、劳动能力、劳动习惯和品质、劳动精神。这四大核心素养是学生在学习与劳动实践过程中逐步形成的适应个人终身体发展需求和社会发展需要的正确价值观、必备品格和关键能力。

1.本主题以"生活性劳动"为核心，遵循小红军成长基地的课程主线，选择红军日常生活中的三项生活劳动——打草鞋、打背包、缝粮袋，结合基地特有的场地环境、设施设备，让学生在三个项目的学习实践活动中，树立正确的劳动观念，形成必备的劳动能力，养成良好的劳动习惯，塑造基本的劳动品质，培育积极的劳动精神。

活动对象主要定位于小学高段儿童，活动主题是"生活劳动(衣)"，活动项目是"小红军缝缝补补"："小红军缝缝补补——打草鞋""小红军缝缝补补——打背包""小红军缝缝补补——缝粮袋"。

2.项目主题概述。

(1)"小红军缝缝补补——打草鞋"，"红军草鞋"是一个历史符号，战士们穿着草鞋翻过雪山，蹚过河流，走过草地，"红军草鞋"是长征途中红军战士艰苦跋涉、浴血奋战的历史见证，传递着中国人民将永远继承革命先辈英勇战斗、不怕牺牲的坚强决心。学生利用草鞋机、麻绳体验打草鞋。

(2)"小红军缝缝补补——打背包"，军用背包是单兵用于携带武器装备、生活用品的用具。红军战士的背包是由棉被做成的，棉被是红军战士单兵生活的全部，里面装有用于吃饭、洗漱、医疗的各种便携用品及鞋子，打背包是红军战士的一项基本军事技能。学生尝试用一根军用背包绳，把一床棉被、一些生活用品用三横两竖的方法打成一个背包。

(3)"小红军缝缝补补——缝粮袋"，长征途中，干粮袋是红军战士必备的单兵携行装备,结实耐磨,轻便易携带,呈长长的圆筒状,斜系在红军战士肩上,便于行军和打仗。红军战士的干粮袋能放10斤左右的炒面或炒米,能维持一个战士7到10天的生活需要,所以红军战士肩上的干粮袋成了红军的标志。小小粮袋看似轻盈,却被红军战士用来盛放粮食,学生用针线、布块尝试缝制粮袋,并装上干粮。

3.在读本的编排与呈现上,以问题为引导,通过情境再现,操作指导等方式,让学生自主寻找学习资源,利用课程资源,采用自主探究、合作学习的方式,在探究—操作—反思中学习劳动技能,增强劳动意识,形成劳动精神,提高劳动品质。

二、单元主题教学目标

1.认识草鞋机等劳动工具,了解草鞋制作的原材料——麻。学习使用草鞋机,学会用编织方法打草鞋。学生通过打草鞋,体会红军长征生活的艰苦,进而培养学生开拓创新、吃苦耐劳的劳动品质。

2.学会用三横两竖打背包的劳动技能,把生活物品放进棉被里,把棉被打成背包。通过打背包,培养学生的劳动合作精神,学会观察、做事耐心细致的劳动品质。

3.学会使用针线,能用平针法或回针法缝制结实的粮袋。在缝粮袋的过程中,培养学生注意劳动安全的劳动习惯。

4.阅读、聆听红色故事,体验打草鞋、打背包、缝粮袋,感受红军战士自力更生、吃苦耐劳、智慧创新,以及坚定跟党走、听党话的理想信念。

三、教学实施建议

(一)课时安排

活动名称	结构	时间
打草鞋	歌曲激趣揭题	5分钟
	了解草鞋的历史,认识制作草鞋的工具、材料	10分钟
	编织草鞋,分享交流评价	60分钟
	阅读红色故事,学唱红歌	15分钟
	评价总结	5分钟
打背包	视频激趣,问题导入揭题	5分钟
	尝试打背包,跑步训练	10分钟
	学习打背包,交流分享	40分钟
	背背包,总结评价	25分钟
缝粮袋	视频激趣,问题导入揭题	5分钟
	认识针线,练习针法	25分钟
	缝制粮袋,装粮食,交流分享	40分钟
	展示评价,阅读红色故事,总结	20分钟

（二）教学目标的表述

本主题的三个系列活动内容组成了一个劳动教育专题，活动开展方式为综合实践。在拟写教学目标时，教师可以参考《义务教育劳动课程标准(2022版)》中价值体认、责任担当、问题解决、创意物化相关内容，也可以参考知识与技能、过程与方法、情感态度与价值观的目标表述方式。但是，无论采用何种描述方式，都应将目标具体化、可视化，要体现劳动技能、习惯、品质和精神方面的培养。

（三）教学准备

1.教师熟练掌握三项劳动技能，并能熟练讲解，在课堂上能指导学生学会三项技能；准备教学资源，保证教学活动顺利开展，让学生在体验红军生活劳动的过程中，学习红军长征精神。

2.备好活动材料。教师要分析学情，做好学生分组准备，器材数量的分配，对学生进行收纳整理等方面行为习惯的培养。

（四）过程执行

1.以生为本。课堂根据学情，分层调整设置活动目标和活动流程，为学生提供可创的思维空间，在学生真实的体验中丰富学生的情感。

2.任务驱动。紧紧围绕活动目标创设情景，设置真实的活动任务，引导学生根据任务利用学习资源进行自主探究、合作学习，培养学生提出问题—分析问题—解决问题的能力。

3.落实评价。建立多维度、多元化的评价标准。评价内容应包括学生在活动过程中的表现、解决问题的过程、达成任务的情况。应充分发挥评价导向、激励、调控的功能，促进学生积极主动地参与活动过程。

4.建立支架。使用学习任务清单，立足过程学习，记录学习轨迹，实现思维碰撞，促进学生成长。

5.安全保障。三个项目中，学生使用针线缝粮袋存在一定安全隐患，教师必须有安全预设，在活动开始前加强学生安全教育。在学生实践过程中加强安全管控，并将安全纳入评价内容，让学生建立安全意识并自觉做到"安全第一"。

（五）其他说明

每个项目中设置了达成主要目标，在每一课的内容安排和活动设计中，都非常重视劳动教育的育人功能，注意课堂—基地—生活三个课堂的联通，注重让学生在学习和掌握基本劳动知识技能的过程中，回归生活、领悟劳动的意义价值，形成勤俭、奋斗、创新、奉献的劳动精神，培养学生养成正确的劳动价值观和良好的劳动品质。

第一课　打草鞋

在5000多年前的仰韶文化时期，就出现了兽皮缝制的鞋。在新疆出土的一双羊毛女靴，距今已有约4000年，堪称"世界第一靴"。在《周易》中已出现了代表鞋的"履"字。中国历史博物馆里就珍藏着一双2000多年前的皮绚。

随着社会的进步，鞋的种类开始丰富起来，鞋的制作材料、式样、用途越来越广泛。

根据制作材料的不同通常可以将鞋分为草葛、布帛和皮革三种。其中，草葛鞋是用自然材料编织而成。

战士们穿着草鞋翻过雪山，蹚过河流，走过草地，所以，红军草鞋是长征途中红军战士艰苦跋涉、浴血奋战的历史见证，它传递着中国人民将永远传承革命前辈英勇战斗、不怕牺牲精神的坚强决心。

我也要打一双红军草鞋。

情景与任务

红军草鞋的制作材料、工具有哪些呢？该怎么做呢？

认真观察草鞋，想一想它是用什么材料做成的？草鞋由哪几部分构成？用什么方法制作而成？

猜一猜

制作材料	草鞋结构	制作方法

超级链接

　　长征很艰苦，而红军战士的智慧是无穷的。都说"靠山吃山，靠水吃水"，红军战士用杂草编织草鞋，真的是心灵手巧！草鞋的原材料各种各样，几乎是就地取材，比如有稻草就用稻草制作草鞋。

　　用稻草制作草鞋的方法：先选择一些比较粗壮的稻草，用水浸泡，直到全部都浸湿之后再捞出来，剥去草皮，放到太阳底下晒一天，一般晒到七八分干就可以动手编织草鞋了。

　　我知道了红军编草鞋需要的原材料很多，可以就地取材：＿＿＿＿＿＿＿＿＿，
这些植物能用来制作草鞋是因为＿＿＿＿＿＿＿＿＿＿＿＿＿＿＿＿＿＿。
我还知道这些植物也可以用来编织草鞋＿＿＿＿＿＿＿＿＿＿＿＿＿＿＿＿＿。

超级链接

　　草鞋是当时红军的生活必需品，草鞋机(草鞋凳)包括草鞋耙、草鞋齿、草鞋拗、草鞋槌。红军就是用这些简陋的木质工具制作出了结实耐穿的草鞋。

草鞋齿 ——

草鞋拗 ——

草鞋凳　　　　　　　草鞋耙　　　草鞋槌

探索与体验 ··

🔸 **探秘活动：**草鞋制作步骤是什么？我们可以和小伙伴讨论一下。

第一步：剪一条100厘米长的麻绳，折成四折。

第二步：剪另一条麻绳，2股，用来编织。在草鞋拗处把8股麻绳捆在一起。

第三步：把绳子末端缠在里层，一起编在鞋底里。

第四步：按照上图的编织方法，四条经线和2股麻绳组成的一条纬线一上一下地编织，直到把草鞋编好。

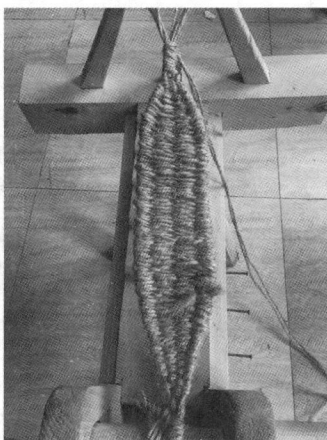

第五步：一直重复拉紧，可以用草鞋耙来压紧。鞋底编织完，把八条麻绳合在一起，用其中的一条缠紧。草鞋底编制完毕。

交流与分享

草鞋底两端剩余的麻绳有用吗？我们怎样把草鞋穿在脚上呢？和同伴交流一下吧！

我的方法是：_____

_____。

劳动故事

"量天尺"

"量天尺"是鞋的代名词，也是脚的代名词。红军在万里长征途中，从某种意义上说，脚比什么都重要。因为如果脚走不动了，就有掉队的危险，一旦掉队，落入敌人手中，后果不堪设想。为了保护脚，鞋就成为必不可少的工具，于是红军的领导机关规定：转移前，红军战士每人必须准备两双草鞋。有的战士不止准备两双，有的甚至准备五六双带在路上，以帮助缺鞋的同志。红军战士们把鞋称作"量天尺"，是有道理的，因为穿上鞋，在路上一步一步地走，如同计量路程一般，走到天涯海角便量到天涯海角，多远的路都能走完，也都能量完。他们经常哼唱《打草鞋歌》：打草鞋来草鞋好，草鞋是我们的传家宝。红军战士一边打草鞋，一边行军。如果因情况紧急或其他原因，脚上的鞋坏了、破了，又没有准备好替换的鞋，就会很辛苦。赤脚行军，脚板会经常被石头、瓦片、荆棘划破，走一步，疼一步，有时还会感染、化脓，一拐一拐地走路，更加痛苦。于是鞋这把"量天尺"，就成为每个红军战士的"宝贝"。在没有鞋的情况下，就打着赤脚坚持行军，这时候，战士的双脚就成了"量天尺"。

红军战士们心甘情愿地为了劳苦人民的解放而经受长途行军的种种困难，虽然每前进一步，都要付出很大的代价，但他们艰苦行军、不畏艰难，终于用自己的双脚"量完"了长征路。

评价与总结

红军草鞋的材料都是就地取材，制作简单，不受环境限制。

我知道了红军草鞋的基本做法，红军的生活真不容易！

我的表现很棒,快来评价一下吧!

评价内容	自评	互评	师评
认识劳动工具和材料	☆ ☆ ☆	☆ ☆ ☆	☆ ☆ ☆
知道红军草鞋的优点和历史	☆ ☆ ☆	☆ ☆ ☆	☆ ☆ ☆
会编织草鞋	☆ ☆ ☆	☆ ☆ ☆	☆ ☆ ☆
会做鞋带	☆ ☆ ☆	☆ ☆ ☆	☆ ☆ ☆

拓展与延伸

不用草鞋机能编织草鞋吗?试一试。

第二课 打背包

军用背包是单兵用于携带武器装备、生活用品的用具。

红军战士的背包是由棉被做成的，棉被是红军战士单兵生活的全部，里面有吃饭、洗漱、医疗等方面的各种便携用品及鞋子，打背包就成了红军战士的一项基本军事技能。真没有想到，被子既能解决红军战士睡觉保暖的问题，又是携带必须生活用品的背包。我们也来试试打背包。

情景与任务

> 一床棉被、一根军用背包绳，怎样打成背包呢？

连队紧急集合出操跑步，我们先得在5分钟内把棉被打成背包，背着背包跑步。

跑步的过程中，我的背包：

探索与体验 ··

把水杯、牙刷、牙膏、草鞋、棉被打成背包,该怎么做呢?

我知道三横两竖打包法……

?

用背包带把棉被扎紧!

你知道吗?

第一步:把被子铺平,把水杯、牙刷、牙膏、草鞋等放在被子中间,然后折成四叠。

第二步:拆开背包带,如图放在被子上。

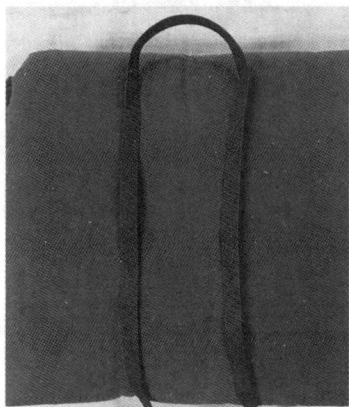

第三步:被子翻过来,背包带的一端插入扣里,用力拉紧;然后绕被子一圈,抽紧。

第四步：用背包带压住被子的两个角，两条背包带绕被子一圈，抽紧，如下图。

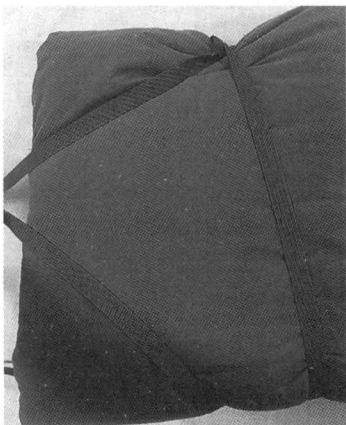

第五步：两条背包带各绕过压住被子两角的带子，然后交叉拉紧，绕背包一圈，抽紧。

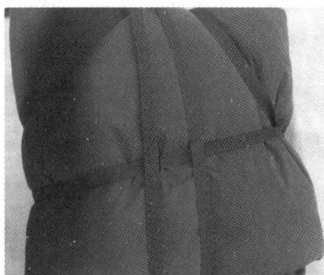

第六步：打结（注意一定要在背包的侧面打结，多出来的带子掖到被子缝隙里藏好）。

第七步：检验试用。

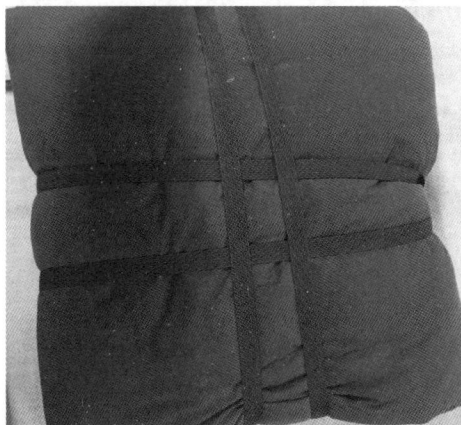

试一试：我们试着按照步骤，打一个结实的背包吧！

交流与分享

1.我打背包的经验是：＿＿＿＿＿＿＿＿＿＿＿＿＿＿＿＿＿＿＿＿

2.我觉得打背包要注意：＿＿＿＿＿＿＿＿＿＿＿＿＿＿＿＿＿＿＿

想一想：背包怎样背在肩上呢？有什么好方法和同伴交流一下吧！

我的方法是：＿＿＿＿＿＿＿＿＿＿＿＿＿＿＿＿＿＿＿＿＿＿＿＿

比一比，谁做的背包带长短最合适？

我有小诀窍：＿＿＿＿＿＿＿＿＿＿＿＿＿＿＿＿＿＿＿＿＿＿＿＿

评价与总结

通过打背包，我们不仅学会了三横两竖打背包的方法，还知道了红军背包的作用……

我应该学习红军战士在艰苦的生活中仍然思考、探索、会动脑筋的优良品质！

我会用这种方法打包我的物品！

收获一:通过紧急集合打背包,我感受到:_____

_____。

收获二:我在打背包的活动中,应该学习红军战士_____

_____的劳动习惯和品质。

本次活动我的表现很棒,快来评价一下吧!

评价内容	自评	互评	师评
背包外观	☆ ☆ ☆	☆ ☆ ☆	☆ ☆ ☆
熟练掌握三横两竖打包方法	☆ ☆ ☆	☆ ☆ ☆	☆ ☆ ☆
背带长短合适	☆ ☆ ☆	☆ ☆ ☆	☆ ☆ ☆
背包结实(生活用品不掉出来)	☆ ☆ ☆	☆ ☆ ☆	☆ ☆ ☆

拓展与延伸

我试着用三横两竖的打包方法,把用过的学习资料等物品整理打包。

第三课　缝粮袋

长征途中，粮袋是红军战士必备的单兵携行装备，它结实耐磨，轻便易携带，呈长长的圆筒状，可斜系在红军战士肩上，这样方便了红军战士行军和打仗。

红军战士的粮袋能放 10 斤左右的炒面或炒米，能满足一个战士 7 到 10 天对食物的需要，所以红军战士背上的干粮袋是红军明显的标志。

小小的粮袋看似轻盈，却可以为红军盛放那么多天的粮食，我们也来试着做一个粮袋吧！

情景与任务

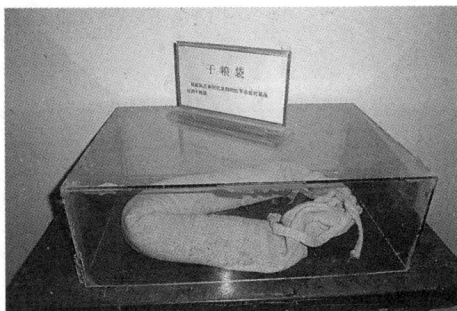

我在博物馆看到过红军使用的粮袋……

超级链接

粮袋，纺织品，长 29.5 厘米、宽 16 厘米。上端开口，呈口袋状，顶端有带子，方便背和挎。

探索与体验

灰色的布选什么颜色的线呢？为了让粮袋更结实，我用了四股线。

❀ **探秘活动:**

在生活中,你用针线做过什么呢?缝制粮袋的材料和工具有哪些呢?

怎样缝制粮袋呢?我们可以和小伙伴讨论一下。

> 我知道把线穿在针上,用四股线更结实……

> 我会缝平针。

🔗 **超级链接**

针法:手工针法有很多,可以根据不同需要,使用不同的针法。

1.打结法(图1):将穿上线的针平放在左手的食指上,用线在针上缠绕几圈,左手大拇指把线向针尾聚拢压住,右手将针向外拉。

2.平针缝(图2):从起点开始,一针下一针上完成缝制,针脚长度(一针)大约一厘米,缝制完毕打结。

3.回针缝(图3):从起点开始,一针下一针上,然后返回二分之一(约0.5厘米)处,再一针下一针上循环缝制。

4.回针缝的另一面会形成一条直线(图4),这种缝法更牢固。

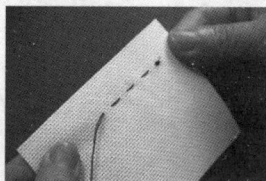
图1   图2

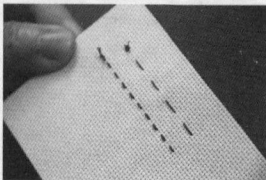 
图3   图4

缝粮袋要会用针线,会针法,先在白色的布块上练习一下,并和同学讨论缝制过程。

我的缝制过程是:_____。

第一步：准备材料和工具。

灰色的布块，长150厘米，宽16厘米。

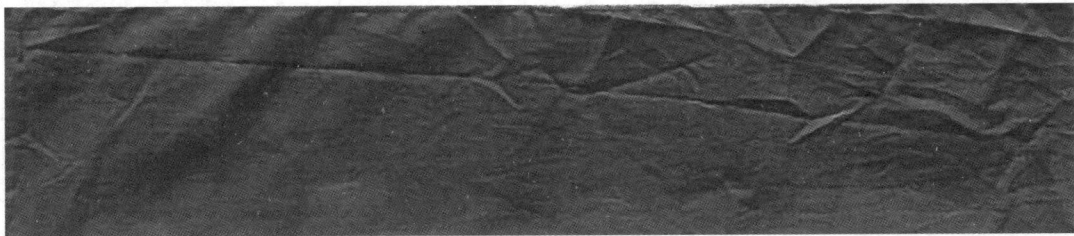

第二步：折叠布块，以长边为准，把布块整齐对折。

第三步：缝粮袋。

使用针要注意安全哦！

平针法最简单，但好像回针法要牢固一些。

第四步：把缝好的粮袋由里往外翻，将缝针的一面藏在口袋里。

交流与分享

1.我缝粮袋的经验：＿＿＿＿＿＿＿＿＿＿＿＿＿＿＿＿＿＿＿＿＿＿＿。

2.我缝的粮袋很结实：＿＿＿＿＿＿＿＿＿＿＿＿＿＿＿＿＿＿＿＿＿。

想一想： 我们怎样把装上干粮的粮袋背在肩上？和同伴交流一下自己的做法吧！

我有好方法：＿＿＿＿＿＿＿＿＿＿＿＿＿＿＿＿＿＿＿＿＿＿＿＿＿。

红色故事

徐大娘帮红军缝粮袋

红军进入水田寨那年，徐大娘53岁。徐大娘18岁就嫁到了这里，靠租种地主家的土地过日子，家里有几个孩子，拖累大，日子过得很拮据。

那是大年初二下午，徐大娘正在核桃坝郑明亮家串亲戚。天刚黑下来的时候，就有一队人马来到郑家寻找宿营的地方，刚开始的时候，徐大娘和郑明亮一家很是忐忑，怕一不小心得罪了这支叫红军的队伍。后来发现红军战士们和蔼可亲，客客气气的。红军来宿营，也没有占用他们的房间，而是在屋檐下住宿，还有的在院坝中搭帐篷住宿，只有几个女红军在主人的邀请下在屋里打地铺，红军吃饭的时候还热情地招呼徐大娘一家人和他们一起吃晚餐。徐大娘和郑明亮他们一家才放下心来。

晚饭后，油灯把郑家屋内照得亮堂堂的，几个女红军用被面缝制着小口袋，这些小口袋还没有袖口大。她们边缝边和徐大娘他们拉家常。看红军缝制这么小的口袋，徐大娘弄不明白，心想红军打仗拿这东西能有啥用啊，便好奇地问："红军妹子，你们整这些口袋做啥子？"一个女红军笑着说："大娘，您别看这玩意儿这么小，可有用了，行军打仗得靠这个装干粮，不然就要饿肚子。"徐大娘恍然大悟。

徐大娘是远近闻名的针线活能手，心想坐着也没事，就提出要帮她们缝，女红军们同意了,把针线和一些布交给她。徐大娘没用多长时间就缝好一个,递到女红军面前,请她们看看是否可以。女红军看后笑眯眯地竖起大拇指,直夸她缝得好。徐大娘和几个女红军一直缝到鸡叫了才停了手,正准备去休息,女红军却拿出两个铜板递给她,说是给她的劳动报酬。徐大娘没想到红军竟这样客气,就这么点小事还给钱,连忙推了回去,并说道:"你们这是太见外了,这不是顺手的事吗,反正要还是把时间耍过了,给啥子钱哟。再说了,你们这样艰苦,我咋好意思收你们的钱呢!"女红军说道:"只要劳动了,就应该有报酬,这是人人都应有的权利,您一定要拿着!"徐大娘活了50多岁,就没有听说过什么权利不权利的。她只知道地霸郑耀东在街上想杀哪个就杀哪个,除了他们这样有钱有势的人有权利,其他谁还有权利啊,如今红军却说她也有权利,她既欣喜又有些不敢相信地看着眼前这些不一样的人,而她们一个个都认真地向她点头。徐大娘哆嗦着双手小心翼翼地接过铜板,谨慎地揣进内衣包。红军又对她说:"我们现在艰苦干革命,就是要让所有的穷苦人有地种、有衣穿、有饭吃,干活有报酬。"

那一夜,徐大娘辗转反侧、心潮澎湃。

读完这个故事,我知道了_____。

评价与总结

粮袋不仅是红军长征艰苦岁月单兵必备军需装备,更是珍贵的历史见证。

我学会了两种针法,如果我的衣服破了,我就会自己缝补了!

在革命战争年代,小小的粮袋竟是红军必备的携行装备。

我的表现很棒，快来评价一下吧！

评价内容	自评	互评	师评
熟练掌握平针法和回针法	☆ ☆ ☆	☆ ☆ ☆	☆ ☆ ☆
知道缝制粮袋的基本步骤	☆ ☆ ☆	☆ ☆ ☆	☆ ☆ ☆
安全、熟练缝制粮袋	☆ ☆ ☆	☆ ☆ ☆	☆ ☆ ☆
粮袋结实耐用(粮食不漏出来)	☆ ☆ ☆	☆ ☆ ☆	☆ ☆ ☆

拓展与延伸

试着为衣服缝制纽扣,想想怎样能使纽扣更加牢固?

巴南区小红军实践教育基地劳动教育课程
"小红军敲敲打打"单元主题说明

一、单元主题概述

为全面贯彻党的教育方针，大力推进素质教育，树立儿童正确的劳动价值观，培养儿童劳动实践能力和创新精神，养成发现问题、探究问题、解决问题的学习习惯，根植热爱生活劳动、乐于劳动创新、关注国家建设的理想信念，有效开展并实施劳动教育实践活动课程，特设计本主题课程。

(一) 课程的性质

"小红军敲敲打打"生活劳动类实践课程依托巴南区小红军综合实践基地的办学特色需求，以红军的特定环境特征、故事事件和人物角色作为课程建设的背景，把日常生活中的劳动手工创造类物品作为课程资源，开发出针对小学五年级学生实施的带有明显劳动教育特征的综合性教学实践课程。

(二) 课程的基本理念

1.课程目标以培养学生综合素质为导向。

"小红军敲敲打打"生活劳动类实践课程以红军时期不同的历史情境故事展开，通过创建相对应的情境，引发学生参与体验活动，强调学生综合运用各学科知识，认识、分析和解决现实问题，通过课程的实施，提升学生综合素质，着力发展核心素养。特别是在学习劳动实践中理解劳动的价值和意义，体悟红军的博大精神内涵。

2.课程开发面向学生的个体生活和社会生活。

在社会转型发展的新时期，教育需要关注学习者在个体生活中对社会的广泛认知和接纳，特别是在劳动主题中，把个体与社会劳动话题紧密地联系在一起开展教学，使课程有广泛的历史文化情境和社会基础，为儿童持续关注劳动话题，开展社会实践活动打下基础。"小红军敲敲打打"生活劳动主题实践课程由"小小的油灯""我的小手枪""加油！运粮车"三个活动模块组成，这三个模块的课程内容相互独立又互有关联，以红军时期不同的历史情境故事展开，它们通过对具体物品的设计制作，把生活劳动与历史情境融合为一个有机的整体，共同支撑了小红军劳动实践课程的教育需求和教学定位。通过这三个模块内容，结合学生生活地域实际开展活动，使学生获得关于自我、社会的真实体验，建立学习中个体生活和社会生活的有机联系。

3.课程实施注重学生劳动实践能力、观念的生成。

纵观历史,人类的发展史也是人类劳动创造的历史,人在不同时期的实践劳动中,通过不断摸索和改进,创造出了许许多多的物品,这些物品又被人们服务于生活和生产劳动,推动了人类文明的进步和发展。

在主题课程的三个模块里,"小小的油灯"模块关注传统手工艺的制作,通过泥塑认识红军时期的油灯,了解油灯背后的工作原理,提高动手能力,从而理解劳动人民在实践发展需求中体现出的无限劳动智慧。"我的小手枪"模块以木工类劳动为主,通过引导学生了解红军艰难的成长历史和理解木手枪的价值和意义,激发学生对木工工具、工艺的学习兴趣,体验劳动实践中把设计变成作品的完整过程,从而提高学生对工具的使用经验,培养学生解决问题的能力。"加油!运粮车"模块的设计更为综合,旨在创建红军运粮车的课程情境,了解运输工具的发展历史,引导学生综合利用简单工具、材料进行设计、制作,提高学生的劳动创造能力。

在实施过程中,学生可以根据实际需要,对活动的目标与内容,组织与方法、过程与步骤等做出动态调整,使活动不断深化。

4.课程评价主张多元评价和综合考察。

活动中充分肯定学生活动方式和问题解决策略的多样性,鼓励学生自我评价和与同伴间的合作交流、经验分享。不管是过程中的学习表格、设计创意,还是结果呈现的物品达成,将学生在活动中表现的各类成果作为学生发展的重要依据来进行综合评价。

二、单元主题教学目标

(一) 总体目标

通过小红军敲敲打打生活劳动实践课程的实施,让学习者在红色经典文化中了解红军历史,增长见识,拓宽社会知识面;培养学习者综合运用信息、资源的能力,增长学习者的动手动脑综合实践能力和自我管理能力,加强学习者的交际沟通能力和团队协作精神;全面提高学生劳动素养,使学生树立正确的劳动观念,具有必备的劳动能力,培育积极的劳动精神,养成良好的劳动习惯和品质,从而真正达到"以劳树德、以劳增智、以劳强体、以劳育美、以劳创新"的新时代总体要求,培养德智体美劳全面发展的时代新人。

(二) 具体目标

1.价值体认:"小小的油灯""我的小手枪""加油!运粮车"三个活动模块课程的实施,激发学习者对主题的关注和学习积极性,理解中国传统工艺中的匠人精神,培养对国家、对实践劳动的热爱。

2.责任担当:在实践活动中,让学习者了解家乡的发展历史及文化变更,理解其文化传承的重要意义,增强学习者继承和发展祖国文化的责任心。

3.问题解决:以小组为单位,在教师的引导下,针对课题内容进行观察、测量、试用、修正,发现并提出课题中最感兴趣的问题。带着问题进行设计,并通过实践动手解决问题。

4.创意物化:通过动手操作劳动实践,初步掌握对应的制作基本技能。

三、教学实施建议

(一) 课时安排

活动名称	结构	时间
小小的油灯	了解、探究:常用照明工具	10分钟
	了解、设计:细说油灯	30分钟
	实践、制作:制作小油灯	60分钟
	拓展、评价:希望之灯	20分钟
我的小手枪	了解、体验:红军的枪	10分钟
	了解、设计:认识手枪	30分钟
	实践、制作:制作小手枪	70分钟
	评价、拓展:步枪的奇迹	10分钟
加油!运粮车	了解、体验:粮草生命线	10分钟
	了解、探究:多样的运输	10分钟
	了解、设计:木轮运粮车	25分钟
	实践、制作:制作运粮车	55分钟
	展示、评价:运粮大比拼	20分钟

(二) 教学目标的表述

本主题三个活动内容是劳动教育专题,活动开展方式为综合实践。在拟写教学目标时,教师可以参考《中小学综合实践活动课程指导纲要》中价值体认、责任担当、问题解决、创意物化相关内容,也可以参考"知识与技能、过程与方法、情感态度与价值观"三维目标表述方式。无论采用何种描述方式,都应将目标具体化、可视化,尤其是劳动技能、习惯、品质和精神相关的培养。

(三) 教学准备

1.熟知长征故事。三个活动分别承载了一个主要的长征故事,教师应能熟练讲解,提炼故事中与劳动教育紧密相关的信息,以便在活动过程中灵活运用。

2.备好活动材料。三个活动涉及的材料均较多,教师要充分考虑器材的数量,过程中的分配情况,以及收纳整理等问题。

（四）过程执行

1.以生为本。教师可分层设置活动目标，根据学情调整活动过程。问题的提出不求固定、统一的结论，为学生留有更多的选择和创造空间，让学生从多角度获得更深刻的体验和更丰富的情感。

2.任务驱动。紧紧围绕活动目标创设情景，设置真实的活动任务，引导学生根据任务，利用学习资源进行自主探索或协作学习，运用已知经验提出方案、解决问题。

3.落实评价。建立多维度、多元化的评价标准。评价内容应包括学生在活动过程中的表现、解决问题的过程、达成任务的情况。充分发挥评价、导向、激励、调控的功能，促进学生积极主动地参与活动过程。

4.学习支架。借助学习单，立足学习过程，记录学习轨迹，呈现思维碰撞，获得可见成长。

5.安全保障。三个活动中，学生学会工具的使用是劳动技能中的重要目标，在实际操作中，由于学生对工具的使用没有太多的经验，可能会在操作中存在一定的安全隐患。教师必须有充分的安全预设，在活动开始前加强安全教育，过程中加强安全管控，并将安全纳入评价内容，让学生建立安全意识，自觉做到安全第一。

（五）其他说明

每个活动除达成主要目标之外，还应关注细节处置。如三个主题活动的学生实践过程中可能会造成工具的乱摆乱放和环境脏乱等问题，因此，可以针对工具的整理与收纳和环境的维护与清洁，培养学生良好的劳动习惯和劳动品质。时时事事处处都是实践机会，教师应有全课程理念，将学生在活动过程中的即时表现、师生个体及其身边一切都转化为教学资源。

第四单元　小红军敲敲打打

第一课　小小的油灯

> 天上的北斗星最明亮，茅坪河的水啊闪银光。井冈山的人哎，抬头望哎，八角楼的灯光，照四方。
>
> ——《八角楼的灯光》歌词

八角楼里，主席运筹帷幄，长征路上，红军日夜兼程。多少次会议里，油灯照亮了共产党人前进的方向，多少回夜幕中，油灯点亮了战士的希望和信念。小小的油灯里有许许多多的故事，让我们一起在油灯的光晕中，感受当年红军度过的艰苦岁月吧。

情景与思考

话题：八角楼的灯光

1927年10月27日，毛泽东率领工农革命军来到井冈山，开创了中国第一个农村革命根据地——井冈山革命根据地。从1927年至1929年，毛泽东经常在井冈山茅坪村的八角楼居住、办公。八角楼的油灯经常彻夜通明,毛泽东不仅在这里领导和指挥了井冈山根据地的斗争,还写下了《中国的红色政权为什么能够存在》和《井冈山的斗争》两篇光辉著作,指引了中国革命前进的方向。

📖 知识大百科

在中国革命的艰苦岁月中,毛泽东以马克思主义为指导,结合中国的具体国情,为中国革命的发展指明了方向,明确了实事求是、群众路线、独立自主的行动要求。无数的红军战士正是在毛泽东思想的指引下,通过不懈的努力,逐步转变了共产党的艰难状况,通过抗日战争和解放战争建立了中华人民共和国。

👤 话题:红军的照明方式

红军条件艰苦,他们是怎样照明的呢?让我们来了解一下红军时期的各种照明工具吧!

| 篝火 | 火把 | 油灯 | 马灯 |

🔦 探究活动:

请对比分析你了解的各种照明工具,并和同学一起谈一谈它们的优点和缺点。

照明方式大比拼

照明种类	优点	缺点
你认为红军最常用的照明工具是什么?		

红军小贴士

我们在进行分析的时候,一定要结合当时红军的真实条件来进行。

行动与体验

话题:了解小油灯

油灯是起源较早、延续和发展时间较长的生活用品之一。油灯制作简单,材料普通,经济实惠,是那个时候人们常用的照明工具。

战国 人形铜灯

汉代 瓷油灯

明代 青花油灯

汉代 陶凤鸟油灯

唐代 三彩油灯

知识大百科

油灯博物馆

油灯博物馆位于江苏省扬中市,是国内唯一的专门陈列油灯的博物馆。油灯博物馆的藏品包括了自原始社会以来各时期、各种材质、各民族地区以及造型特殊的民间灯具,该博物馆有藏品4000余件。

作为一种照明工具，油灯一般由三部分组成。

灯盘
燃料
灯芯

🔅 知识大百科

　　油灯一般由陶瓷、金属、石材制作而成；油灯的燃料可以是动物油脂、植物油和煤油等；灯芯一般由棉麻等植物纤维制作。

话题：劳动智慧的结晶

在古代中国，油灯的发展变迁是劳动智慧的结晶，反映了科技的进步和审美时尚的需求。

西汉的彩绘雁鱼铜灯的烟道设计独特，避免了油灯燃烧时产生大量烟尘；汉代的十三头西王母陶灯增加了油灯的数量，使油灯有更明亮的光照；宋代的青釉省油灯通过在灯盘增加水槽来降低油温，减少油的蒸发量，节约燃料；还有各个朝代能工巧匠在油灯上塑造美化装饰图案，让油灯既实用又美观。

| 西汉 彩绘雁鱼铜灯 | 汉代 十三头西王母陶灯 | 宋代 青釉省油灯 |

话题：设计小油灯

探究活动：

让我们一起来设计一盏小油灯吧！

设计小油灯
根据刚才的学习，结合自己的理解和创意，为红军设计一盏小油灯吧！为了方便制作，请在设计图里注明你的设计意图
设计思维　　我的设计创意主要体现在：

制作与分享

话题：制作小油灯

在我们的生活中，处处都有泥塑和陶艺制作的物品。

精美的陶瓷餐具

知识大百科

陶是如何产生的？

　　陶器是指以黏土为胎，将其通过手捏、轮制、模塑等方法加工成型后，在800—1000℃的高温下焙烧而成的物品。

🌸 **探究活动：**

了解了这么多，让我们动手做一盏小油灯吧！

制作过程

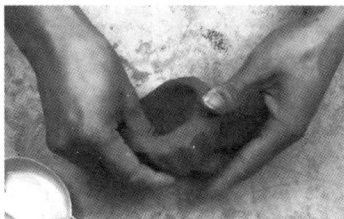

1.用捏的方法制作出灯盘。

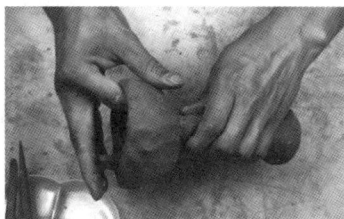

2.分出泥在灯盘边做出灯芯架。

3.用泥捏出灯架和把手。

4.把灯盘和灯架连接起来。

5.用添加的方式装饰油灯。

6.用刻印的方式装饰油灯。

红军小贴士

在劳动过程中，合理摆放工具和材料。好的劳动环境、好的劳动习惯，可以帮助我们更好地完成制作。

话题：点亮小油灯

你的油灯真的能正常使用吗？让我们来试试吧！

红军小贴士

在尝试点亮的过程中，一定要注意安全用火。

评价与总结

今天的学习让你有什么收获呢？填一填下面的学习活动评价表。

学习活动评价表

1	你了解油灯的构造吗？	□了解　□不了解
2	你知道油灯的工作原理吗？	□知道　□不知道
3	你了解红军时期照明的主要工具了吗？	□了解　□不了解
4	你会用今天的工具材料进行小油灯的简单制作吗？	□会　□不会
5	请你给自己制作的小油灯打个分数吧！（把星星涂黑，5星是满分）	☆☆☆☆☆
6	在本模块中，我们了解了劳动人民创造出的小油灯，人类在劳动中的工具发明有许多许多，你能举例说说吗？	
7	想一想，有什么工具可以提高你在劳动中的效率呢？	

在黑暗的夜里，小小的油灯也是希望之灯。看着这样一颗小小的灯苗，你有什么感想呢？你认为红军还具有什么样的精神品质呢？让我们在课后与老师、同学展开交流吧！

第二课　我的小手枪

> 　　没有吃没有穿,自有那敌人送上前,没有枪没有炮,敌人给我们造。
>
> ——《游击队歌》

　　中国工农红军从建立之初就历经百战,手中的枪炮成为革命最重要的武器。可是,缺少武器装备,急需自己的兵工厂,让红军前进的道路困难重重。今天,就让我们一起走进红军的历史,去感受红军战士英勇不屈的战斗故事吧!

情景与思考

话题:红军血战湘江

　　1934年12月,长征途中的红军遭受敌人的围追堵截,中央红军军委纵队要在敌人的炮火中渡过湘江。红五军团第34师奉命掩护大部队转移阻击敌人,在激烈的战斗中,全师战士抱着"为苏维埃新中国流尽最后一滴血!"的坚定信念死守湘江。这一战,红五军团34师6000余人全军覆没,师长陈树湘壮烈牺牲,时年29岁。

　　了解了这段历史,你有什么感受呢?

陈树湘塑像

红军小贴士

在战场上,武器的优劣往往决定了战争的胜负。

话题:红军的武器

红军的战斗武器有哪些呢? 让我们一起了解一下。

红军使用过的迫击炮

红军使用过的大刀和长矛

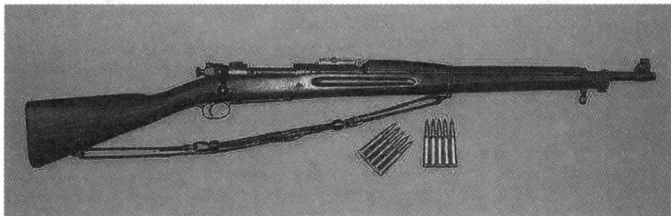

汉阳造步枪

红军自制的手榴弹

知识大百科

珍贵的山炮

在长征中,红二、红六军团在湖南陈家河、桃子溪战斗中缴获敌军58师的1门75毫米山炮,如获至宝,经过多次拆解,历经艰苦将其带回了陕北革命根据地,这是当时红军带到陕北的唯一的一门山炮,现在就陈列在中国人民革命军事博物馆。

红军带到陕北的山炮

红军的武器质量差,数量还严重不足。

知识大百科

　　长征开始时，中央红军总人数为8.68万，仅装备步马枪29153支，山炮、迫击炮38门，重机枪357挺，轻机枪322挺，手枪3141支，冲锋枪271支，武器装配率不到40%，仅能以携带梭镖6101根、大刀882把作为补充。1936年10月对长征到达甘肃的红四方面军第五、第九、第三十军及骑兵师等部队进行统计，2.1万人的部队只有8000多支枪，持枪率不到40%，每支枪仅有5—25发子弹。

行动与体验 ···

　　话题：认识手枪

　　在艰难的战斗中，红军战士缺乏武器，拥有一把属于自己的小手枪，成了小红军的最大愿望。

　　让我们先来了解一下手枪吧。

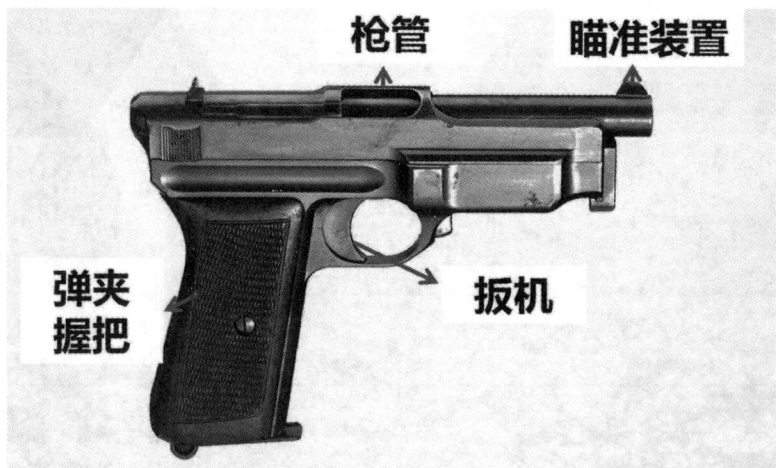

手枪结构图

知识大百科

手枪的工作原理
　　手扣动扳机会使撞针击打子弹尾部，触发雷管引燃火药，产生高压气体，瞬间化学能转化为机械能、动能，从而推动子弹头射出。

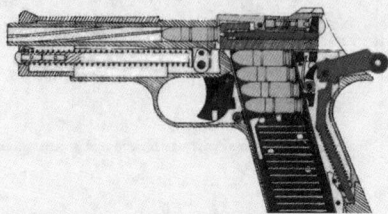

在红军时期,已经有多种手枪出现。

中国自制"独撅子"

驳壳枪

勃朗宁手枪

南部十四手枪

话题: 木手枪设计

让我们一起来设计一把木手枪吧。

制作与分享

设计小手枪			
根据刚才的学习,结合自己的理解和创意,为小红军设计一把小手枪吧!为了方便制作,请在设计图里标注你的设计意图。			
设计思维	我的设计是否体现手枪的基本构造	□有体现	□没有体现
	我的设计是否关注手枪的细节特征	□有关注	□没有关注

话题：制作小手枪

木工是古代社会中一种很重要的手工业，制造车舟等交通工具、农业手工业生产工具和生活用具，建造房屋庐舍等都离不开木工。

知识大百科

传统木工工具——锯子

锯子是用来把木料或者其他需要加工的物品锯断或锯开的工具。它由锯条和锯身组成。

相传鲁班在进入深山砍伐树木的时候，不小心被野草割伤了手掌，鲁班发现野草的两边都生有细细的、锋利的齿，手掌上的伤就是这些齿造成的。后来，鲁班效仿这些野草的齿，在长条工具上制作了锋利而密密麻麻的齿，从而形成了一个全新的工具——锯子，而那个长条工具就叫锯条，至于锯条上那些齿就叫锯齿。

锯子的出现方便了人们切割树木，是劳动中的一项重要发明。

传统木工锯

探究活动：

了解了这么多，让我们也来动手做一把木头小手枪吧！

红军小贴士

让我们像木工一样思考和工作，合理地安排过程，熟练地使用工具，做好安全防护，这些都很重要。

制作过程

1.根据设计草图，在木板上画出手枪的外形。

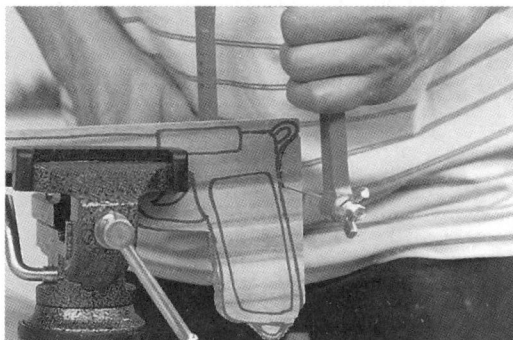

2.利用小手锯按轮廓切割出手枪的外形。

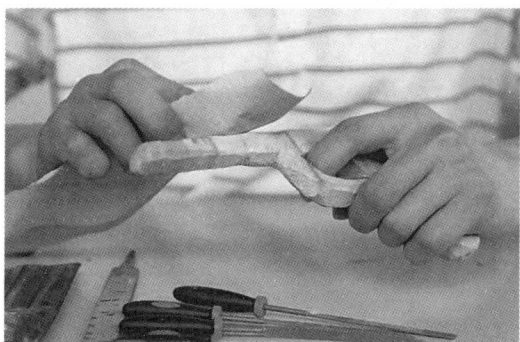

3.利用锉刀和砂纸打磨手枪。

4.用工具刻印出手枪的细节纹路。

我们还可以给手枪上色，让它更加逼真，一起来试试吧！

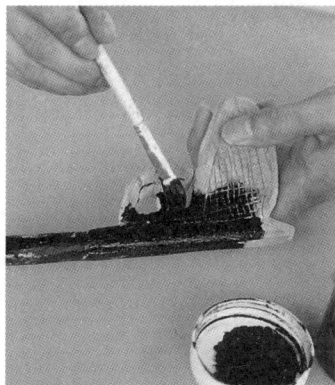

1.把手枪涂成深色。

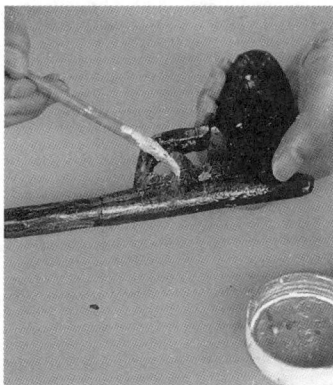

2.用金色颜料局部上色。

3.系上装饰红丝带。

话题：展示与评价

结合评比细则，对你的劳动成果进行评价吧。

木质小手枪评比细则

序号	项目	评价
1	手枪的外形	☆
2	打磨光滑	☆
3	有细节特征	☆
4	进行上色装饰	☆
5	有效分工、合作	☆

评价与总结

在物质匮乏的环境下，红军战士始终以大无畏的精神坚守信念，从胜利走向胜利。小小的木枪，不仅是一件漂亮的木工作品，还是一种精神的寄托和传承。

新时代，我们可以用勤劳的双手建设更美好的国家，用勤劳勇敢的精神让我们的国家更加强大。通过今天的学习，你有什么感想呢？你认为红军还具有什么样的精神品质呢？让我们在课后与老师、同学交流交流吧！

第三课　加油！运粮车

> 牛皮腰带三尺长，草原荒地好干粮，熬汤煮菜别有味，端给妈妈来品尝。
>
> ——红军战士在长征途中自创的《牛皮腰带歌》

　　二万五千里长征中，红军战士风餐露宿、饥寒交迫，凭着对党的忠诚和对革命必胜的信念，战胜了一切困难。军队的粮食和器械运输是保障这支部队一直向前的重要力量，今天，就让我们一起去看一看吧！

情景与思考

话题：粮草生命线

俗话说："兵马未动，粮草先行。"粮草是维持士兵打仗的关键，是战争胜负的重要因素。中国工农红军发展和壮大的过程中，经历了千山万水的跋涉、枪林弹雨的冲锋，没有充足的粮草,不可能有抗日和革命的胜利!那么粮草,到底指的是什么呢?

知识大百科

粮草,古代指军用的粮食与草料;现在指运输部队携带的军械、粮草、被、服等物资。

红军的弹药箱

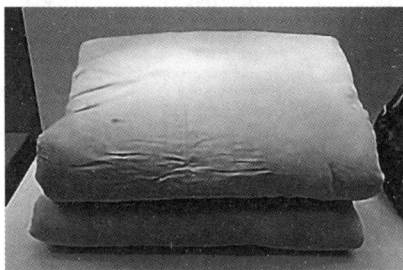
红军战士的棉被

红军的通信装备

麻布粮袋

在战争中,粮草至关重要,有许多粮草运输问题导致战争失败的故事。

知识大百科

官渡之战(199年—200年),东汉末年"三大战役"之一,也是中国历史上著名的以弱胜强的战役之一。

公元200年,曹操军与袁绍军相持于官渡(今河南中牟东北),在此展开战略决战。后因曹操奇袭袁军在乌巢(今河南封丘西)的粮仓,继而击溃袁军主力。曹操以两万左右的兵力出奇制胜,击破袁军十万。官渡之战后,袁曹双方力量发生转变,奠定了曹操统一中国北方的基础。

话题：多样的运输

一支部队在行进中需要大量的粮草物资。面对庞大的物资，怎么才能保障运输呢？让我们来了解一下红军时期可以使用的各种运粮工具吧！

人力担子

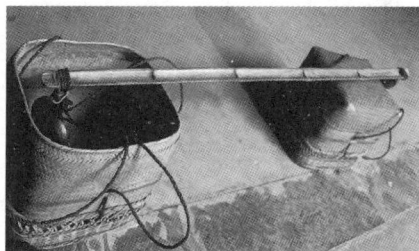
木轮推车

马拉车

汽车

火车

探究活动：

和同学们一起分析，试着填写以下表格吧。

运粮工具大比拼

运输工具	人力担子	木轮推车	马拉车	汽车	火车
优点					
缺点					
结论	我们小组认为，在战争时期，红军部队运粮主要使用的是＿＿＿＿＿＿＿。 理由：＿＿＿＿＿＿＿＿＿＿＿＿＿＿＿＿＿＿＿＿＿＿＿＿＿＿＿＿＿＿＿＿ ＿＿＿＿＿＿＿＿＿＿＿＿＿＿＿＿＿＿＿＿＿＿＿＿＿＿＿＿＿＿＿＿＿＿。				

红军小贴士

我们在分析时，一定要考虑红军当时的真实条件。

行动与体验 ···

话题：了解木轮车

木轮车是机械车辆出现前常用的运输工具，人们用它搬运各种物品。木轮车是人类劳动的重要工具。你知道它是怎么工作的吗？

让我们先来了解一下木轮推车的结构吧！

知识大百科

木轮推车的巧妙设计

木轮推车利用木材做出圆圆的车轮，圆形的车轮可以减少地面带来的摩擦力，方便在不同场地使用。木轮推车是人类重要的劳动工具。

木轮推车还利用杠杆原理把负载的抗力点靠近支点(车轮)，让负载的重量分担在推车和操纵者之上，同时让推车运作更有效率。因为推车让笨重的负载移动变得轻松，所以它在建筑工地、农场、花园中都是不可或缺的重要劳动工具。

根据人类劳动的需要，人们对木轮推车进行了改良，做出了适合不同场景的更加优化的木轮车辆。

木轮板车

两轮驴拉车

四轮马拉车

话题：设计木轮运粮车

探究活动：

让我们一起来设计一辆木轮运粮车吧！

设计木轮运粮车	
设计	我准备设计一款_____轮的运粮车。
思维	我希望这辆运粮车的主要特点是：

制作与分享

木工是中国传统的劳动工种之一。千百年来,人们在劳动中利用木材建造了许多漂亮的建筑,制作了无数精美的家居物品。

传统木工工具

木工锯

知识大百科

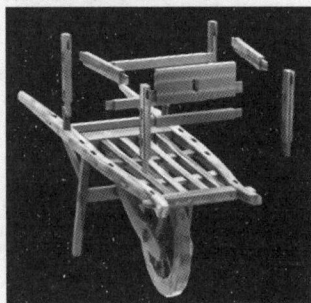

榫卯工艺

传统木工工艺——榫卯(sǔn mǎo)

榫卯是古代中国建筑、家具及器械的主要结构方式。

榫卯被称作中式家具的"灵魂",木构件上凸出的榫头与凹进去的卯眼简单地咬合,便将木构件结合在一起。连接构件的形态不同,由此衍生出千变万化的组合方式,使中式家具达到功能与结构的完美统一。

了解了这么多,让我们也来动手做一辆运粮车吧。

红军小贴士

在制作过程中,要了解工具的使用方法,做好安全防护。

👤 **话题：展示与评价**

把你的运粮车展示给同学们看看吧，听听大家的意见，看看还有什么可以改进的地方。

我们还可以举行一场运粮比赛。

评价与总结

今天的课程，你有什么收获呢？和老师、同学说一说吧！

"红军不怕远征难，万水千山只等闲。"靠着木轮车、人力担子等简陋的运输工具，红军战胜了恶劣的环境和凶猛的敌人，取得了一个又一个胜利。

劳动的背后，你认为红军还具有什么样的精神品质呢？让我们课后与老师、同学交流交流吧！

小学劳动教育专题课程研发
服务性劳动主题说明

一、主题教学目标

1.学习在野外挖灶生火煮食、借用轮胎内胎搭建浮桥的生存技能,会用木块和红布制作红缨枪,感受劳动带来的乐趣。

2.在红军炊事员、儿童团员、工兵的角色体验中,了解每一个战士在长征途中发挥的重要作用,能联系日常学习生活中的厨师、市政人员(医生、警察)、建筑工人等人员的工作,学习为民服务的劳动品质。

3.懂得合理分工与团结合作是有效完成任务的重要前提,学习从多侧面、多角度分析和认识问题的方法。

4.阅读、聆听长征故事,模拟长征情景,感受红军战士的吃苦耐劳、默默奉献的精神和钢铁意志,坚定跟党走、听党话的理想信念。

二、主题设计构想

1.本主题以"服务性劳动"为核心,遵循小红军成长基地的课程主线,从红军队伍中选择炊事员、儿童团员、工兵三个角色,挖掘和筛选其在红军长征途中所经历的、参与的、承担的劳动事务,分析小学高段学生的年龄特点、劳动能力和日常需要,结合基地特有的场地环境、设施设备,确定"小小炊事员""四渡赤水""我是儿童团员"三个项目活动。

2.三个项目中,"小小炊事员""四渡赤水"侧重于野外生存劳动技能的学习,"我是儿童团员"侧重于服务劳动品质的培养。

(1)民以食为天,做饭是学生必须掌握的一项劳动技能。红军在长征途中风餐露宿,炊事员常常也只能是在野外完成后勤保障。活动将野外选址挖(建)灶、生火煮食、认识常见野菜作为技能的学习内容,既是为贴近红军长征途中的真实情景,也是为了进一步提升学生的野外生存能力,为学生的真实生活奠定基础。活动的拓展与延伸指向厨师这一职业,旨在引导学生关注平时家人为自己成长所付出的劳动,体悟厨师身在服务行业所追求的精益求精的工匠精神。

(2)四渡赤水是红军长征的重大战役之一,被称为"长征中最光彩最神奇的篇章"。揭秘红军胜利渡江,体验红军四次渡江的过程,对学生有着无限的吸引力。"四渡赤水"

活动借用小红军基地已有的地理环境,引导学生尝试用自己的办法解决"无船渡江"的问题。学生基于限定的材料、工具,与小组成员分工、合作,多次尝试,反复改进,不仅培养其动手动脑的劳动意识、精益求精的劳动工匠精神,还培养和提升学生的学习力、思维力、团队凝聚力。

(3)《三大纪律 八项注意》这首红色经典歌曲是由红四方面军下属的红二十五军(童子军)在长征时期唱响的。"我是儿童团员"活动以制作一支红缨枪、站一天岗、放一天哨为任务,引导学生在细心学习木料打磨、耐心练习军姿站立、整齐队伍行进等过程中,初步形成对劳动岗位和职责的正确理解与认识,学习为民服务的劳动品质,强化令行禁止的纪律观念。

3.在读本的编排与呈现上,尽量给教师和学生提供可以拓展的空间,力求以情景为主线、用问题做牵引、辅助相关的资源,注意引导学生去阅读、寻找、收集更多的资源,让学生在主动参与、积极思考和反思感悟中学习劳动技能,增强劳动意识,形成劳动精神,提高劳动品质。

三、教学实施建议

(一) 课时安排

活动名称	结构	时间
小小炊事员	阅读资料,打包物资,发布任务	40分钟
	辨识野菜,选址挖灶,煮食送餐	80分钟
	交流分享,评价总结,整理归队	30分钟
四渡赤水	人员分组、发布任务、任务分解	20分钟
	探寻想法、创建产品、三渡调试	90分钟
	四渡挑战任务、交流分享、评价总结、整理归队	40分钟
我是儿童团员	人员分组,发布任务	5分钟
	阅读资料,认识儿童团,制作红缨枪,执勤站岗	85分钟
	交流分享,评价总结,整理归队	30分钟

(二) 教学目标的表述

本主题三个活动内容是劳动教育专题,活动开展方式为综合实践。在拟定教学目标时,教师可以参考《中小学综合实践活动课程指导纲要》中价值体认、责任担当、问题解决、创意物化等内容,也可以参考"知识与技能、过程与方法、情感态度与价值观"三维目标表述方式。但是,无论采用何种表述方式,都应将目标具体化、可视化,尤其要体现劳动技能、习惯、品质和精神的培养。

（三）教学准备

1.熟知长征故事。三个活动分别承载了一个主要的长征故事，教师应能熟练讲解，提炼故事中与劳动教育紧密相关的信息，以便在活动过程中灵活运用。

2.备好活动材料。三个活动涉及的材料均较多，教师要充分考虑材料的数量、过程中的分配情况，以及收纳整理等问题。

（四）过程执行

1.以生为本。教师可分层设置活动目标，根据学情调整活动过程。不求有固定、统一的结论，为学生留有更多的选择和创造空间，让学生从多角度获得更深刻的体验和更丰富的情感。

2.任务驱动。紧紧围绕活动目标创设情景，设置真实的活动任务，引导学生根据任务利用学习资源进行自主探索或协作学习，运用已知经验提出方案、解决问题。

3.落实评价。建立多维度、多元化的评价标准。评价内容应包括学生在活动过程中的表现、解决问题的过程、达成任务的情况。充分发挥评价导向、激励、调控的功能，促进学生积极主动地参与活动过程。

4.学习支架。借助学习单，立足学习过程，记录学习轨迹，呈现思维碰撞，获得可见成长。

5.安全保障。三个活动中，涉及野外劳动生存技能的生火、搭船渡江、木工制作工具的使用，均存在一定的安全隐患。教师必须有充分的安全预设，在活动开始前加强安全教育，过程中加强安全管控，并将安全纳入评价内容，让学生建立安全意识，自觉做到安全第一。

（五）其他说明

每个活动除达成主要目标之外，还应关注细节。如"小小炊事员"活动，挖灶煮食以后，灭火回填，既是安全之需，还是对环境的保护；"四渡赤水""我是儿童团员"活动，对工具的整理与收纳，是培养学生良好劳动习惯的契机。时时事事处处都是实践机会，教师应有全课程理念，将学生在活动过程中的即时表现、师生个体及其身边一切都转化为教学资源。

第五单元　小红军重走长征路

第一课　小小炊事员

　　长征是人类历史上的伟大奇迹！红军长征途经14个省，翻越18座大山，跨过24条大河，走过草地，爬过雪山，共进行了380余次战斗，行程约两万五千里。

　　1934年9月，长征出发前夕，红四军独立团再一次组织各连队司务长召开行前会议。会上，叶挺军长强调："各连必须抓紧时间，发动群众力量筹集粮食、被服等物资……路上我们可能既要行军又要打仗，生活条件艰苦恶劣，炊事班战士的首要任务就是保证大家顺利完成长征！"

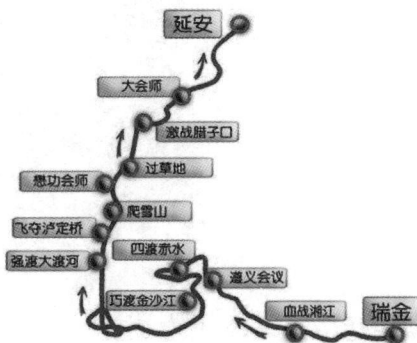

你知道吗？

　　司务长——在连队里主管伙食、住宿、财务等日常生活的士官，其职务高于炊事班长。

情景与任务

　　小李、小张和小王都是穷人家的孩子，看到红军队伍在招募新兵，三人义无反顾报名参加了红军。因为年纪太小不能上前线，他们被分到红四军独立团三连炊事班。刚到炊事班报到，上级就下达了明天出发的命令。这可把三位小战士急坏了，长征路上居无定所，时常风餐露宿，他们还不知道怎样在野外完成做饭任务呢！

我们一起来帮帮三位小战士吧！

在野外做饭要做些什么准备呢？大家讨论讨论。

要有做饭的工具，如锅、水壶……

还要有做饭的材料，比如粮食、柴火……

要有做饭的场地，再建一个灶。

红军小贴士

做好事前的准备工作，养成良好的劳动习惯！

野外建灶都有哪些方法呢？

可以去问问小伙伴或家长。

我觉得还可以查阅一些资料。

这是小王收集的关于野外建灶的方法。

卡片

砖石建灶法

口诀要领： 砖石垒一周，中间为空心。

操作方法： 捡一些大块的石头，如果有类似砖头一样平整方块的就更好了，把它们围成一圈垒起来，中间为空心，用来加柴火，把锅放到垒好的石堆上即可。

记录资料要准确、全面。

我们可以学习小王，将搜集到的建灶方法用卡片记录下来。

卡片

支架建灶法

口诀要领： 物件搭三角，中间挂锅具。

操作方法： 用可支撑的条形物件(比如铁杆、树枝等)，将三根长短相似的条形物件搭成一个三角锥形状，然后在中间垂挂一个小锅，在底下生火即可。

卡片

天然建灶法

口诀要领:天然洞坑,自然成灶。

操作方法:寻找周围可以做灶的东西,比如岩石缝或者岩石凹洞、天然土坑或者横向的树洞(枯树),等等。

卡片

达科它土灶

口诀要领:平地选址,先挖坑口,再挖灶膛;通风口是最重要,两膛贯通火力旺;三条烟道遮严实,节能少烟更环保。

操作方法:

1. 选址。选择平地好挖的地方,避开沙地、砂石多、有树根、潮湿、容易引发山火的地方。

2. 坑口。坑口的大小,要结合使用的锅的大小来决定,以刚好能放下锅为宜。

3. 灶膛。灶膛要大于坑口,方便多放柴火,同时考虑燃烧后会堆积木炭。如坑口直径为 20~35 cm,坑底直径为 40~50 cm,灶膛高度为 40~50 cm。

4. 挖通风口。距离灶口上方 20~30 cm 的位置,再挖一个坑,略小,然后斜下通到灶膛处,从底部将两洞贯穿,把所有挖出的土堆在第一个洞口周围,拍实增强其避光性。当灶膛点火燃烧,空气受热上升,通风孔的冷空气受力补充,形成循环,也就形成了自然的氧气供给通道,火势旺盛。

5. 挖烟道。在通风口上方向后延伸挖至少三条烟道,每条约 15 cm 深,2~3 m 长。

行动与体验

你会选择哪一种野外建灶方法？你认为哪种建灶方法更利于行军打仗？让我们到小红军基地的百果园去验证一下吧！

可用的材料和工具有这些……

序号	材料、工具	数量	单位	序号	材料、工具	数量	单位
1	铁铲	4	把	4	背篓	2	个
2	军用水壶	4	个	5	木柴	8	块
3	行军锅	1	个				

行动：小组合作，任选一种建灶方法，利用提供的材料搭建一个灶台。

建灶行动计划

小组名称：

建灶方法：

人员分工：

行动：比一比，哪个小组烧开一锅水的用时最少？分享一下经验。

我发现烧火时，架柴很关键。

灶底可以先架大一点的柴，加高空间，让空气充分流动。

每次少量添加柴火，不要把灶膛塞满……

⚠️ **安全提示**

1. 野外用火，注意防火。
2. 使用完毕，回填灭火。
3. 水火高温，小心谨慎。

🏃 **行动：**长征途中，食物短缺，尤其是过草地时，基本上只能用野菜充饥。但是，有的野菜是有毒的，不少战士因误食有毒的野菜而牺牲了。我们可以用什么方法正确地辨识野菜呢？

> 必须仔细观察，一看根、茎、叶、花、果、种子；二闻气味。

> 可以借助一些辨识植物的App软件，比如植物识别、形色、百度识图等。

> 可以在书籍、报纸和杂志上收集相关资料。

> 可以向有经验的农民请教。

你知道吗？

1. 什么是野菜？
非人工种植的、可以食用的植物。
2. 为什么选择吃野菜？
野菜是大自然中野生的，是绿色植物。野菜的味道很特别，许多野菜营养价值很高。

红军小贴士

野菜虽好，可是别挖错了！一定要有安全意识！

分享与交流

和大家交流一下看法吧！

1. 红军长征时，生活条件差，必须自己挖灶。现在科技进步了，你知道有哪些在野外直接可以生火做饭的炉具吗？

2. 红军炊事员相当于我们现在的厨师。一名优秀的厨师，应该具备哪些基本条件呢？

3. 厨师是一名普通劳动者，他们身上也有许多优秀的劳动品质，你发现了吗？

评价与总结

在家里，爸爸妈妈为我们准备营养丰富的一日三餐，我们应该感谢他们！

在学校，食堂的叔叔阿姨为我们准备丰富的午餐，我们应该感谢他们！

在餐厅，厨师为我们烧制各种美味可口的食物，我们应该感谢他们！

本次活动我的表现很棒，快来评价一下吧！

评价要点	自评	互评	师评
能够熟练打包物资	☆☆☆	☆☆☆	☆☆☆
能够准确辨识至少一种野菜	☆☆☆	☆☆☆	☆☆☆
能够按照提示挖灶	☆☆☆	☆☆☆	☆☆☆
会生火，有方法将火烧旺	☆☆☆	☆☆☆	☆☆☆
正确处理野外生火后的灭火、回填事宜	☆☆☆	☆☆☆	☆☆☆
劳动过程中注意安全，没有受伤的情况	☆☆☆	☆☆☆	☆☆☆

拓展与延伸 ··

⚇ 重庆名厨

刘波平 重庆市杰出英才,全国劳动模范,国务院特殊津贴获得者,全国技术能手,巴渝"最美十大工匠",中国注册烹饪大师,中国餐饮30年功勋人物奖获得者,世界中餐业厨师艺术家。

张正雄 国际烹饪艺术大师,国际美食评委,中国烹饪大师,国家一级评委,重庆市饮食行业协会副会长兼副秘书长,重庆市名协会副会长兼秘书长,中国菜文化传播中心专家,世界华人健康饮食协会副主席。

第二课　四渡赤水

　　1935年1月28日凌晨,青杠坡战斗打响。红三、红五军团与敌川军郭勋祺部正面遭遇,展开血战。不料,敌军火力越来越猛,阵前敌人越来越多,战斗很快进入胶着状态。情况万分危急,年近半百的朱德总司令要亲自上火线,毛泽东阻止,朱德却把帽子一摔冲了上去。朱总司令与干部团顶上去,与敌拼死厮杀,艰难地打退了敌人的进攻。为避免更多的伤亡,毛泽东决定,就此撤出战斗,放弃继续北上,兵分三路,从元厚镇、土城镇向西迅速渡过赤水河。工兵连的小红军们也接到了渡河任务,这节课我们一起动手帮助他们渡河吧!

赤水河

你知道吗?

　　赤水河——出自云南,流经贵州、四川两省,全长近千里,两岸密布红色砂岩,在一年的大半时光里,它水色赤红。河水奔腾汹涌,最宽处达三四百米,俊峰挺立,路险难行。

情景与任务

小战士不要怕,我们马上就可以渡河了。

我不怕!我相信工兵连的战士定会帮助大部队顺利渡河的!

　　想一想:作为一名工兵连战士,我们可以根据有限的材料,制作一个怎样的渡河产品,帮助300人的队伍快速又安全地渡河呢?

看！这就是我们需要渡过的赤水河。

我们小组可用的材料和工具有这些……

序号	材料、工具	数量	单位	序号	材料、工具	数量	单位
1	救生衣	4	件	5	绳子	1	捆
2	轮胎内胎	2	个	6	剪刀	2	把
3	竹竿	4	根	7	背篓	1	个
4	木板	2	块				

红军小贴士

悄悄告诉你哦，生活中各种各样的产品，都是从设计思维金字塔得到思路，并一步步完成的哦！

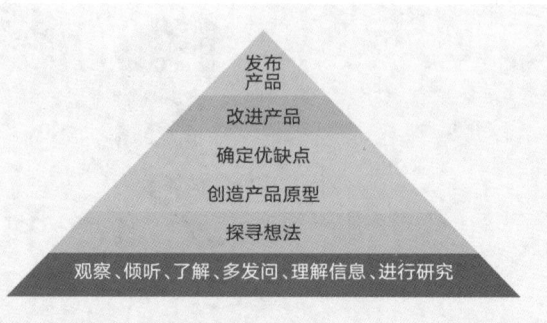

发布产品
改进产品
确定优缺点
创造产品原型
探寻想法
观察、倾听、了解、多发问、理解信息、进行研究

探索与体验 ....

行动: 红军战士们对渡河产品有怎样的需求呢? 创建渡河产品有怎样的限定条件呢? 我们一起和同伴交流想法。

> 红军战士们的需求: _____

> _____

> 限定的条件: _____

> _____

行动: 可以制作一个怎样的渡河产品帮助红军战士顺利渡河呢? 我们可以和小伙伴讨论一下,将想法用图或文字的形式记录下来。

有了,我可以这样做……

我的想法

行动: 我们一起动手创建渡河产品,通过三渡赤水测试产品性能,并对产品进行改进。我们在过程中遇到的困难,都可以记录在下面的表格里,并和小伙伴讨论可行的改进办法。

产品创建过程记录表

环节	问题	改进办法
创建产品		
一渡赤水		
二渡赤水		
三渡赤水		

红军小贴士

产品的稳固性、安全性、运载量和运输时间是我们测试时需要特别关注的,我们可以把每次测试的结果记录在表格里。

产品测试记录表

测试时间	稳固性	安全性	运载量 (单次)	运输时间 (单次)	渡河总时间 (按300人计算)
一渡					
二渡					
三渡					

⚠️ **提示**

1. 河水很深,我必须规范穿着救生衣,不随意靠近水边,确保自身的安全。

2. 剪刀很锋利,我会在老师和家长的指导下使用,养成规范、安全的劳动习惯。

分享与交流

和大家说说我们的看法吧!

1. 我们从产品设计到产品模型测试成功,遇到许多困难,讨论了多种改进办法……

2. 在产品设计中,我们运用到了这些原理……

3. 如果还有时间,我们会做这样的尝试……

行动:要想顺利完成渡河任务,我们还应做好哪些准备才能更好地服务于大部队呢? 快行动起来,小伙伴讨论一下吧!

可是,我们都不知道渡河的规则呀!如果大家一拥而上,我担心无法顺利完成渡河任务。

不要怕,冲锋号已吹响,渡河产品也创建完毕,马上就要组织红军渡河了。

人员分工	渡河规则
副连长:＿＿＿＿＿＿	1.＿＿＿＿＿＿＿＿
宣传组:＿＿＿＿＿＿	
搭建1组:＿＿＿＿＿	2.＿＿＿＿＿＿＿＿
搭建2组:＿＿＿＿＿	
搭建3组:＿＿＿＿＿	3.＿＿＿＿＿＿＿＿
搭建4组:＿＿＿＿＿	
搭建5组:＿＿＿＿＿	4.＿＿＿＿＿＿＿＿
搭建6组:＿＿＿＿＿	
搭建7组:＿＿＿＿＿	5.＿＿＿＿＿＿＿＿
搭建8组:＿＿＿＿＿	

　　我们已经完成渡河产品,进行了人员分工,同时制定并讲解了渡河规则。冲锋号已吹响,让我们带领大部队顺利渡过赤水河吧!

和大家说说你的看法吧!

　　1.想要成为一名优秀的工兵连战士,需要从哪些方面努力?
　　2.工兵连是保障连,也是服务连。如何才能为大部队提供更好的服务和保障呢?
　　3.从职业特点来看,工兵连战士和现在哪些职业比较相似?

评价与总结

　　通过帮助红军战士完成四渡赤水的任务,我们不仅学会了用设计思维来创建产品,还了解了四渡赤水这一段英雄的史实,认识了工兵战士这个职业,并体验扮演工兵战士为大部队服务的劳动。工兵连在长征途中并未留下太多感人肺腑、可歌可泣的故事,但不代表工兵连未做出巨大贡献。他们一直默默无闻,冲在最前面,遇山开路、遇水搭桥,静静地为后面战斗的部队扫清一切障碍。就如同修路、建桥的最基层的劳动者,在国家迅猛发展的道路上,默默地付出。一条条道路让贫困走向富裕,一座座桥梁架起腾飞的巨龙。劳动者都是最伟大的,都是值得我们尊重的人,一切美好的生活都靠劳动创造。

来谈谈你自己的收获吧!

收获一:从"四渡赤水"活动中,可以感受到怎样的红军精神呢?

_____

收获二:应该学习工兵连战士什么劳动习惯和品质呢?

_____

本次活动我的表现很棒,快来评价一下吧!

评价内容	自评	互评	师评
能积极主动参与到为他人服务的劳动中	☆☆☆	☆☆☆	☆☆☆
能灵活运用设计思维进行创造性劳动	☆☆☆	☆☆☆	☆☆☆
能用创建出来的产品,顺利完成渡河任务	☆☆☆	☆☆☆	☆☆☆
劳动过程中注意安全,没有受伤情况	☆☆☆	☆☆☆	☆☆☆

拓展与延伸 ······

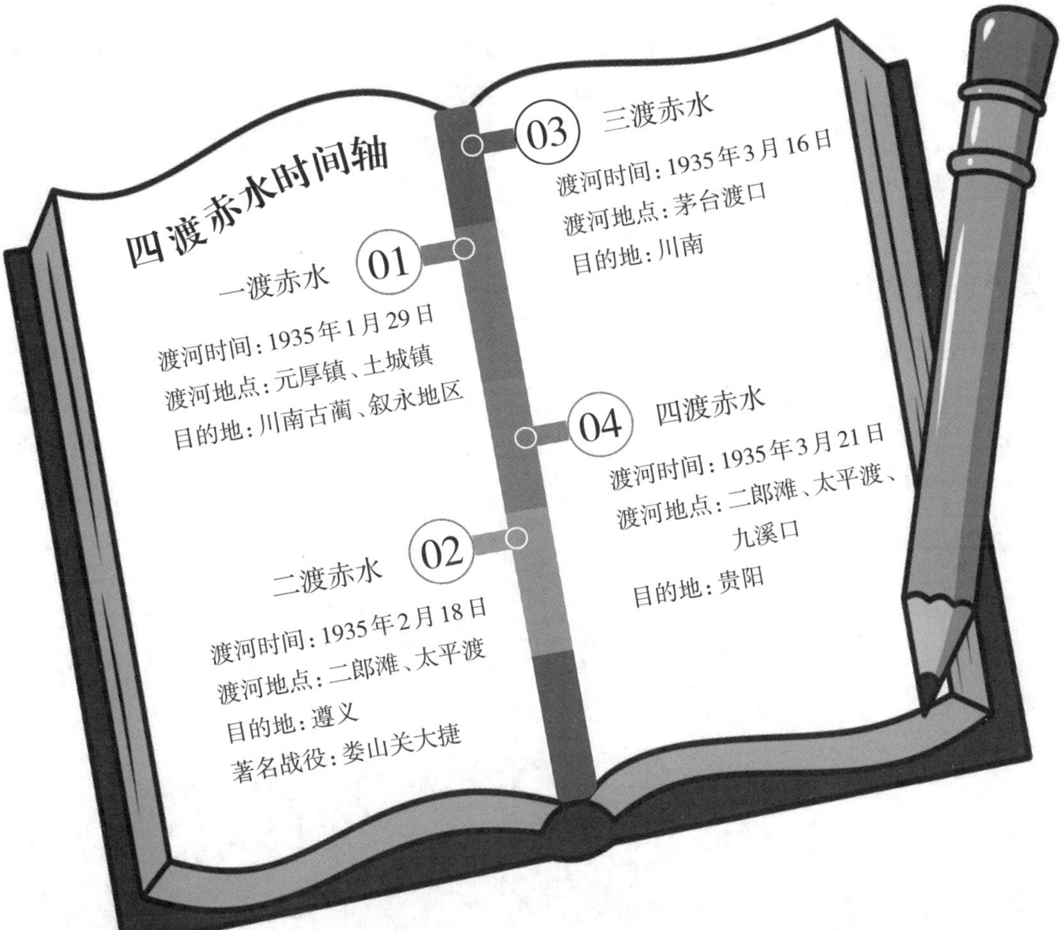

四渡赤水时间轴

一渡赤水 01

渡河时间：1935年1月29日

渡河地点：元厚镇、土城镇

目的地：川南古蔺、叙永地区

二渡赤水 02

渡河时间：1935年2月18日

渡河地点：二郎滩、太平渡

目的地：遵义

著名战役：娄山关大捷

03 **三渡赤水**

渡河时间：1935年3月16日

渡河地点：茅台渡口

目的地：川南

04 **四渡赤水**

渡河时间：1935年3月21日

渡河地点：二郎滩、太平渡、

九溪口

目的地：贵阳

第三课　我是儿童团员

"准备好了吗？时刻准备着，我们都是共产儿童团。将来的主人，必定是我们，滴滴答滴答，滴滴答滴答……"轻快而整齐的歌声，声声入耳！"准备着，时时刻刻准备着"响亮而坚定的呼号声，字字震天！这就是少年先锋队的前身——儿童团。这节课就让我们一起去探秘儿童团的工作吧！

情景与任务

我们在毛泽东的带领下四渡赤水，再次攻占了遵义。进入遵义后，许多百姓想要加入红军，其中也不乏十多岁的小朋友。对于这些没有战斗能力却又有意愿为党和人民贡献力量的少年儿童，组织决定可以进入红军的下级组织——儿童团。今天特地为了想加入红军的小朋友们举办了一个儿童团员选拔会，选拔优秀的小朋友加入儿童团，成为真正的儿童团员。

他们都这么急着加入儿童团，儿童团到底是做什么的呢？

等等我，我要加入，我要加入！

儿童团员选拔会

行动与体验

活动：和儿童团员 Say Hello

儿童团员平时的工作职责是什么呢？儿童团员有些什么特征呢？我们一起在《小英

雄雨来》这本连环画找一找，再和大家说一说吧！

儿童团员的工作职责：_____。

儿童团员的特征：_____。

红军小贴士

我们一起来阅读《小英雄雨来》这本连环画。我们要爱护书本，不乱涂乱画，养成好习惯！

活动：红缨枪 go

我们要用到这些劳动工具。

直尺　　手工锯　　美工刀　　砂纸　　剪刀　　锉刀

我们还要用到这些劳动材料。

木块　　　　PE管　　　红绸布

试一试：用手工锯，将小木条按标线锯成两段。

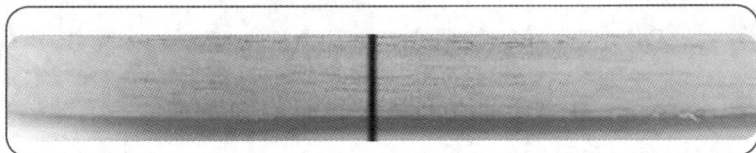

咦！锯子怎么不听话，总是不按标线走？

我知道，在锯木条的时候我们应该注意……

跟着我一起动手学做红缨枪吧！

1. 看图例，描图样。

2. 阴影部分切割掉。

3. 用小刀和锉子来打磨。

4. 组装拼接完成了。

> ⚠️ **提示**
>
> 刀和锯都很锋利,请在老师和家长的指导下使用,养成规范、安全的劳动习惯哦!

活动:执勤站岗我能行

> 执勤站岗应该用什么姿势呢?

> 当然是标准的军姿呀!

> ⚠️ **提示**
>
> 两脚分开60°,两腿挺直,收腹,挺胸,抬头,目视前方,两肩向后张,右手紧握红缨枪于身侧。

想一想: 要站好岗,除了姿势要正确,还要做到什么?

> 同志,辛苦了!

换岗

换岗要领

说的话:_____

做的动作:_____

练一练：我们练一练站岗、换岗，争做一名合格的儿童团员。

活动：儿童团员选拔会

快带上红缨枪，积极参与儿童团员的选拔吧，在选拔会上展示站岗、换岗的劳动技能吧！

分享与交流

作为新时代的儿童团员，除了要掌握做红缨枪的技能，以及站岗、换岗的动作技巧外，还应具备哪些品质？和大家交流一下你的想法吧！

新时代儿童团宣言书

作为新时代儿童团员，我们坚决做到：

_____

_____

_____

宣誓人：_____

年　月　日

评价与总结

评价内容	自评	互评	师评
能正确、熟练使用劳动工具	☆☆☆	☆☆☆	☆☆☆
能按照提示制作红缨枪	☆☆☆	☆☆☆	☆☆☆
能掌握站岗、换岗的动作要领	☆☆☆	☆☆☆	☆☆☆
劳动过程中注意安全，没有受伤情况发生	☆☆☆	☆☆☆	☆☆☆

本次活动结束了，我是一名合格的儿童团员吗？一起来评一评吧！

做一做

恭喜大家都通过选拔，成为一名光荣的儿童团员！儿童团员们行动起来，为大家服务吧，校园的秩序和安全就交给你们啦！

> 作为一名合格的儿童团员，执勤站岗，为大家服务一整天后，我们也来说说自己的收获吧！

收获一：我从"儿童团执勤站岗"活动中，可以感受到怎样的红军精神呢？

_____

_____

收获二：我应该学习儿童团员们怎样的劳动习惯和品质呢？

_____

_____

交警在风雨里指挥交通，为我们保证道路的畅通，

向交警敬礼！

城管在烈日下监管巡查，为我们营造干净整洁的环境，

向城管敬礼！

医护工作者不分昼夜坚守岗位，为我们的健康保驾护航，

向医务工作者敬礼！

拓展与延伸

少年先锋队的发展史

中国少年先锋队前身为中国少年儿童队，成立于1949年10月13日。但中国少年儿童的革命组织，从21世纪初的劳动童子团算起，已有百年的历史了。革命战争时期的少年儿童组织在中国革命的各个时期，都有革命的儿童组织活跃在父兄身边，为人民的解放事业做出贡献。从1921年中国共产党成立之日起，党就十分重视儿童组织的建设。在中国少年儿童运动发展的历史上，不同的革命历史时期，有不同的革命儿童组织。

一、第一次国内革命战争的劳动童子团

我国最早的革命儿童组织叫劳动童子团，成立于第一次国内革命时期(1921年—1927年)，是由中国共产党先后在武汉、上海、广州、天津、唐山等大城市建立起来的。从党的儿童组织成立的第一天起，共青团就受党的委托直接领导儿童组织，围绕党的工作开展了一系列活动。

二、土地革命战争时期的共产儿童团和少年先锋队

大革命失败后，党的"六大"对革命低潮时期如何坚持劳动童子团工作做出指示，共青团"五大"制定了"儿童运动工作决议案"，提出恢复、发展劳动童子团的方针，以团结童工、学徒和工农子弟。劳动童子团逐步得到恢复和发展。在农村革命根据地，至1930年，劳动童子团已达70万人。20世纪30年代初，根据少共国际执行委员会决议和国际儿童局的指示精神，共青团中央在五届三中全会后的1930年12月发布《儿童运动决议(草案)》，确定了儿童运动的性质是"共产主义儿童团"，规定在苏维埃区域内的儿童组织可以统一名称为"共产儿童团"，劳动童子团沿革为儿童团。在白区，也出现了赤色儿童团、山海儿童社会等革命少儿组织。

三、抗日战争时期的抗日儿童团

抗日儿童团是抗日战争时期中国共产党领导的广大抗日根据地建立的抗日救国的少年儿童革命组织。

四、解放战争时期的儿童团和少先队

解放战争时期各解放区的儿童团基本上是在抗日儿童团的基础上发展起来的。在国民党统治区，地下少先队组织为解放战争的胜利做出了积极贡献。

五、社会主义现代化建设中的中国少先队

1.新中国成立后的少先队

从1949年中华人民共和国建立到1966年"文化大革命"爆发，这中间的17年是中国少先队走向正规、蓬勃发展的时期。不仅培养造就了一大批高素质的人才，而且为少先队事业的发展积累了大量宝贵经验。

2.改革开放后的中国少先队

1978年10月16日至26日召开的共青团第十次全国代表大会上宣布了党中央关于我国少年儿童组织恢复中国少年先锋队名称的决定，至此中国少先队进入了发展史上的一个崭新阶段。

下篇

"我的视界"课程标准说明

课程学时：450分钟

课程模块：3个

课程类型：综合实践活动课程

一、课程的定位与设计思路

(一) 课程的定位

"我的视界"是重庆市巴南区教育综合实践中心2020年中央专项彩票公益金支持未成年人校外教育项目中学劳动(科创)课程的子课程，是一门综合实践活动课程。以已经正式颁布的《大中小学劳动教育指导纲要(试行)》为参考，在体现初中阶段劳动教育基本理念、内容标准的基础上，落实服务性劳动教育相关内容，让学生利用知识、技能等为他人和社会提供服务，在公益劳动、创意劳动中强化社会责任感。

课程主要讲述使用慧编程Makeblock电子零件、超声波测距模块，设计制作一系列与学生视力相关的作品。通过各项目的学习实践，逐步形成发现问题—分析问题—梳理问题—解决问题—反思问题等面对问题的各种策略，促进学生在实践中学、体验中学、创造中学，达成学生计算思维和逻辑判断的提升。

(二) 课程的设计思路

近年来，我国中小学近视率大幅提升。青少年近视率已经高居世界第一，其中中国初高中生和大学生的近视率均已超过70%，小学生的近视率也接近40%。教育部体育卫生与艺术教育司一级巡视员郝风林提出综合防控儿童青少年近视是一项战略工程、系统工程、民心工程，需要政府及相关部门、学校、医疗卫生机构、家庭、学生的共同努力。巴南区作为2020年教育部全国青少年近视防控改革实验区，坚持扎实推进我区青少年近视防控工作。基于此，设计开发此项目课程。

本课程分为3个模块，"近视原理"通过编程，让学生建立凸透镜与眼睛近视的关联；"坐姿监测"让学生走进人工智能，并建立软件与硬件的联系；"AI测视力"让学生了解视力测试知识，通过软硬件结合，设计制作测试视力的编程作品。

二、课程教学目标

名称	教学目标
知识目标	1.近视原理模块,学生通过建模,了解近视形成的原理,并能通过软件编程模拟近视的形成。 2.坐姿检测模块,学生通过案例,了解人工智能在生活中的应用,并能通过项目学习实现坐姿监测作品。 3.AI测视力模块,学生通过情景,了解视力测试的方法,梳理AI测视力的编程流程,制作智能AI视力测试作品。 4.学会Auriga主控板及相关硬件的使用方法。 5.学生能综合运用慧编程中的事件、判断、侦测、运算、运动、外观等积木进行编程实践活动。 6.理解顺序、选择、循环三种程序结构,并梳理运用变量、广播、造型、随机数、循环等完成任务
能力目标	1.掌握如何梳理编程思路并能绘制编程流程图。 2.培养学生勤于动脑的逻辑思维能力和善于动手的实践操作能力
素质目标	1.培养学生小组间协同合作的团队精神。 2.学生能主动联系生活,具备发现问题—分析问题—梳理问题—解决问题—反思问题的能力。 3.培养学生的创新意识与思辨思维

三、课程内容、要求及过程评价

模块名称	课题名称	知识和技能	能力和核心素养	建议学时	评价
近视原理	光的折射	1.掌握入射光线、折射光线、凸透镜、偏折位置角度等基本含义。 2.了解凸透镜的厚度变化与折射光线的偏折角度的关系	1.培养学生细心观察,用心思考的能力。 2.学生能适时建模,把直观现象内化为抽象思维	1	项目活动评价表+优秀作品展示+典型错误作品研讨
	会编折射	1.了解慧编程软件的基本操作和常用指令,主要包括角色的设置、变量的使用、广播的应用。 2.学会思路分析,了解流程图的绘制。 3.调试程序,解决问题	1.提高学生分析梳理问题、运用编程实践、最终解决问题的能力。 2.发展计算思维	1	
	慧编近视	1.掌握添加绘制角色、文字等角色,调整位置大小。 2.学会使用移到x和y、虚像特效、角色被点击等积木的使用。 3.学生能调试程序,解决生成问题	1.培养学生知识迁移能力、扩展运用能力、语言表达能力、优化完善程序的能力。 2.提高数字化学习与创新,发展计算思维	1	

（续表）

模块名称	课题名称	知识和技能	能力和核心素养	建议学时	评价
坐姿检测	人工智能	1.知道什么是人工智能。 2.了解人工智能的运用。 3.能举1—2个人工智能的案例。 4.明确机器学习识别图像的过程	1.开阔视野,培养创新能力。 2.培养信息意识	1	项目活动评价表+优秀作品展示+典型错误作品研讨
	机器学习	1.能正确运用训练模型中摄像头采集坐姿的几种样本。 2.学习循环结构和判断结构两种积木块	1.提升理解能力和逻辑判断能力。 2.提高计算思维、数字化学习与创新能力	1	
	坐姿监测	1.学会在慧编程中,添加超声波传感器积木块。 2.学习Auriga主控板如何与电脑终端进行连接。 3.学习上传模式广播和接受模式广播的相关积木。 4.能够在坐姿判断过程中,掌握提高机器学习样本的稳定性和真实性。 5.利用慧编程编写坐姿监测的程序并进行测试	1.综合运用积木块的能力。 2.合理选择组织优化的能力。 3.提高数字化学习和创新的能力	1	
AI测视力	我要设计AI视力测试	1.了解视力测试表和视力测试方法。 2.梳理编程任务并纂写相应方案。 3.学会绘制简易编程流程图	1.提高学生逻辑思维能力,理解程序结构在本项目中的运用的能力。 2.联系生活,构建学生对程序结构的理解	1	项目活动评价表+优秀作品展示+典型错误作品研讨
	我会制作AI视力测试	1.学生掌握综合运用慧编程中的事件、判断、侦测、运算、运动、外观等积木进行编程实践活动。 2.理解顺序、选择、循环三种程序结构并积极实践,梳理运用变量、广播、造型、随机数、循环等完成任务。 3.能正确理解慧编程软件环境的"机器学习"算法与图像识别的异同度和模型训练的数量相关。 4.能熟练运用模型训练积木融入慧编程软件环境,达成有效的人机互动	1.提高小组合作创新能力和思辨思维。 2.提升信息化学习和创新能力。 3.提高学生的计算思维。 4.提高学生创新能力	1	

（续表）

模块名称	课题名称	知识和技能	能力和核心素养	建议学时	评价
AI测视力	我能优化AI视力测试	1.学会使用广播建立角色之间的联系、硬件与软件之间的联系。 2.厘清"广播"与"广播并等待"的区别。 3.学生具备合理运用运算积木设计各种判断条件的能力	1.提高学生小组合作学习能力，主动发现问题并积极解决问题的能力，培养编程的优化思想。 2.培养学生联系生活并从生活实际解决问题的能力。 3.培养和发展计算思维和创新能力	1	

四、课程实施和建议

（一）课程的重点、难点及解决办法

	类别	
	软件硬件操作	编程设计
课程重点	1.理解人工智能，联系生活，理解机器学习识别物体的原理。 2.掌握使用慧编程配合mblock硬件解决实际问题的方法。 3.掌握超声波测距模块的使用方法	1.顺序、选择、循环等基本程序结构。 2.用广播实现软硬件编程通信
课程难点	1.掌握发现问题、分析问题、解决问题的方法。 2.掌握合理建立变量，利用随机造型，结合循环与广播实现程序编制	1.联系生活建立变量。 2.结合实际梳理编程流程图
解决办法	1.生活即教育。联系生活实际，以情景创设提出问题，以问题引导梳理问题，以实践练习解决问题，以回归生活拓展问题。从实践中来，到实践中去。 2.教师集体教授引导与小组巡视指导相结合，指导学生有效完成编程实践	1.以程序流程图为依托，以仿写程序为途径，以小见大，逐步完善，实现迁移应用。 2.难点程序可以先演示程序的运行效果，有效建立程序代码与程序执行之间的联系，以帮助理解。 3.不必强求所有学生完全理解难点程序

（二）教学方法和教学环境

（1）教学方法。

此项目主要采取慧编程图形化编程软件工具和Auriga主控板及相关硬件工具达成。项目活动中充分利用情境创设—问题质疑—发现问题—建构模型—梳理方案—形成任

务—小组研讨—实践操作—解决问题—分享评价的方法,引导学生完成项目学习。

(2) 环境支持。

①软件环境:

名称	说明
慧编程5	编程软件(云端存储发布需注册账号,本地操作无须注册)
课件	教材配套开发课件

②硬件环境:

名称	说明
笔记本电脑	带摄像头的笔记本电脑
Me Auriga 主控板	主控器
超声波传感器	Makeblock电子零件,检测距离
固定夹子	固定超声波传感器

③教学环境:

名称	说明
极域电子教室	电子教室软件,用于授课时屏幕广播

(三) 教学模块选择建议

模块 1+2; 模块 1+2+3。

第六章　我的视界

第一课　近视原理

随着时代的进步，手机、平板等移动终端每天都出现在你眼前，在你的"视界"里都看到了什么呢？

我们一起进入不一样的"我的视界"吧！

关注近视

情景与任务 ···

漫步在公园里，取下眼镜的小李同学，感叹着眼前的一切都模糊了！眼镜这"神器"真神奇，能把看到的东西变清晰。这里面蕴藏着什么原理呢？爱思考爱动手的你，能通过慧编程制作一个动画解释一下其中的缘由吗？

行动与体验

慧编程是一款图形化编程软件，它能让用户在软件中通过拼搭指令，创作有趣的故事、游戏、动画等。慧编程软件界面总共包含四个区域，舞台区、指令区、脚本区、菜单栏。

舞台区：呈现角色及作品效果，另外设备连接、上传程序、角色设置与背景设置等功能都在这个区域中。

指令区：提供编程所需的指令，可以按照分类及颜色查找需要的指令。

脚本区：程序的编写区域，可以将指令拖放到这个区域来编写程序。

菜单栏：切换中英文界面、打开和保存文件等功能。

（一）角色准备

（1）添加角色。

慧编程添加角色的方式有角色库、上传角色、绘制角色。

角色库：包括动物、人物、植物、服饰、道具等类别的角色造型，可以直接添加使用。

上传角色：传本地的图片作为角色造型，上传后使用。

绘制角色：将自己在慧编程中绘制图形作为角色造型，绘制后使用。

思考

实现不同厚度的凸透镜的折射现象需要用到哪些角色？

⚙ 实践

实践添加所需角色——上传素材包中的角色。

☀ 思考

不同厚度的凸透镜是如何实现的？

一个角色可以有多个造型，每个造型都有对应的编号。

(2) 角色设置。

角色的造型中心点在造型画布的中心处，如下图所示，一般位于角色的造型中心处，代表角色位置、运动的起始点。

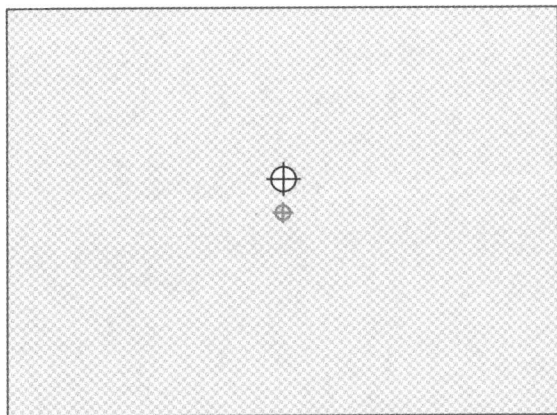

如要调整造型中心点，可通过拖拽角色整体造型来改变。

角色的名称、位置、大小、方向、显示或隐藏称为角色的属性，可以自行设置。

⚙ 实践

设置角色造型中心点并调整好位置、大小、名称等。

(二) 流程图绘制

角色准备好了，我们要通过编写程序实现角色的哪些行为呢？接下来我们来了解一下流程图。

流程图(Flowchart)：使用图形表示算法的思路。为便于识别，绘制流程图的习惯做法主要有：

圆角矩形表示"开始"与"结束"；

矩形表示行动方案、普通工作环节；

菱形表示问题判断或判定环节；

用平行四边形表示输入输出；

箭头代表工作流方向。

流程图绘制

思考

凸透镜厚度值的变化在编程中可以用什么来改变？

（三）变量

变量即在程序运行过程可以变化的值。

在慧编程中指令区里有变量板块，新建变量时，变量名称需做到见名知义。

变量赋值的方法有以下两种：

方法一　将变量设为(　　　)、将变量增加(　　　)。

方法二　滑竿变量，拖动滑竿给变量赋值；还可以改变滑竿范围。

⚙ 实践

大家动起手来，新建一个凸透镜厚度的变量吧，并试着拖动滑块改变凸透镜厚度值。

💬 讨论

如何通过滑动滑块改变舞台上凸透镜的厚度？可能会用到哪些指令？

(四) 条件判断与循环

在慧编程中条件判断在控制类指令里, 有如果……那么……、如果……那么……否则……、等待……, 其中 ⬡ 表示条件, 条件分为侦测和运算两类。

条件判断、侦测条件、运算条件如下图所示。

💬讨论

绿旗事件下, 滑动滑块使变量值为3, 程序是怎样执行的呢? 滑块控制晶体厚度的变化指令参考如下图所示。

在慧编程中,循环在控制类指令里,包含重复执行直到……、重复执行。

⚙ **实践**

动手操作,实现依次拖动滑块,晶体厚度从1至4变化,舞台中的眼睛角色的晶体厚度造型也随之变化。

(五) 广播

在慧编程中,不同角色之间的通信是通过广播指令实现的。广播指令属于事件类指令,它可以让自己或其他角色收到广播后开始执行指令。

广播消息的消息名应见名知义,广播消息和当接收到广播消息的消息名称必须一一对应。

不同角色间广播的使用如下图。

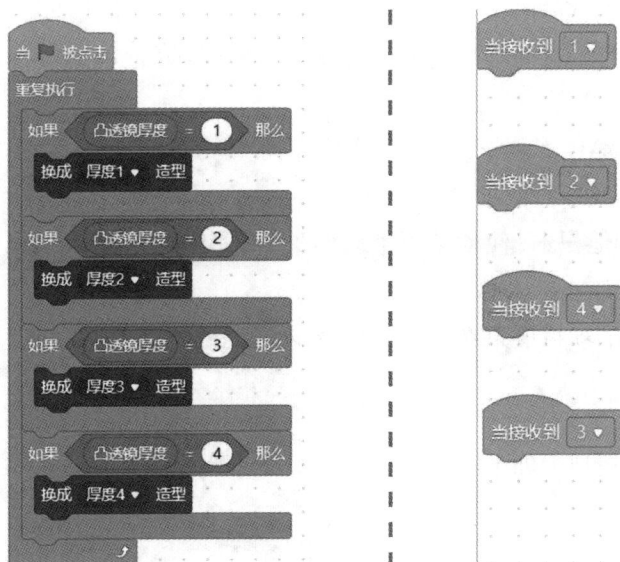

☀ **思考**

哪个角色何时发出广播,哪个角色又来接收广播?

💬 讨论

四种情况发出四个广播,折射光线收到四个广播后,分别如何偏折?

(六)角度

在慧编程运动类指令中有右转( )度、左转( )度,可以实现角色单次旋转指定角度;面向( )方向,可以实现角色直接转向多少度的方向。即可实现光线的偏折。

⚙ 实践

实现拖动滑块,使折射光线发生适当偏折,注意多运行调试。

分享与交流

各小组结合本课所学的知识,进一步探索慧编程,完善该项目方案中的各项学习活动,如:

(1)用不同厚度晶体展现不同近视程度及正常视力;

(2)物体与物体成像的位置要符合原理;

(3)大胆尝试其他积木,使动画更生动形象,例如成像的视觉效果、文字提示、光线射入动画、界面优化等。

各小组将本组的项目成果在班级进行讨论、展示交流,共享创造,分享成果。

♻ 拓展

佩戴凹透镜矫正视力如下图。

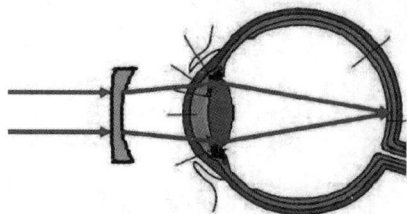

⚙ 实践

配戴眼镜矫正近视正常成像的演示。

总结与评价 ·······································

利用项目活动评价表,开展项目学习活动评价,并对项目进行拓展。

根据自己的表现,给对应的"☆"涂上颜色。

类别	内容	评价
知识技能	我了解光沿凸透镜折射的规律	基本了解☆ 完全了解☆☆
	我理解光的折射演示程序设计流程	基本了解☆ 完全了解☆☆
	我会调整角色的造型中心点实现光线的偏折	基本掌握☆ 熟练运用☆☆
	我会用拖动滑块的方式改变变量值	基本掌握☆ 熟练运用☆☆
	我会用使用广播通知不同角色运行指令	基本掌握☆ 熟练运用☆☆
	我会用重复执行、条件判断实现预定操作	基本掌握☆ 熟练运用☆☆
	我能理解光的折射与近视成像之间的关系	基本了解☆ 熟练运用☆☆
	我会读程序指令,调试程序问题,并自己解决	基本掌握☆ 熟练运用☆☆
项目学习	我和队友共同研讨,一起制定了项目计划书	基本完成☆ 完成质量高☆☆
	我和队友能根据项目计划书圆满完成项目任务	基本完成☆ 完成质量高☆☆
	我和队友在完成项目任务时,能结合读本自主选择合适的程序积木,通过编程调试实现自己的设计	基本完成☆ 完成质量高☆☆
	我和队友在完成项目任务时,能积极研讨,主动尝试,不断调试,解决项目任务中的问题	能发现问题☆ 发现问题并解决☆☆
	我和队友在完成项目任务过程中,营造了善于倾听,兼容并包的小组交流氛围	敢于尝试、表达☆ 主动尝试、积极表达☆☆
	我和队友能做到合理分工,相互配合	有分工,能配合☆ 分工明确,配合默契☆☆

你还有其他的收获吗? 请填入下表,每填一项加一颗☆

内容	加星
	☆
	☆
	☆
	☆

通过这个项目的学习,我一共获得了_____颗☆

第二课　坐姿监测

日常学习过程中，我们读书写字的正确姿势要做到"三个一"：眼离一尺；胸离桌子；手离一寸。

书写的姿势对于练习写字非常的重要。正确的写字姿势不仅能保证书写自如，减轻疲劳，提高书写水平，而且还能促进少年儿童身体的正常发育，预防近视、斜视、脊椎弯曲等多种疾病的发生。因此，必须引起重视。

情景与任务

放学回家，爸爸妈妈还没有下班，我很自觉地做起作业来。"哎，好累呀！"于是我趴在桌上开始写作业，妈妈下班回来了，她见我正趴在桌上，赶紧提醒我："宝贝，你怎么又趴在桌上了？这样对视力可不好。"听到妈妈的提醒，我又挺直了腰杆，可是没过多久，我又低下头，弯着背埋头写作业，妈妈又过来提醒我……

错误坐姿和正确坐姿如下图所示。

眼离一尺，看书、写字，两眼与书本保持一尺的距离。

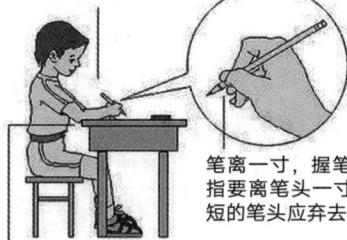

笔离一寸，握笔的手指要离笔头一寸，太短的笔头应弃去。

胸离一拳，看书、写字时人都要坐正，胸部与书桌保持一拳的距离。

思考

你能想到用哪些方法来时刻提醒自己保持正确坐姿？

行动与体验

一、人工智能与机器学习

（一）人工智能

人工智能是计算机科学的一个分支，它企图了解智能的实质，并生产出一种能以人类智能相似的方式做出反应的智能机器,该领域的研究包括机器人、语言识别、图像识别、自然语言处理和专家系统等内容。人工智能从诞生以来,理论和技术日益成熟,应用领域也不断扩大,可以设想,未来人工智能带来的科技产品,将会是人类智慧的"容器"。人工智能可以对人的意识、思维的过程进行模拟。人工智能虽不是人的智能,但能像人那样思考,有时也可能超过人的智能。

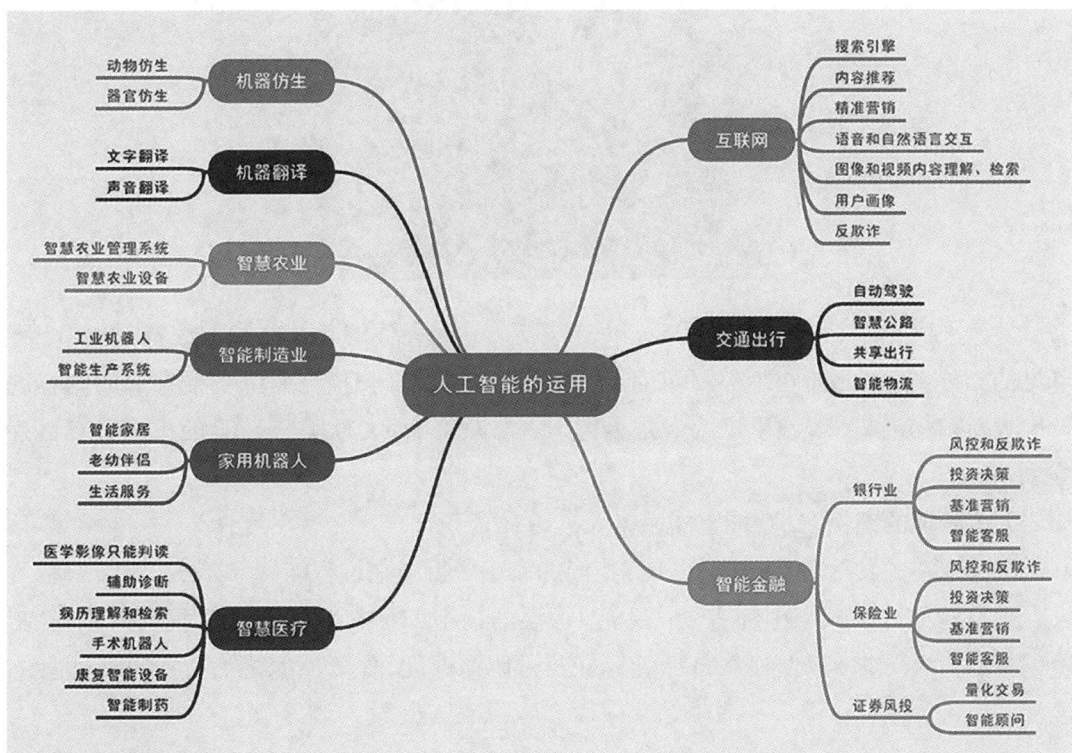

拓展

人工智能的案例一:图像识别

图像识别技术可能是以图像的主要特征为基础的。每个图像都有它的特征,如字母A有个尖,P有个圈、而Y的中心有个锐角等。对图像识别时眼动情况进行研究,发现视线总是集中在图像的主要特征上,也就是集中在图像轮廓曲度最大或轮廓方向突然改变的地方,这些地方的信息量最大。而且眼睛的扫描路线也总是依次从一个特征转到另一个特征上。由此可见,在图像识别过程中,知觉机制必须排除输入的多余信息,抽出关键的信息。同时,在大脑里必定有一个负责整合信息的机制,它能把分阶段获得的信息整理成一个完整的知觉映象。

图像识别包括对身份证、植物、食物、动物等类别的识别。

例如:手机人脸识别。

相信多数人的一大习惯就是,早上醒来第一眼会看一下手机,而要知道,当代人们所使用的手机多为智能手机,因此对于这样的智能设备所采取的解锁方式就是生物识别技术,如人脸识别。

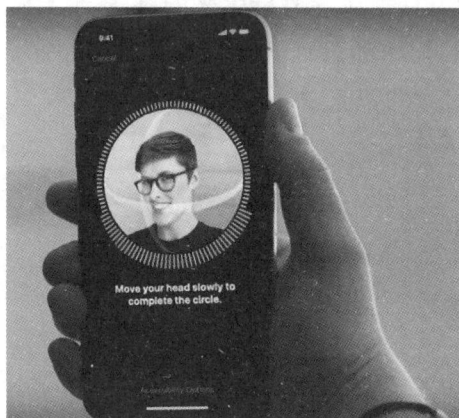

举例来讲,苹果手机的FaceID可以3D显示,它照亮你的脸并在脸上放置30000个不可见的红外点,以此捕获脸部图像信息。然后,它将脸部扫描与脸部扫描存储的内容进行比较,以确定试图解锁手机的人是否为本人。苹果表示,欺骗FaceID的机会只有百万分之一。

人工智能的案例二:智能家居设备

按照现在的发展节奏,你会发现,我们的家正变得越来越智能。

常见的如许多人家中都有了"智能"恒温器,例如Nest,它可以了解我们的采暖/制冷偏好和日常习惯,以便根据自己的喜好及时调整温度,保障回家之后直接享受适宜的温度。

还有一些智能冰箱也是可以根据冰箱中没有的东西为您创建需求列表，并提供晚餐时推荐的葡萄酒。

智能家电将继续变得普遍。

(二) 机器学习

学习能力是人类的基本生存能力，而一个系统是否具有学习能力已成为是否智能的一个标志，机器学习就是人工智能前沿的研究领域，它是实现人工智能的核心技术。

机器学习主要研究设计一些让计算机可以自动"学习"的算法，让计算机可以从数据中自动分析获得规律，并利用规律对未知数据进行预测。与传统的为解决特定任务的计算机程序不同，机器学习需要用大量的数据来"训练"算法，并且这个算法在训练的过程中会进行自我调整和改进。

机器学习较为广泛地应用于计算机视觉方面。

思考

你能根据计算机视觉原理图，描述出计算机是怎么识别出一只猫的吗？

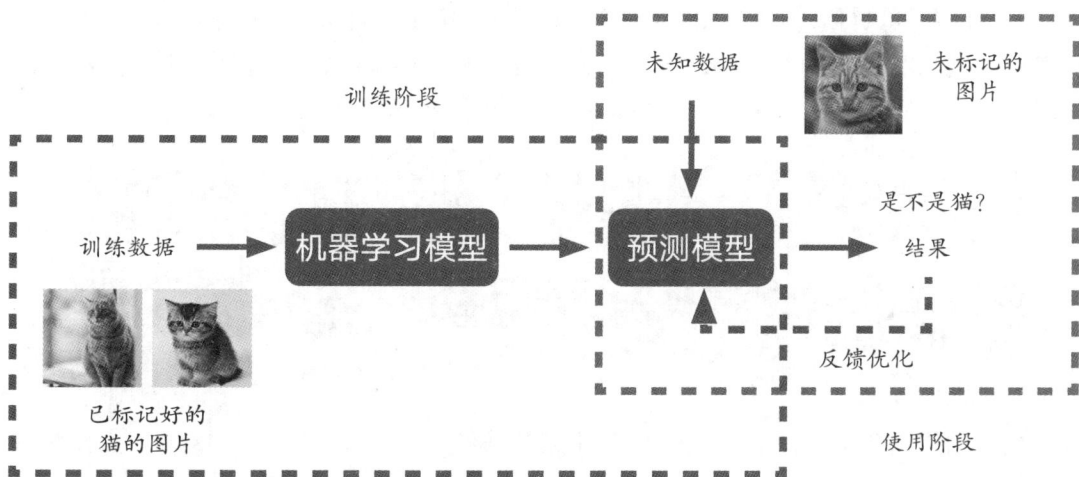

二、慧编程中的机器学习

(一) 训练模型

慧编程软件中实现训练模型的步骤：

(1)单击"添加扩展"。

(2)在弹出的界面单击"角色扩展"。

(3)找到机器学习，并单击其下方的"添加"。

(4)单击"训练模型"，进入模型训练界面。

思考

关于坐姿,你能想到几种情况呢? 如果超过3种,那在模型训练界面应该如何增加更多的"样本"呢?

实践

训练关于坐姿情况的模型。注意,训练模型时要考虑到无人的场景(空场景)。

在模型训练好以后,机器学习类别下就会有三个新积木,分别为: 识别结果、(某分类的)信心、识别结果为(某分类)。识别结果可以得到计算机认为它所看到的事物对应的分类,结果是一个字符串。(某分类的)信心可以得到计算机对于事物分类的信心,它是一个0到1之间的小数,可以利用信心来做更具体的判断。

模型训练完成后,生成的积木如下图。

识别结果　　　坐姿错误 ▼ 信心　　　识别结果为 坐姿错误 ▼ ?

(二) 循环结构与判断

1.循环结构。

循环即重复执行。循环结构包含三种积木,分别为: 一直重复执行某些动作、重复执行某些动作n次、重复执行某些动作直到满足某一条件,它们在慧编程软件中的积木块如下所示。

重复执行　　　重复执行 10 次　　　重复执行直到 ◇

2.判断结构。

判断结构包含两种积木,分别为: 如果某一条件发生,那么执行某些动作;如果某一条件发生,那么执行某些动作,否则执行其他动作。通过嵌套还可以实现更加复杂的判断。判断结构在慧编程软件中的积木块如下所示。

如果 ◇ 那么　　　如果 ◇ 那么　　否则

实践

试着编写一个程序，实现以下效果：如果摄像头识别到坐姿正确的话，熊猫京京就说"非常棒"；如果识别到坐姿不正确，熊猫京京就说"坐姿不正确哟"。动手前，先想想实现的程序逻辑是怎样的。

思考

你的程序实现了吗？出现了问题没有呢？再认真思考一下，尝试去解决吧！

三、坐姿监测

通过前面的学习，我们已经能利用机器学习来判断坐姿情况。但这里也存在一个问题：我们在生成样本的时候，离摄像头的距离是不确定的。哪怕离摄像头很近，也能作为坐姿正确的样本，这样就违背了"三个一"的要求。

为了解决这个问题，我们需要增加一个测量距离的传感器。传感器就像设备的感官系统，有了它，我们的设备就能感受光线的强弱(光线传感器)、判断距离的远近(红外测距传感器、超声波传感器)、分辨色彩(颜色识别传感器)、感知四季的变化(温度湿度传感器)。

(一) 超声波传感器

超声波传感器是一个用来测量距离的电子模块，测量范围是 3 cm 到 400 cm。

超声波传感器 接口10 ▼ 距离

模块连接到 Auriga 主控板上的黄色标识的接口，主控板就可以根据传感器测量到的距离，做出下一步指示。

在慧编程中，添加超声波传感器积木块的方法如下：

(1) 在"设备"中，添加"mBot Ranger"主控器。

(2) 单击"添加扩展"，添加"设备扩展"里的"创客平台"。

(3) 在"创客平台"中，找到超声波传感器积木块。

体验

动手找一找超声波传感器积木块。

Auriga主控板介绍

Auriga主控板是由Makeblock公司开发的微控制器。Auriga主控上总共包含10个接口,其中1—4号为红色色标,为电机接口,可连接双电机驱动模块、步进电机驱动模块;5号为灰色色标,为硬串口,可连接其他主控板进行板间通信;6—10号为白、黄、蓝、黑四色组合色标,为单数字口、双数字口、I²C接口、单模拟&双模拟口的组合连接接口,可连接多种传感器以及显示设备,如超声波传感器、RGB模块、温湿度传感器、四按键模块、RJ25适配器等。

Auriga主控板接口图如下图。

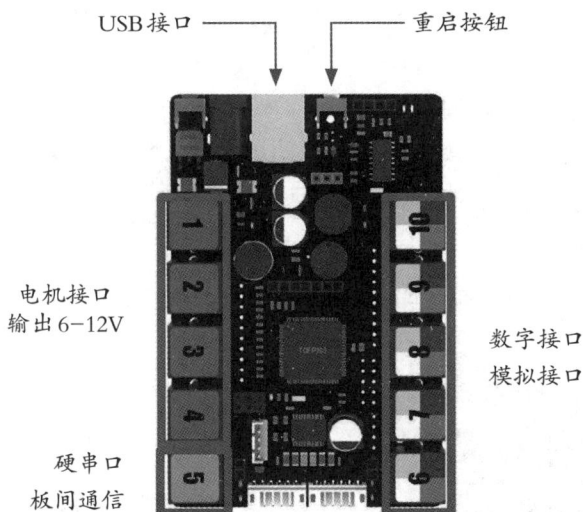

USB接口 —— —— 重启按钮

电机接口
输出6-12V

数字接口
模拟接口

硬串口
板间通信

(二) 上传模式广播

坐姿判断过程中,为了提高机器学习样本的稳定性和真实性,我们增加了超声波传感器。细心的同学会发现:"机器学习"是在"角色扩展"里的,而刚加入的"创客平台"是"设备扩展"里的。

思考

如何实现把超声波传感器(硬件)测量的值"告诉"给"角色"中的熊猫京京(软件)呢?
要实现硬件和软件之间的通信,就需要使用"上传模式广播"。

根据默认设置,处于"在线模式"下,舞台角色才能与设备进行互动,且设备通过线路与电脑连接。如果想在"上传模式"下与舞台角色互动的话,需要使用上传模式广播。

添加方式:

(1)Auriga主控板通过USB线与电脑连接,并单击"连接"。

(2)将设备下的mBot Ranger的模式切换为"上传"。

(3)在设备下,点击积木区最下方的"添加扩展",添加"设备扩展"中的"上传模式广播"。

(4)同理,在角色下,添加"角色扩展"中的"上传模式广播"。

⚙ 实践

问题:坐姿判断过程中,如何才能提高机器学习样本的稳定性和真实性?

思考:如何增加超声波传感器来解决上述问题?

观察:解决上述问题有多种方法,下面列举其中一种。

1.分析问题。

增加超声波传感器来测量摄像头与人之间的距离。如果距离在有效范围内,才开始进行坐姿监测。

2.设计算法。

(1)如果超声波传感器监测到距离大于70 cm,主控板发送"上传模式广播"消息,告知角色可以开始监测。

(2)当角色接收到"上传模式广播"消息时,启动坐姿监测程序,如果识别到"坐姿正确",则在舞台输出文字:"坐姿正确,很棒!"

(3)如果识别到"坐姿错误",则在舞台输出文字:"请调整坐姿。"

(4)如果识别到"没有人",则在舞台输出文字:"没有识别到有人哟。"

3.编写程序。

(1)设备端mBot的程序。

（2）角色端的程序。

4.运行调试。

上传程序到mBot Ranger进行测试。

注意：mBot Ranger必须与电脑连接（供电），按主控板上的Restart可重新运行程序。

交流：小组讨论、交流，以上程序有无可以改进的地方（如何更稳定地识别坐姿，如何更直观地知晓超声波传感器起作用）。

实践：用以上知识完成坐姿监测的图形化编程。

拓展

设备连接模式

慧编程中设备连接模式分为上传和在线两种。上传模式是指将程序上传到Auriga主控板中，断开USB连接线也可继续执行程序。而在线模式则无须上传，直接点击就可运行，更便于程序的调试。两种模式都有其独属的积木，选定某种模式后，如果发现某个积木显示为灰色且无法拖出，说明这个积木在该模式下不可使用。

分享与交流

各小组根据所确定的项目方案，结合本课所学的知识，进一步完善该项目方案中的各项学习活动。

（1）超声波传感器的使用。

（2）实现功能完善的坐姿监测作品。

各小组将本组的项目成果在班级进行讨论、展示、交流,共享创造,分享成果。

总结与评价

利用项目活动评价表,开展项目学习活动评价,并对项目进行拓展。

根据自己的表现,给对应的"☆"涂上颜色。

类别	内容	评价
知识技能	我了解人工智能的运用	基本了解☆　完全了解☆☆
	我了解读写坐姿的正确姿势	基本了解☆　完全了解☆☆
	我会连接Auriga主控板及Makeblock电子零件	基本掌握☆　熟练运用☆☆
	我能使用超声波传感器测距	基本掌握☆　熟练运用☆☆
	我能根据训练模型采集三种坐姿监测的样本	基本掌握☆　熟练运用☆☆
	我能利用慧编程软件编写坐姿监测的程序	基本掌握☆　熟练运用☆☆
	我能连接硬件进行测试和调试	基本了解☆　熟练运用☆☆
项目学习	我和队友一起制订、完善了项目计划书	基本完成☆　完成质量高☆☆
	我和队友一起根据项目计划书完成了项目任务	基本完成☆　完成质量高☆☆
	我和队友在完成项目任务时,能自主选择合适的组件,通过编程实现自己的设计	基本完成☆　完成质量高☆☆
	我和队友在完成项目任务时,能积极解决项目任务中的问题	能发现问题☆ 发现问题并解决☆☆
	我和队友在完成项目任务过程中,能主动尝试、交流,表达自己的意见	敢于尝试、表达☆ 主动尝试、积极表达☆☆
	我和队友能做到合理分工,相互配合	有分工,能配合☆ 分工明确,配合默契☆☆

你还有其他的收获吗? 请填入下表,每填一项加一颗☆

内容	加星
	☆
	☆
	☆
	☆

通过这个项目的学习,我一共获得了_____颗☆

第三课 AI测视力

视力测量是判断视力好坏的有效手段之一。视力表是用于测量视力的图表。我们日常多采用国际标准视力表，此表由14行大小不同、开口方向各异的"E"所组成；测量从0.1—1.5(或从4.0—5.2)；每行有标号，被检者使用的视力表的操作线要与1.0的一行平行，距离视力表5米。

本课将在第2课所学知识的基础上开展探究活动。

情景与任务

由于平日太爱看电视、玩手机，做作业的时候坐姿又不正确，小明的眼睛有点看不清黑板上的字了。要是能自己设计一款测视力的作品，就能随时随地监测视力了，就可以时刻提醒自己爱护眼睛了，那该多好啊！

思考

你能帮助小明设计一款AI测视力的作品吗？

(AI作品情景创设，小明来到医院，由眼科医生为他测试视力。)

行动与体验

一、我要设计AI视力测试

(一) 视力检查方法

视力检查是一项常规检查，如果觉得自己的视力出现了问题，比如视力模糊就是青少年常见的视力问题，多半是近视了，此时建议检查视力，如果需要，要及时佩戴眼镜，帮助矫正视力。那么，视力检查方法的步骤是怎样的呢？

1.检查前应向被检者说明正确观察视力表的方法。

2.两眼分别检查，先查右眼，后查左眼。查一眼时，须以遮眼板将另一眼完全遮住。但注意勿压迫眼球。

3.检查时,让被检查者先看清最大一行标记,如能辨认,则自上而下,由大至小,逐级将较小标记指给被检者看,直至查出能清楚辨认的最小一行标记。如估计患者视力尚佳,则不必由最大一行标记查起,可酌情由较小字行开始。

(二)E字表

我们现在用的"国际标准视力表"是孙济中教授绘制的,在1952年的第九届中华医学大会上确认使用的,从那个时候开始,E字表就正式成为我国的视力测试表,一直沿用到现在。

视力表中的这个E不叫"E",叫视标。这个视标的大小、排列都是很有讲究的。整个视力表一共有14行,每个字母以格子数的方式设计,字母高5个单位,宽4—6个单位。

视力表使用E表的一个好处在于,它具有一定的栅格结构,可以更好地测试散光。比如,有的小朋友能清楚地辨认左右E,但是上下E却辨识困难,那她就很可能有散光的度数,就需要佩戴眼镜或者接受治疗了。

拓展

对数视力表是我国眼科专家缪天荣在1958年设计的,又称"五分制对数视力表"。它将视力分成5个等级,视标为E字或C字,共14行。我们常用的是E字表。对数视力表是以5米为距离测试,能辨第11行,为标准视力,记以5.0。视标按几何级数增加,视标每增加10×10倍,视力的对数就减小0.1,即视力记录按算术级增减。

近视力表是用以检查调节状态下视力及测量近点距离的图表。可了解调节力的程度,协助诊断屈光不正或眼病,近视力表除国际标准近视力表、兰氏环形视力表、对数视力表外,还有耶格(Jager)表、转盘式自带光源近视力表。转盘式自带光源近视力表有光照稳定、显示清晰、使用方便、适用范围广等优点。

其他国家是用什么检测视力的呢?事实上,并不是每个国家都用字母E测量视力的:有些国家用C,比如日本;有些国家用拉丁字母,比如美国。

二、我会制作AI测视力

制作一个作品,能在家随时随地用它进行视力检查,时刻提醒自己保持良好的用眼习惯。

思考

在坐姿监测的功能基础上,AI测视力还需要实现哪些功能呢?

问题:怎样才能在家里随时随地进行视力检查?

思考:如何利用AI技术实现视力检查?

观察:解决上述问题有多种方法,下面列举其中一种。

(1)分析问题。

A.增加超声波传感器来测量摄像头与人之间的距离。如果距离在有效范围内,则开始用AI测视力。

B.屏幕上会出现一个随机方向的视标E。

C.通过图像识别技术,来判断人对字母E的方向判断是否正确。

(2)梳理以下问题。

"视标"的出现方式是什么?化繁为简——只出现一个"E"。

A.谁来识别正误?机器学习——建立模型。

想一想如何训练模型以提高模型识别率?

B.如何判断正误?条件判断——"如果—那么——否则"。

C.视标E如何随机变化?旋转方向、造型变换。

D.视标E造型:上、下、左、右。

为什么要设置四个造型?如何随机出现?变量——随机造型【板书】。

E.判断正误的方法?"E"的方向与模型方向一致——"与"运算,有几种可能——"或"运算。

F.需要正确几次才算正确?重复执行几次——"循环"。

G.谁来记录正确次数?变量——正确次数。

H.测试错误怎么办?记录的正确次数算不算?——清零,如何实现?变量:把"正确次数"设置为0。

I.重新测试时"E"大小变化——增大,什么积木能让角色增大?外观组——将角色大小增加××。

J.重新测试时视力值大小变化——减小,如何实现数值的减小?变量——测试视力【板书】,每次测试将"真实视力"增加一个负值。

(3)设计算法。

A.如果超声波传感器监测到距离大于70 cm,主控板会发送"上传模式广播"消息,告知角色可以开始。

B.当角色接收到"上传模式广播"消息时,启动AI测视力程序。

C.从最小的视标E开始测试(视力等同于5.2),同一个大小的视标E,测试两次。

D.若连续两次都正确,则显示当前的测试值(如5.2),并结束测试程序。

E.若有一次错误,则将测试的视力值减少0.2,E增大。

F.如果识别到所指方向跟视标E随机出现的方向一致,则在舞台输出文字"正确"。

G.如果识别到所指方向跟视标E随机出现的方向不一致,则在舞台输出文字"错误"。

H.当"真实视力"小于4.0时,结束测试程序。

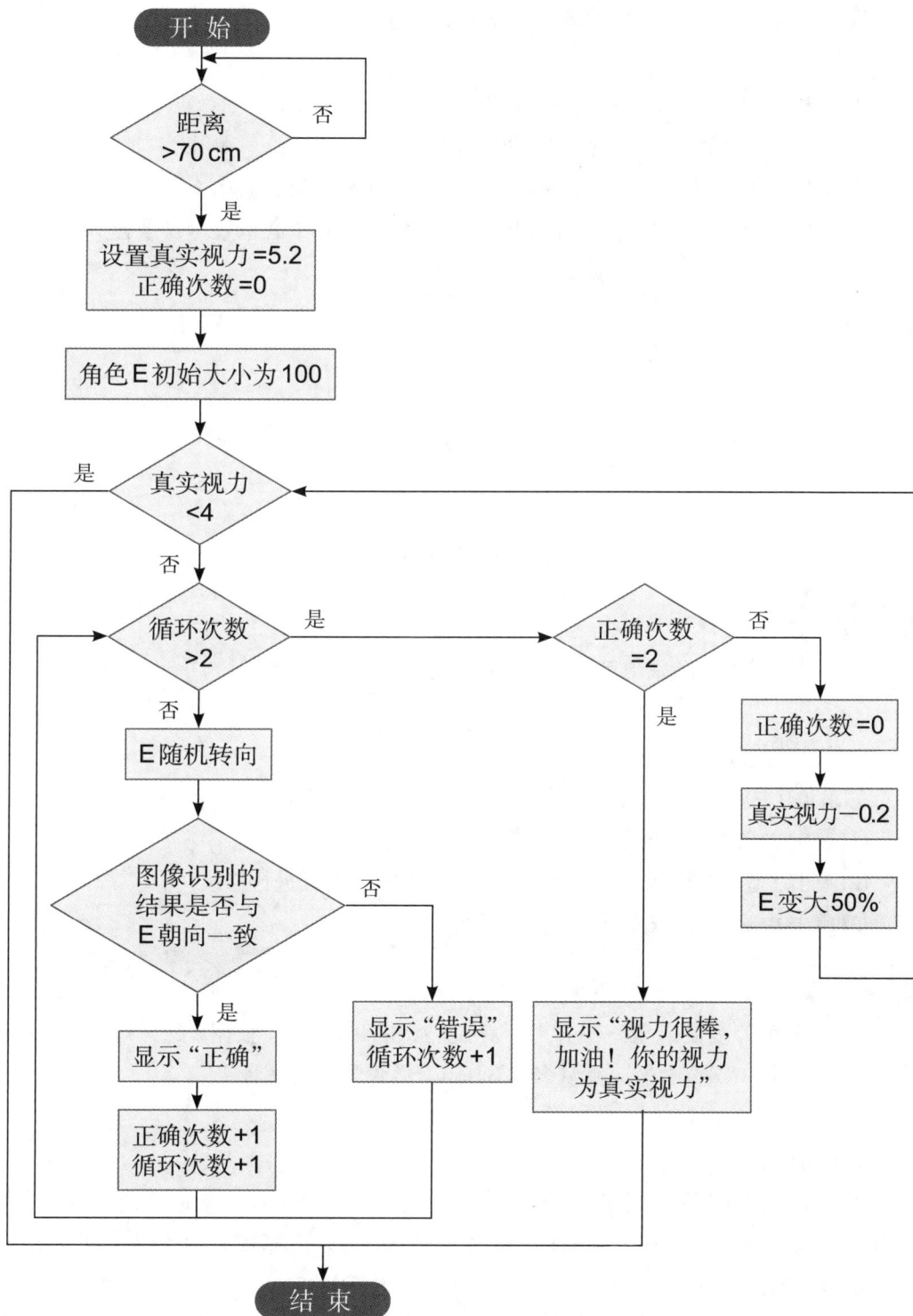

(4) 流程图。

```
          ┌──────────┐
          │   开 始   │
          └────┬─────┘
               │◄─────────────┐
            ◇ 距离 >70 cm ◇ ─否─┘
               │是
          ┌──────────────┐
          │ 设置真实视力=5.2 │
          │   正确次数=0    │
          └──────┬────────┘
          ┌──────────────┐
          │ 角色E初始大小为100 │
          └──────┬────────┘
    是 ◄──◇ 真实视力<4 ◇◄──────────────────┐
               │否                           │
     ┌──►◇ 循环次数>2 ◇ ─是─►◇ 正确次数=2 ◇─否─►┌─────────┐
     │         │否                    │是      │正确次数=0 │
     │   ┌──────────┐                 │        │真实视力-0.2│
     │   │ E随机转向  │                 │        │E变大50%  │
     │   └────┬─────┘                 │        └────┬────┘
     │   ◇ 图像识别的结果 ◇─否─►┌────────┐           │
     │   ◇ 是否与E朝向一致 ◇    │显示"错误"│           │
     │         │是          │循环次数+1│           │
     │   ┌──────────┐       └───┬────┘  ┌──────────────┐
     │   │ 显示"正确" │           │       │显示"视力很棒,加油!│
     │   └────┬─────┘           │       │你的视力为真实视力"│
     │   ┌──────────┐           │       └──────┬───────┘
     └───│正确次数+1  │◄──────────┘              │
         │循环次数+1  │                          │
         └──────────┘                          │
                        ┌──────────┐           │
                        │   结 束   │◄──────────┘
                        └──────────┘
```

(一) 角色的处理

根据上面的分析,我们需要新建一个E字角色。

1.角色的添加、设置。

(1)在舞台区找到"角色",单击"添加"。

(2)在弹出的页面中,单击右上角"绘制角色"。

(3)使用文本工具,写出E字,并将"填充"中"明度"设置为0,

(4)使用选择工具,将E字开口朝上,中心位置与画布中心位置尽量重合。

(5)单击左下角的"×",返回到图形化编程界面。

思考

添加一个医生角色来帮助小明,你可以吗?

2.角色的修改。

如果角色的设置有问题,可以再次修改。具体操作如下:

(1)选中需要修改的角色。

(2)单击"造型",进入角色设置界面,即可对相关设置进行修改。

(3)单击左下角的"×",返回到图形化编程界面。

实践

绘制角色E,复制造型三次并顺时针旋转,得四个造型,根据E的开口朝向,分别改名为"上""下""左""右"(默认名为Empty),并设置相关属性。

(二) 循环嵌套

循环嵌套是逻辑程序中常用的一种方法,即在一个循环体语句中又包含另一个循环语句。包含在里面的循环叫内循环,外面的叫外循环。内循环里的代码一旦开始执行,则要等内循环的条件不满足(不成立)才会执行外循环的代码。

仔细观察上文中AI测视力的流程图,你找到循环嵌套了吗?其中,外循环是哪部分,内循环又是哪部分呢?

体验

试着用积木来实现循环嵌套。

外循环

内循环

(三) 逻辑运算

在积木区"运算"中，表示两个数、变量或者条件的关系，除了大于、小于、等于之外，还有几个特殊的积木：与、或、不成立。

1.与。

表示左右两边条件同时满足才成立。本例中表示真实视力大于4并且小于5.2，即真实视力在4至5.2之间。

真实视力 > 4 与 真实视力 < 5.2

2.或。

表示左右两边条件其中一个满足就成立。本例中表示真实视力大于5.2或者小于4，即真实视力不会是4至5.2之间。

真实视力 > 5.2 或 真实视力 < 4

3.非。

表示条件不成立时才满足。"非"运算示例如右图所示。

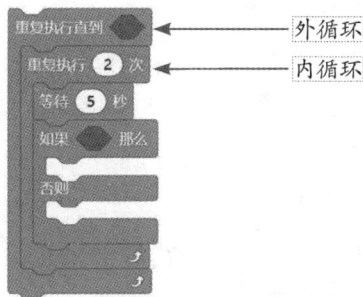

不成立

实验

观察流程图，想想AI测视力中，是否需要逻辑运算？如果需要，会用到哪些逻辑运算，请动手用试试并写出判断条件。

含逻辑运算的判断条件

(四) 模型训练

实践

结合模块2中学到的模型训练方法，完成AI测视力所需要的样本。

想一想如何提高识别率？

(五) 角色的图形化编程

根据以上所学知识,结合流程图,分别为角色医生(Doctor)和角色E(上、下、左、右)编写程序。

1.医生角色参考程序展示。

2.医生角色(Doctor)代码分析。

(1)医生角色初始化并发送广播"测试",视力测试程序开始执行。

(2)循环嵌套的判断条件是本程序的关键,"图像识别结果是否与E朝向一致"的判断条件分析。

"角色E随机造型=1"并且"识别结果为上"时,表示E朝上方时,判断为正确。剩下三种情况类似"与"运行。

判断条件的连接——"或"运算。

这四种情况,只要有一种情况成立,则表示"图像识别结果是否与E朝向一致"。因此,我们要用"或"积木块将四个条件连接起来。一共会用到3个"或"积木块。

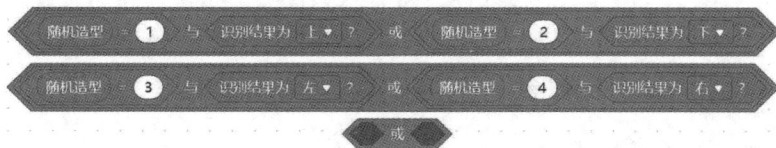

(3)根据流程图:若连续两次都正确,则显示当前的测试值,并结束测试程序。若有一次错误,则将测试的视力值减少0.2,角色E增大(利用广播发送信息给角色E)。

思考

上图的循环与循环嵌套的关系是怎样的?在此程序中需要厘清"广播"与"广播并等待"的区别。

(4)当测试视力<4时,退出外循环,显示当前视力为4,结束程序。

3.角色E参考程序展示。

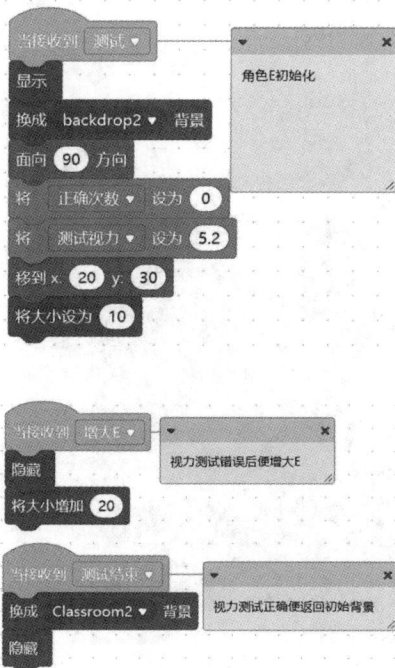

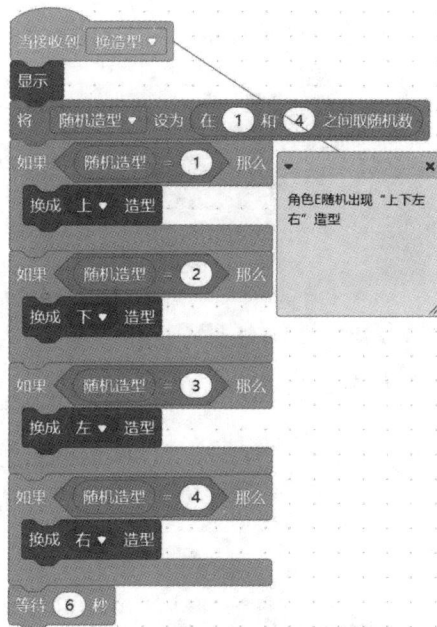

4.E角色(上下左右)代码分析。

(1)角色E初始化,并初始化变量"正确次数"和"测试视力"。

（2）利用广播接收医生角色信息，让E造型随机出现。等待时间是为了程序有足够时间识别模型，并与随机造型比对。

（3）通过广播，建立E角色与医生角色的联系。当接收到"增大E"的广播信息时，首先隐藏角色E，再改变E的大小，这是为了提示测试者下一轮视力测试重新开始。

三、我能优化AI视力测试

（一）基于超声波传感器的AI视力监测

思考

这个程序还有哪些不足，需要完善？

实际测试时能否替代"国际标准视力表"？

讨论

小组讨论，还可以从哪些方面进行完善？

程序对测试距离无法监测，需要外接传感器来监测。

实践

（1）添加设备，连接主控板。

在慧编程"设备"里添加此设备，外接Auriga主控板。

mBot Ranger
开发者：mBlock

（2）连接超声波传感器。

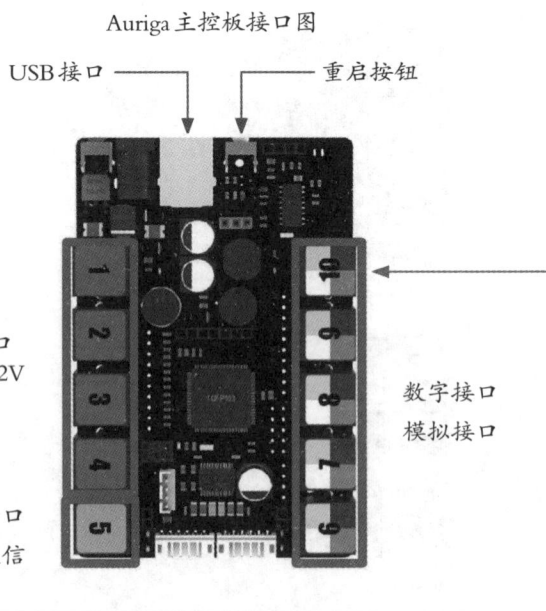

Auriga主控板接口图

USB接口 —— 重启按钮

电机接口
输出6-12V

数字接口
模拟接口

硬串口
板间通信

（二）Auriga 主控板程序设置

思考

(1) 如何建立主控板与主程序之间的联系？

(2) 主控板如何反馈视力监测进入正常距离？

实践

(1) 编制调制程序。

(2) 梳理"广播"。

（三）角色的图形化编程

(1)Auriga 主控板程序及超声波传感器程序示例。

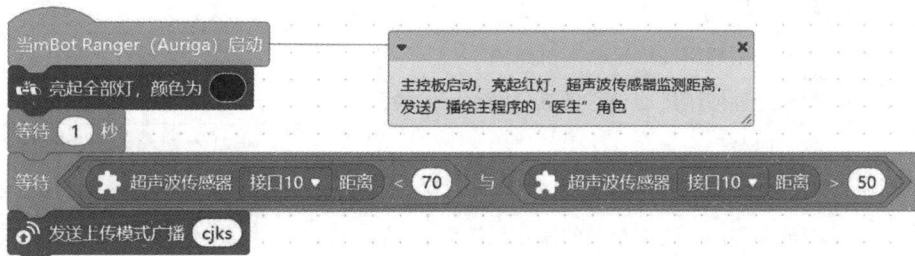

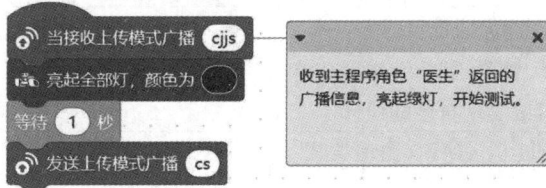

(2) 主程序"医生"角色程序示例。

分享与交流

各小组根据所确定的项目方案,结合本课所学的知识,进一步完善该项目方案中的

各项学习活动,如:

(1)模型训练时如何提高识别率。

(2)实现功能完善的AI测视力作品。

各小组将本组的项目成果在班级进行讨论、展示交流,共享创造,分享成果。

总结与评价 ···

利用项目活动评价表,开展项目学习活动评价,并对项目进行拓展。

根据自己的表现,给对应的"☆"涂上颜色。

类别	内容	评价
知识技能	我了解"国际标准视力表"	基本了解☆ 完全了解☆☆
	我理解AI视力测试的程序设计流程	基本了解☆ 完全了解☆☆
	我会连接Auriga主控板及Makeblock电子零件	基本掌握☆ 熟练运用☆☆
	我能使用超声波传感器测试距离	基本掌握☆ 熟练运用☆☆
	我能合理使用机器学习训练识别率高的模型	基本掌握☆ 熟练运用☆☆
	我明白逻辑运算在程序中的使用	基本掌握☆ 熟练运用☆☆
	我能理解循环嵌套的作用	基本掌握☆ 熟练运用☆☆
	我能在程序中为多角色间建立联系	基本掌握☆ 熟练运用☆☆
项目学习	我和队友共同研讨,一起编写了项目计划书	基本完成☆ 完成质量高☆☆
	我和队友能根据项目计划书圆满完成项目任务	基本完成☆ 完成质量高☆☆
	我和队友在完成项目任务时,能结合读本自主选择合适的程序积木,通过编程调试实现自己的设计	基本完成☆ 完成质量高☆☆
	我和队友在完成项目任务时,能积极研讨,主动尝试,不断调试,解决项目任务中的问题	能发现问题☆ 发现问题并解决☆☆
	我和队友在完成项目任务过程中,营造了善于倾听,兼容并包的小组交流氛围	敢于尝试、表达☆ 主动尝试、积极表达☆☆
	我和队友能做到合理分工,相互配合	有分工,能配合☆ 分工明确,配合默契☆☆

你还有其他的收获吗? 请填入下表,每填一项加一颗☆

内容	加星
	☆
	☆
	☆

通过这个项目的学习,我一共获得了_____颗☆

"智能心灯"课程标准说明

课程学时：450分钟
课程模块：3个
课程类型：综合实践活动课程

一、课程的定位与设计思路

(一) 课程的定位

"智能心灯"是重庆市巴南区教育综合实践中心2020年中央专项彩票公益金支持未成年人校外教育项目中学劳动教育(科创)板块的一个项目课程。本课程侧重于创客教育与物联网方向学习。学生通过三个模块的学习，设计制作一件物联网创客作品，在活动中体验创客文化，培养实践能力和协作意识，发展计算思维。

(二) 课程的设计思路

本课程基于"劳动教育体现时代特征，适应科技发展和产业变革，针对劳动新形态"的设计理念，精选当前科创教育前沿内容，以项目学习、任务驱动的教学思路来编排学习内容，重视在实践中积累知识与技能，发展能力与素养。

本课程起名"智能心灯"，意指可以远程"随心控制"，还可以用不同的颜色"调节心情"。课程围绕"王小明为经常加班晚归的父亲设计爱心智能心灯"的情境展开。在这个情境里，"智能心灯"还承载着对父亲的爱，还是"心意之灯"。

本课程共三个模块："Hi，Maker"引领学生走进创客与创客文化，掌握IOTStart开发板和Mixly编程软件等创客工具的使用；"流光心灯"指导学生了解物联网的基本原理，学习Blynk组件与Mixly编程的综合运用；"掌控心灯"引导学生基于App Inventor 2(AI2)和Blynk平台，定制一款属于自己的、带物联网功能的手机App。

二、课程教学目标

名称	教学目标
知识 目标	1.了解创客与创客文化。 2.知道本项目所使用的创客硬件工具——IOTStart微型物联网开发板的端口和基本功能。 3.知道本项目所使用的创客软件工具——Mixly编程软件、Blynk物联网平台、AI2及其汉化版WxBit

（续表）

名称	教学目标
知识目标	4.了解物联网的基础知识，知道Blynk物联网平台的工作原理。 5.知道三种常用的程序结构：顺序、选择(条件分支)和循环。 6.知道WxBit是通过调用Blynk数据修改API，以此控制智能心灯
能力目标	1.能正确连接、组装本项目的硬件设备，能正确关联硬件与软件。 2.能运用Mixly硬件控制程序块，控制IOTStart微型物联网开发板的指示灯与扩展RGB全彩灯。 3.能合理运用Blynk控制端组件与Mixly物联网程序积木，远程控制智能心灯。 4.掌握WxBit组件设计和逻辑设计的基本操作，合理安排组件布局，使App界面美观实用又具有一定的个性。 5.能通过WxBit调用Blynk修改程序API，开发并封装具备物联网功能的个性化App。 6.能分析问题，在教师指导下设计、编写程序，实现预想效果，发展计算思维
素质目标	1.明确项目任务，结合项目的实施完成项目计划书。 2.按项目计划分工协作，完成项目任务，在实践中适时调整项目计划。 3.积极解决项目学习过程中遇到的问题。 4.依据项目学习评价表，合理评价自己和小组在项目学习中的表现。 5.初步形成积极探索、乐于实践与分享的"创客精神"

三、课程内容、要求及过程评价

模块名称	课题名称	知识和技能	能力和核心素养	建议学时	评价
Hi, Maker	创客和创客文化	1.了解创客和创客文化。 2.明确本次创客项目的任务	明确项目任务，讨论本项目的设计方案	25分钟	作品展示评价+"项目学习评价表"
	认识创客工具	1.熟悉IOTStart开发板的组成、端口和管脚。 2.能正确连接IOTStart开发板和Mixly。 3.熟悉Mixly软件的界面，能快速找到指定的积木	借助已有的经验快速熟悉软硬件工具	30分钟	
	点亮心灯	1.能通过Mixly上传程序到IOTStart主控板并调试。 2.知道图形化编程的3种逻辑结构：顺序、选择和循环。 3.能点亮指示灯，能使用板载按钮、布尔变量和FOR循环控制灯光的亮、灭	1.主动尝试、探究，理解程序原理。 2.在教师指导下设计、编写程序，实现预想效果，发展计算思维	100分钟	

（续表）

模块名称	课题名称	知识和技能	能力和核心素养	建议学时	评价
流光心灯	初识Blynk	1.了解物联网的工作原理和日常应用。 2.能正确配置Blynk控制端，学会创建项目并获取授权码。 3.能通过Mixly将开发板接入Blynk平台	借助已有的经验快速熟悉软件工具	50分钟	作品展示评价+"项目学习评价表"
	远程亮灯	1.能添加zeRGBa组件，调节其大小与位置，并正确设置参数。 2.能通过Mixly编程，调用zeRGBa组件参数，实现远程控制	1.主动尝试、探究，理解程序原理。 2.在教师指导下设计、编写程序，实现预想效果，发展计算思维	45分钟	
	流光心灯	1.能自主选择合适的组件，通过编程实现自己的设计。 2.通过交流进一步完善思路，优化作品	主动尝试、探究，通过合作、交流解决问题	55分钟	
掌控心灯	WxBit初体验	1.了解AI2开发平台及WxBit增强汉化版。 2.能使用QQ登录WxBit，增强汉化版客户端或网页端	借助已有的经验，快速熟悉软件工具	25分钟	作品展示评价+"项目学习评价表"
	一键开关	1.能添加水平布局，并在其中添加标签和按钮，设置其属性。 2.能添加图像框，上传图片素材，设置其属性。 3.能实现按钮状态变化和图片背景切换。 4.能添加HTTP客户端，调用Blynk程序修改API，实现远程控制开、关灯。 5.能使用WxBit助手实时反馈调试	1.主动尝试、探究，理解程序原理。 2.在教师指导下设计、编写程序，实现预想效果，发展计算思维	75分钟	
	掌控心灯	1.尝试运用合适的组件，实现亮度控制和颜色控制。 2.调试、封装个性化App。 3.能根据图示组装作品	主动尝试、探究，分析问题；通过合作、交流解决问题	65分钟	

四、课程实施和建议

(一) 课程的重点、难点及解决办法

	类别	
	软件硬件操作	编程设计
课程重点	1.认识IOTStart开发板。 2.Blynk组件设置。 3.WxBit界面组件设置	1.顺序、选择、循环等基本程序结构。 2.Mixly：实现"流水灯"。 3.Mixly：获取Blynk组件参数。 4.WxBit：界面逻辑设计。 5.WxBit：Blynk程序修改API的应用
课程难点	WxBit布局与组件的添加与属性设置	1.Mixly：for循环的应用。 2.Mixly：R、G、B颜色参数的获取。 3.WxBit：自定义函数"颜色设置"。 4.WxBit：自定义变量"颜色中间变量"
解决办法	1.实践出真知，保证学生有一定的自主尝试时间。 2.必要时借助实物展台、大屏幕投影、手机投屏等方式直观演示	1.以模仿为主，边模仿边总结程序设计的思路，逐步迁移应用。 2.难点程序可以演示程序的运行效果，让学生将具体效果与程序代码联系起来，以帮助理解。 3.不必强求所有学生完全理解难点程序

(二) 教学方法和教学环境

(1) 教学方法。

情境引领，基于真实问题情境引出实践项目与任务，充分发挥学生的自主性。教师帮助学生梳理问题，搭建交流平台，协助解决难点问题。

(2) 环境支持。

软件环境：Mixly1.2.0；Blynk控制端；App Inventor 2 WxBit 汉化增强版(网页版或安装版均可)。

教学环境：无线网络覆盖，必须有独立的Wi-Fi账号和密码；具备实物展示、大屏幕投影和手机投屏等直观演示功能。

(三) 教学模块选择建议

模块 1+2；模块 1+2+3。

第七单元　智能心灯

第一课　Hi, Maker

同学，当你打开这一课，就意味着你已经被赋予了一个新的身份——创客(Maker)，进入一个新的学习空间——创客社区。在这里，只要敢想、敢尝试，你的奇思妙想就有机会得到实现：遥控飞行的智能摄像机、会画画的机器人、使用手机远程控制的漂亮小灯……还在等什么，开始我们的创客之旅吧！

情景与任务

王小明的爸爸是社区医院的一名医生，每天一大早就出门，经常加班到很晚才回家。最近，小明连续好多天都没有看到爸爸了。

一天，小明在看书时，被一句话深深地打动了：幸福就是晚归时家里温暖的灯光。他不由得想象爸爸深夜回家的样子：自己和妈妈已经睡熟了，满身疲惫的爸爸回到家，迎接他的却是一片漆黑。

小明开始遐想：我要为爸爸设计一盏灯。爸爸深夜回家，可以遥控开灯，让家门口有温暖的灯光；爸爸还可以根据自己的心情来调节灯光的颜色。我决定了，这盏灯就叫"智能心灯"吧！

如果由你来设计"智能心灯"，你希望它有哪些功能呢？请和队友讨论一下，把想法写在项目计划书里。

第一阶段：Hi, maker　设计我的智能心灯	
我设计的功能	实现功能的方式

165

行动与体验

一、创客与创客文化

(一) 创客

创客的概念源于英文 Maker 和 Hacker 两词的综合释义。它是指酷爱科技、热衷实践的人群，他们以分享技术、交流思想为乐。以创客为主体的社区(Makerspace)则成了创客文化的载体。创客运动自2006年以来在美国兴起，一些有独特创意的人利用开源电子原型平台 Arduino 做一些简单的硬件设备，享受自由创造带来的乐趣。经过几年的发展，Arduino 平台聚集了大量创客，诞生了 3D 打印机等创新科技产品。随着技术的不断发展、软硬件平台的持续完善，以及图形化编程平台的出现，编程门槛大大降低，人们通过简单的学习就可开发出具有实际意义的创客作品。

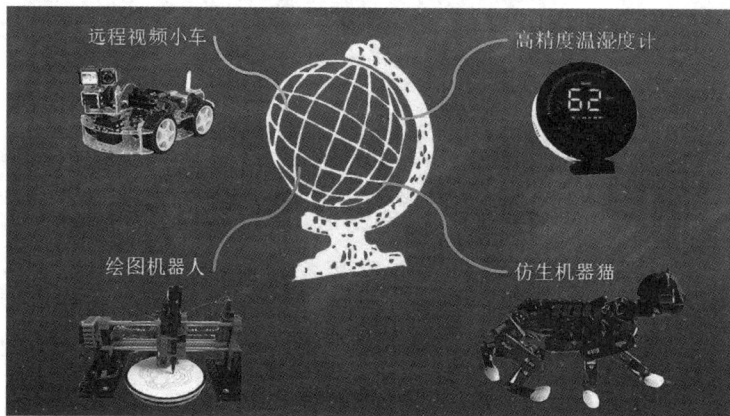

思考

结合你对创客的认识和理解，你认为创客应具备什么样的特点或精神？（比如：乐于分享、敢于冒险等）

(二) 创客作品实现流程

一般情况下，当创客产生一个新的创意或想法准备去实现，要经历准备软硬件、编写程序、改进优化三大阶段。"工欲善其事，必先利其器"，在软硬件准备阶段，创客需要根据问题或任务的实际需求选择合适的硬件设备和软件环境，为实现创意创设最好的物料条件。编写程序是实现具有智能化特性创意的必要条件，建议初次进行创客活动的同学先选择图形化编程。好的作品都是经过不断优化和改进才产生的，因此改进优化是完成优秀创客作品的一个重要过程。

准备软硬件 ➡ **编写程序** ➡ **改进优化**

请利用网络查一查目前创客使用频率较高的软件平台和硬件设备有哪些？它们都有什么特点？

（三）"智能心灯"创客项目任务分解

根据创客作品实现流程的三个步骤，我们将"智能心灯"创客项目划分为以下三个阶段：

第一阶段：Hi，Maker，做好知识准备。了解并熟悉本项目中将用到的IOTStart微型开发板和Mixly图形化编程软件等基础知识，并能点亮LED灯。

第二阶段：流光心灯，体验物联网。使用Blynk和Mixly编写程序，实现可使用手机控制LED灯的开关、亮度和颜色。

第三阶段：掌控心灯，终极挑战。在第二阶段的基础上，使用App Inventor 2软件改进优化项目作品，编写个性化的手机App，完善、调试项目作品。

二、认识创客工具

基地创客导师根据情境中的任务需求，在"创客工坊"中为同学们挑选了IOTStart微型开发板和安装有Mixly图形化编程环境的电脑作为"智能心灯"项目的硬件和软件。

（一）IOTStart 微型物联网开发板

IOTStart入门套件是由"齐护机器人"针对物联网初学者研发的学习套件，具有免接线、简单易用的特点。它包括一块ESP8266核心主控和集成的语音、Type-C、RGB全彩灯、多功能按键、大功率输出、稳压电源输入、拓展端口等资源，控制器自带Wi-Fi，搭配丰富的传感器和执行器，可以快速搭建物联网项目，完成创意作品的原型制作。

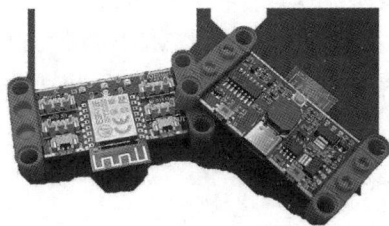

IOTStart 微型开发板

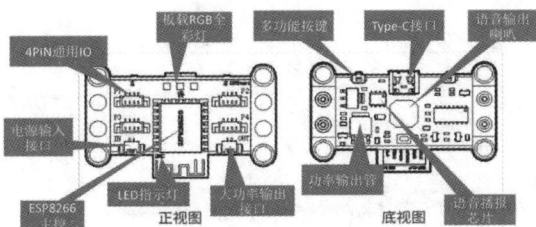

IOTStart

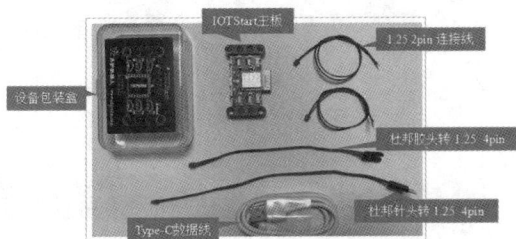

IOTStart 微型物联网开发板套件

♻ 拓展

IOTStart 微型物联网开发板是一款基于单片机二次开发的产物,开发板上的每一个功能模块均对应了特定的端口类型及管脚地址,其具体内容和对应关系如下表。

序号	模块	端口类型	管脚地址 (ESP8266)
1	LED指示灯	数字输出	2
2	板载RGB全彩灯	彩灯	13
3	左按键	数字输入	0
4	右按键	数字输入	16
5	语音蜂鸣器喇叭	通讯语音	15
6	Type-C USB 5V	硬串口/5V供电	5V RX/1 TX/3
7	P1	数字	4、5
8	P2	模拟量 0~5V/数字	A0、13
9	P3	并连硬串口	RX/1、TX/3
10	P4	数字	14、12
11	IN	电源输入	DC 6~8V
12	OUT	大电流输出	2
13	复位按键	数字	RST

(二) Mixly 图形化编程环境

Mixly(米思齐)是由北京师范大学傅骞教授团队组织开发的。这是一款自主研发、免费开源的图形化编程工具,具有易用性、功能性、普适性、延续性及生态性等特点,对学生、教师和硬件厂商都非常友好。

打开电脑中的Mixly软件,映入眼帘的就是下面的软件界面,其中包括图形化程序选择区、图形化程序编写区、代码预览区、系统功能区,以及消息提示区。

体验1：使用鼠标点一点各个区域的按钮，熟悉软件界面。

体验2：自己动动手，探索"图形化程序选择区"中各个模块具有什么特点？

拓展

图形化编程软件

我们并不能直接命令硬件去做任何事情，硬件只能"听懂"二进制的"机器语言"，听不懂我们的自然语言（汉语、英语等）。若想要命令硬件执行任务，我们需要一个"翻译官"。编程语言（如C语言、Python、Java等）就是这样的"翻译官"。每一种编程语言，都有各自的编写规则，我们称之为"编程语法"。

编程语言和编程语法对于初学者有一定的难度。但是图形化编程软件为用户提供了各种各样"成熟的技能"——相关库文件，降低了编程学习成本，仅需要学会使用库文件工具而无须知晓工具如何生产制作，大大提高了我们创意物化的效率。

传感器或者执行器的相关库文件（程序的特殊封装函数）用以供我们实现各种操作（例如控制电机，显示文字等）而无须从零开始，库是工具，我们仅需要学会使用工具而无须知晓工具如何生产制作，从而提高开发效率。

（三）IOTStart开发板与Mixly建立通讯连接

使用软件编程之前，我们要先让IOTStart开发板与Mixly图形化编程软件建立通信连接。其具体操作方法如下：

第一步，在Mixly图形化编程软件中选择开发板。IOTStart是以ESP8266为核心的开发板，在Mixly软件中我们点选Arduino ESP8266。

第二步，使用Type-C数据线连接IOTStart和电脑，电脑将自动搜索已连接的设备，原本已存在COM54和COM55，接上开发板后电脑自动搜索到COM30，这里的COM30就是我们需要的设备。不同电脑设备号可能不同，应当灵活选择。

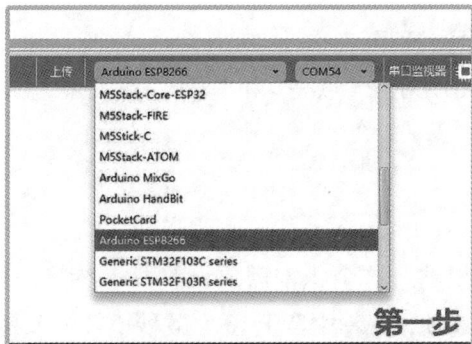

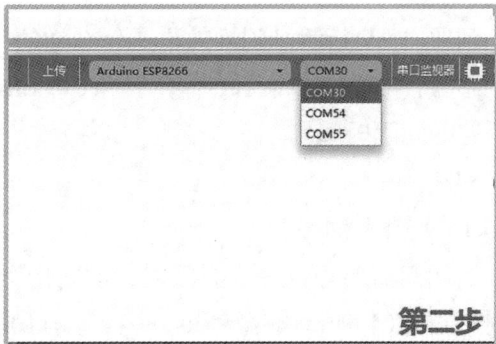

第一步

第二步

三、点亮心灯

IOTStart开发板自带两种板载灯：LED指示灯(1颗)和RGB全彩灯(3颗)，都是LED材质。LED (Light Emitting Diode)，即发光二极管，是一种半导体固体发光器件，它利用半导体芯片作为发光材料，当两端加上正向电压，半导体中的载流子发生复合引起光子发射而产生光。LED可以直接发出红、黄、蓝、绿、橙、紫等颜色的光。

(一)LED指示灯

1.点亮LED指示灯。

IOTStart开发板的LED指示灯对应于主控的2号管脚(通用输入输出管脚)。我们通过对2号管脚编写程序控制数字信号输入输出便可控制LED指示灯的亮、灭状态：写入高(HIGH)LED熄灭，写入低(LOW)LED点亮，其控制积木如下图。这个积木需要两个参数：第一个参数是需要控制的管脚序号(参考IOTStart微型物联网开发板IO对应表)，第二个参数是管脚状态(低亮，高灭)。

拓展

通用输入输出即GPIO(General Purpose Input Output)，是单片机的一种管脚，既可以做输入，也可以做输出，常用于将开关、按键、LED、传感器等连接到单片机。

数字信号有两个状态：低(0V)为"0"状态；高(5V)为"1"状态。我们所使用的IOTStart开发板，"0"表示通电，"1"表示断电。但如果换成其他的硬件，则有可能恰好相反。我们在编程的时候要根据实际情况来选择管脚状态。

2.实现LED指示灯闪烁效果。

实验

问题：LED指示灯闪烁效果是什么样的？有何特点？

思考：实现LED指示灯闪烁效果，即LED指示灯在"点亮"和"熄灭"两种状态之间有一定的间隔时间。

实践：

(1)设定间隔时间。

当我们需要等待一段时间时，可以用延时积木。这个积木需要设置两个参数，一个是时间单位(毫秒ms或微秒us，一秒等于1000毫秒，一毫秒等于1000微秒)，另一个是时长数值。

(2)设计算法。

LED指示灯点亮,延时1000毫秒,熄灭,再延时1000毫秒。

(3)编写程序。

LED指示灯以1秒为周期闪烁的参考示例。

(4)上传调试。

上传程序,观察LED指示灯的亮、灭和延时状态是否与算法设计一致。

试着修改延时参数,上传后看看效果。

3.使用按键控制LED指示灯。

IOTStart提供了两个多功能按键。多功能按键可以让我们方便地控制主控板。多功能按键积木需要设置3个参数:第一个参数是按键连接的管脚(两个按键分别对应0和16);第二个参数是按键点击的方式;第三个参数是按键的触发方式,触发方式由硬件结构决定,IOTStrat开发板的多功能按键触发方式多为低触发,因此电平触发一般设置为"低"。

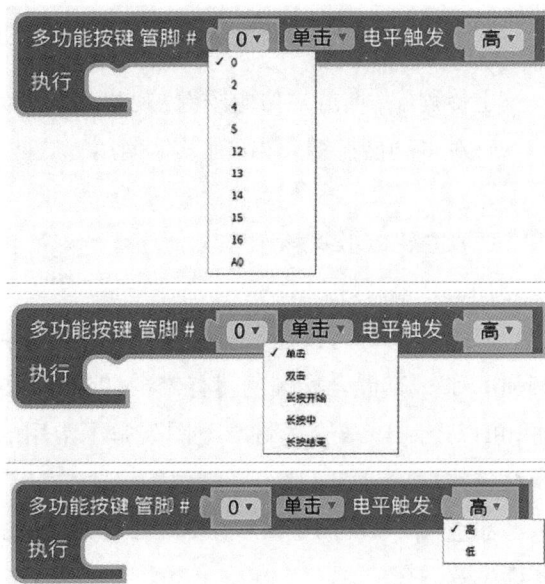

🖥 实验

问题:如何使用多功能按键来控制LED指示灯的亮、灭?

思考：按一下多功能按键，灯亮；再按一下，灯灭。这需要用到布尔变量(变量值为真或者假)。

实践：

(1)设计算法。

声明一个全局布尔变量。当多功能按键被单击时，按键输出低电平。单击一次，布尔变量赋值为"假"，LED指示灯输出高电平，灯灭；再单击一次，则布尔变量赋值为"真"，LED指示灯输出低电平，灯亮。以此类推实现循环。

(2)编写程序。

参考下图多功能按键程序。

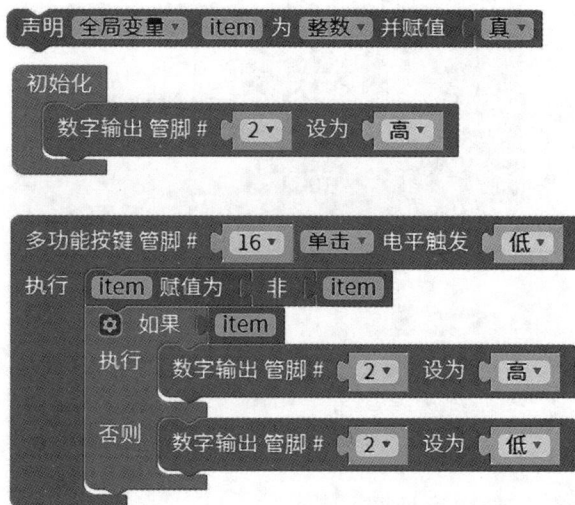

(3)上传调试。

上传程序，点击多功能按键，观察LED指示灯的亮、灭状态是否与算法设计一致。

针对多功能按键，你还有其他使用方式吗？试着修改一下程序，上传后看看效果。

(二)扩展RGB全彩灯

1.RGB全彩灯积木。

RGB全彩灯可以显示多种颜色，光的三原色分别是红(R)绿(G)蓝(B)，将每种光分为256份，那么其混合光颜色就有256×256×256种可能。使用Mixly内置的RGB全彩灯积木，可以控制RGB全彩灯。下图列举了常用的Mixly内置RGB全彩灯积木，如RGB管脚及灯的数量、亮度、颜色、彩虹值等。

注意：在系统内置模块中，灯的参数设置完成后必须要使用"RGB灯设置生效"积木才能生效。

IOTStart 自带 3 颗 RGB 全彩灯,体积较小,亮度不够。为了"智能心灯"能有更好的照明效果,我们可以使用扩展 RGB 全彩灯。根据 LED 灯的数量,扩展 RBG 全彩灯可以分为一位、四位、八位等。右图是我们所使用的齐护四位扩展 RGB 全彩灯。

齐护四位扩展 RGB 全彩灯

体验

将扩展 RGB 全彩灯连接到 IOTStart 主控板的 P1 接口上。尝试使用 Mixly 系统内置 RGB 全彩灯积木,点亮扩展 RGB 全彩灯。

拓展

除了使用 Mixly 系统内置的 RGB 全彩灯积木,我们也可以使用齐护公司开发的 RGBLED 积木。其导入方法如下:

在 Mixly 软件中按照下图从云端库导入所需要的"齐护机器人 ESP8266 套件"库文件即可。

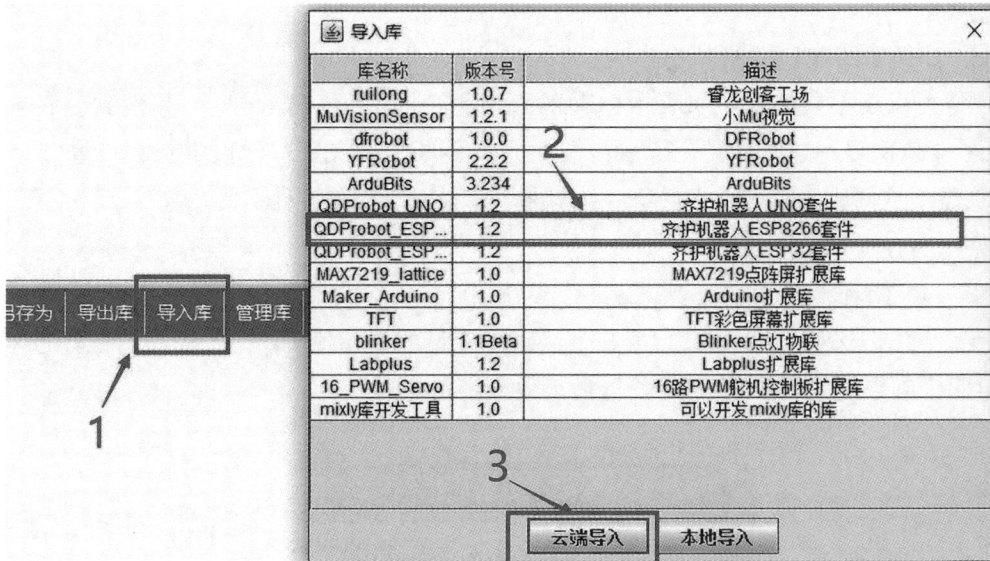

从相应云端库导入库文件后,可在Mixly中找到下图中的积木。使用时,端口选择".IOTStart P2-R-13板载RGB",即对应的是RGB全彩灯。下图所示的两个积木,都可以设定总灯数和具体灯号(灯号为0则全选所有灯),还可以将颜色设置为具体颜色(见下面第一个图)和模糊颜色(见下面第二个图)。具体颜色需要分别设置R、G、B三个颜色通道的值,模糊颜色可点击选择预设的特定颜色。

体验

请按照下图中的积木所示,观察板载RGB彩灯的照亮形式。

2.扩展RGB全彩灯"流水灯效果"。

RGB全彩灯"流水灯效果"即四颗LED灯依次点亮、熄灭,循环往复,就像流水一样。

实验

问题:如何使四颗LED灯依次点亮、熄灭?

思考:可以用不同的颜色来表示LED的灭与亮,比如黑色表示"灭",其他颜色表示"亮";1号灯依次显示这两种颜色(间隔一定时间,下同),2号灯、3号灯、4号灯、3号灯、2号灯依次显示这两种颜色……4颗LED按灯号"123432"的顺序循环亮灭。

观察:

下图为for循环积木。它需要设定4个参数,第一个参数是参与循环的变量名(默认为i,该变量数据类型应当为整数),第二个参数是变量的起始值,第三个参数是变量的终止值,第四个参数是变量的步长(步长可是正数或者负数)。

实践：

（1）设计算法。

扩展RGB全彩灯共4颗LED，按灯号"123432"依次亮、灭。"123432"可以分为两个等差数列："1234"从1到4，步长为1；"32"从3到2，步长为−1。所以，我们需要两个循环。

（2）编写程序。

参考下图流水灯效果编写程序。

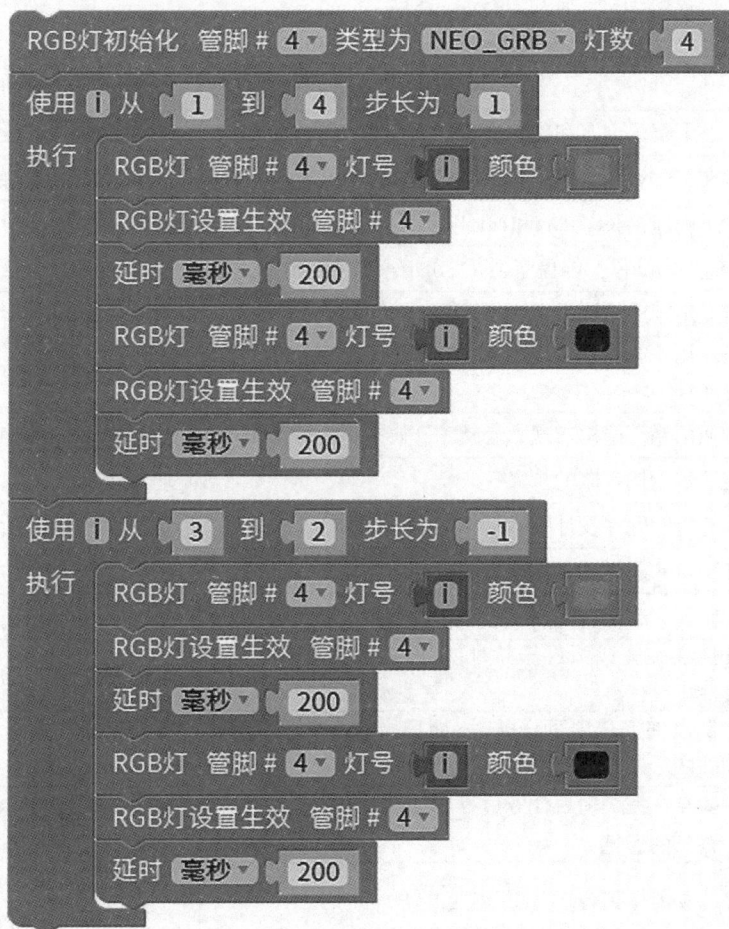

（3）上传调试。

上传程序，观察扩展RGB全彩灯的亮、灭顺序是否与我们的预想一致。

如果效果与设想不一致，请试着分析一下原因，然后修改程序，上传后看看效果。

分享与交流

这节课，我们实现了扩展RGB全彩灯依次亮、灭的流水灯效果，能否在此基础上将任务升级,让RGB灯不仅有点亮熄灭的效果,而且每个灯珠的颜色都不相同?请以小组为单位,实现这一效果并展示本组的作品。

总结与评价

第一阶段的学习结束了,你掌握了哪些知识?你和小伙伴的合作效果怎么样?请认真填写"项目活动评价表(第一阶段)",总结一下这个阶段的收获吧!

根据自己的表现,给对应的☆涂上颜色。

类别	内容	评价
操作技能	我已经了解了创客和创客文化	基本了解☆ 完全了解☆ ☆
	我能在Mixly软件中快速找到相应的功能积木	基本掌握☆ 熟练运用☆ ☆
	我能正确连接IOTStart和Mixly	基本掌握☆ 熟练运用☆ ☆
	我能通过Mixly上传程序到IOTStart主控板并调试	基本掌握☆ 熟练运用☆ ☆
编写程序	我能运用顺序结构点亮LED指示灯	基本掌握☆ 熟练运用☆ ☆
	我能运用选择结构使用主板两侧的按钮控制LED指示灯的亮、灭	基本掌握☆ 熟练运用☆ ☆
	我能使用循环结构实现"流水灯"效果	基本掌握☆ 熟练运用☆ ☆
	我能理解示例程序的含义	基本理解☆ 完全理解☆ ☆
	我能分析问题并设计程序	基本掌握☆ 熟练运用☆ ☆
项目学习	我和队友一起讨论了本项目的设计方案	基本完成☆ 完成质量高☆ ☆
	我和队友一起配合完成熟悉软硬件环境和操作环节	基本完成☆ 完成质量高☆ ☆
	我和队友在完成项目任务时,能够一起开动脑筋完成各项挑战任务	基本完成☆ 完成质量高☆ ☆
	我和队友在完成项目任务时,能积极解决项目任务中的问题	能发现问题☆ 发现问题并解决☆ ☆
	我和队友在完成项目任务过程中,能主动尝试、交流,表达自己的意见	敢于尝试、表达☆ 主动尝试、积极表达☆ ☆
	我和队友能做到合理分工,相互配合	有分工,能配合☆ 分工明确,配合默契☆ ☆
你还有其他的收获吗?请填入下表,每填一项加一颗☆		
内容		加星
		☆
		☆
		☆
在本项目第一阶段的学习中,我一共获得了_____颗☆		

第二课　流光心灯

通过学习,王小明同学和小伙伴们成功点亮了一盏灯。但是,这盏灯还不是自己设想的"智能心灯"。按王小明同学的设想,这盏灯必须接入网络,能够远程开关,随心而动。这就需要用到物联网的知识了。在这个模块的学习中,我们将了解物联网的基本原理,学习Blynk组件与Mixly编程的综合运用,从而实现"智能心灯"的基本功能。

情景与任务

现在,我们将把齐护LED灯接入物联网,让它变成"智能心灯"。在此之前,我们需要提前思考:接入物联网的智能心灯应该具备哪些基本功能呢? 王小明和小伙伴们开始了讨论。

我认为,可以使用手机来控制开关。

我觉得需要调节灯光的颜色。

💬讨论

你觉得接入物联网的"智能心灯"应该具备哪些功能呢? 和你的小伙伴讨论一下,把你们的想法写进第二阶段项目计划里。

第二阶段:流光心灯　物联网功能的实现			
功能描述	可以使用的Blynk组件	使用的虚拟管脚	存在的问题

行动与体验 ·······················

一、初识Blynk

(一) 物联网

1995年,比尔·盖茨在《未来之路》中写道:在未来,你丢失或者失窃的物品,将自动向你发送信息,告诉你它现在所处的具体位置,让你可以轻松地找回它。比尔·盖茨的这个预言,可以利用物联网技术来实现。

物联网,顾名思义就是"物物相连的网络",也可以说成"利用网络把物体连接起来"。为什么需要"物物相连"? 因为我们需要获取这些物体的信息,进而控制、操作这些物体为我们服务。自20世纪90年代提出概念以来,物联网技术已经在生活中广泛使用。比如我们的交通卡,就使用了简单的物联网技术。

(二) Blynk 物联网平台

Blynk 是一个收发指令的服务平台。这个平台为我们提供了安装在手机或平板上的控制端,以及处理指令的服务器。以"智能心灯"为例:要控制"智能心灯",必须与"智能心灯""通信"。人不能直接与"智能心灯""通信",必须借助控制端发送指令,经过服务器"翻译"以后发给智能心灯。这样,智能心灯才能"理解"指令并执行。在这个过程中,最重要的是"通信",而 Blynk 就是一个负责"通信"的开源物联网平台。当然,Blynk平台的功能远不止于此,在结束今天的学习之后,你还可以深入研究,Blynk物联网平台工作原理如下。

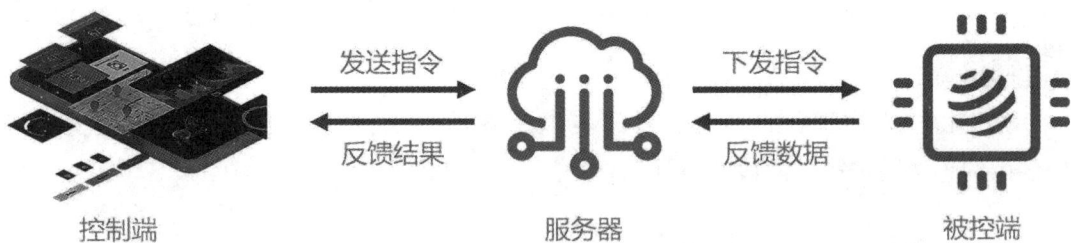

控制端　　　　　　服务器　　　　　　被控端

思考

我们的生活中已经应用了很多物联网技术,你能举出一些例子吗?

(三) 注册Blynk账号

Blynk平台需要注册账号才可以使用。注册方法很简单:准备一个可以正常登录的电子邮箱账号,按下图所示的步骤操作即可。

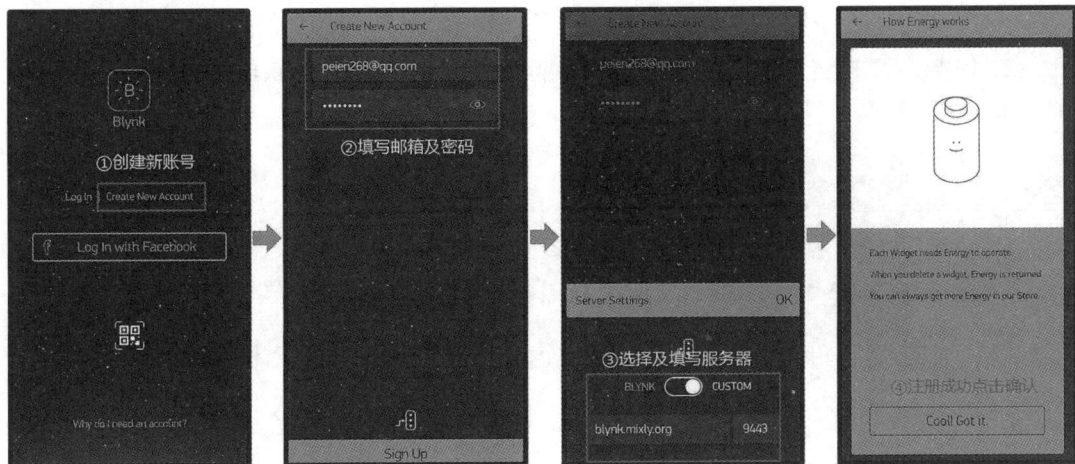

（四）创建一个新项目

Blynk可以创建多个项目并进行管理。我们按下图所示的步骤，首先创建一个新的项目——"智能心灯"。

发送到邮箱的授权码是这个项目在服务器上的"通行证"，每个项目都有唯一的一个授权码。如果要使用它，需要打开邮箱将其复制下来。

（五）将硬件接入Blynk

实验

IOTStart开发板需要接入Blynk服务器，才能被控制。

（1）将IOTStart开发板连接电脑，打开Mixly，在Blynk物联网分类下找到下图所示的

Blynk服务器连接程序块,填写服务器地址、Wi-Fi信息及邮件收到的授权码。

(2)上传程序。上传成功后,我们的"智能心灯"就接入到Blynk服务器上了。

通过前面的活动,想必你已经发现,Blynk提供物联网功能,但不能直接与我们"对话",需要通过Mixly这样的软件来编写程序,把我们的意图"传达"给Blynk。我们使用Blynk平台的一般方法如下图。

现在是不是可以用手机控制"智能心灯"了?别着急,我们还需要编写一些程序。

二、远程亮灯

(一)认识Blynk组件

Blynk为我们提供了丰富的组件(Widget),如控制组件(CONTROLLER)、显示组件(DISPLAY)等。

体验

（1）打开Blynk控制端的组件箱(Widget Box)，了解一下Blynk为我们提供了哪些组件。

（2）注意观察右图所示的图标，推测一下它们的用途。

（二）让智能心灯亮起来

在Blynk控制端使用zeRGBa组件，我们可以设定红(R)、绿(G)、蓝(B)三种颜色的参数(调整范围0—255)，从而控制灯光的颜色变化。添加zeRGBa组件并设置参数的操作步骤如下图。

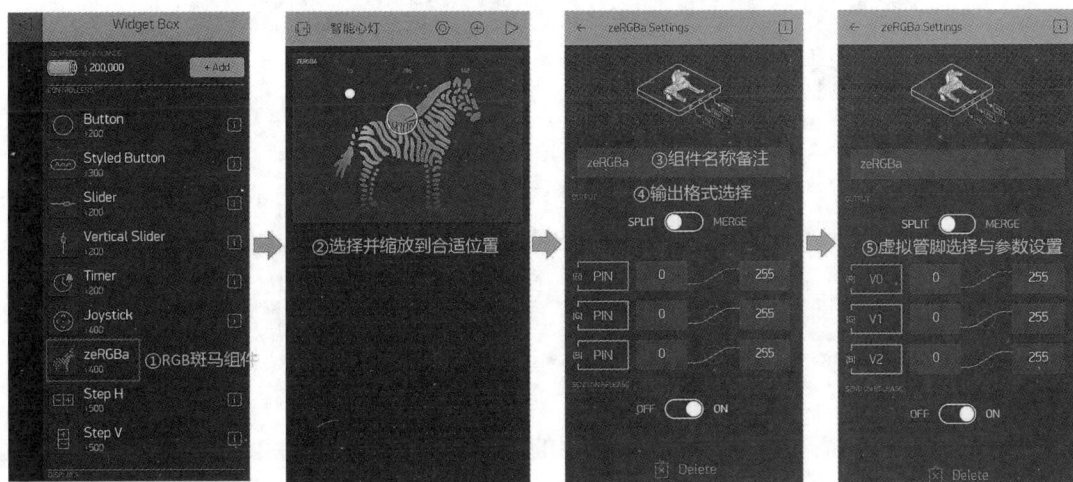

我们可以看到，在zeRGBa组件中，虚拟管脚V0对应红色，V1对应绿色，V2对应蓝色。设置完成后，点击屏幕右上角的"运行"按钮，拖动zeRGBa组件的绿色圆圈，就能调整红(R)、绿(G)、蓝(B)的参数。

实验

（1）在Blynk控制端添加一个zeRGBa组件，尝试调整其大小和位置。

（2）参考上图设置zeRGBa组件的参数。

（3）参考下图，通过Mixly编写程序，让"智能心灯"获取zeRGBa组件参数并亮起来。

（4）上传程序。上传成功后在Blynk控制端点击"运行"，拖动zeRGBa组件的"圆圈"。

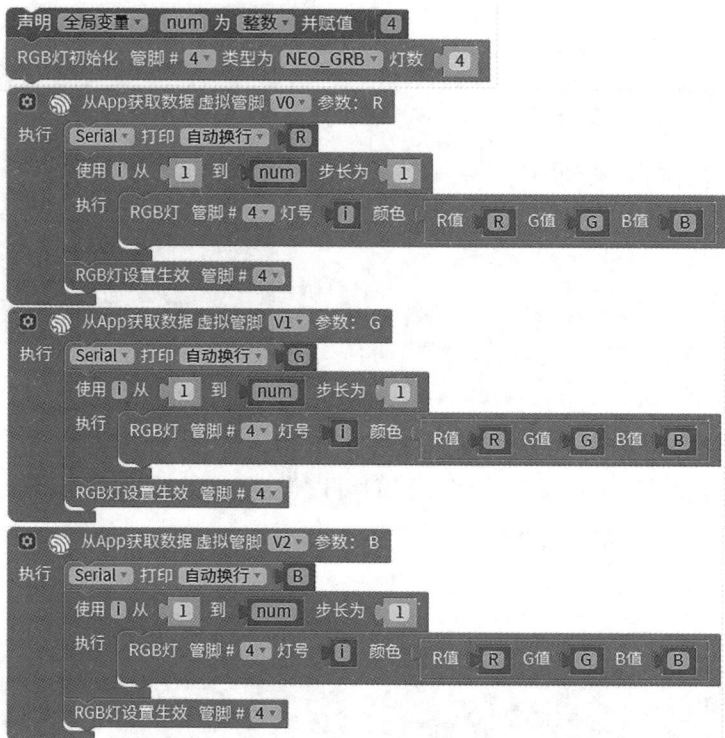

我们的"智能心灯"在手机的控制下,不仅亮了起来,还能改变颜色。

Blynk通过一个个的组件来实现远程控制。使用一个组件,通常按下图的流程进行。

添加组件 ➡ 设置参数 ➡ 编写程序 ➡ 上传调试

在编写程序时,需要明确每个组件占用的虚拟管脚,所以,我们要养成及时记录组件与对应虚拟管脚的习惯。现在,你可以在"项目计划书"里把zeRGBa组件使用的虚拟管脚记录下来。

体验

拖动zeRGBa组件的"圆圈",观察组件参数与LED灯的颜色变化。你有什么发现?

阅读

RGB颜色

RGB色彩模式是工业界的一种颜色标准,是通过对红(R)、绿(G)、蓝(B)三个颜色通道的变化以及它们相互之间的叠加来得到各种的颜色的,R、G、B即是代表红、绿、蓝三个通道的颜色。RGB色彩模式几乎包括了人类视力所能感知的所有颜色,是运用最广的颜色系统。RGB色彩模式是从颜色发光的原理来设计定的,我们可以简单地理解为有红、绿、蓝三盏灯,当它们的光相互叠合的时候,色彩相混,产生新的颜色。红、绿、蓝三个颜色有256阶亮度,为0时"灯"是关掉的,而在255时"灯"最亮。当三色灰度数值相同时,产生不同灰度值的灰色调,即三色灰度都为0时,是最暗的黑色调;三色灰度都为255时,是最亮的白色调。

RGB加法三原色:红色+绿色=黄色,绿色+蓝色=青色,红色+蓝色=洋红色,红色+绿色+蓝色=白色。

三、流光心灯

(一)任务分析

💬 交流

现在,"智能心灯"还没有将我们设想的功能全部实现,需要进一步完善。和你的小伙伴讨论一下,我们还可以使用Blynk控制端的哪些组件呢?

(二)自主尝试

🖧 实验

现在是探索时间。和你的小伙伴一起,参考下面使用Slider组件快速调整颜色、亮度,使用Styled Button组件设置开关的示例,大胆地去尝试吧!记得要把每个组件使用的虚拟管脚记录好。

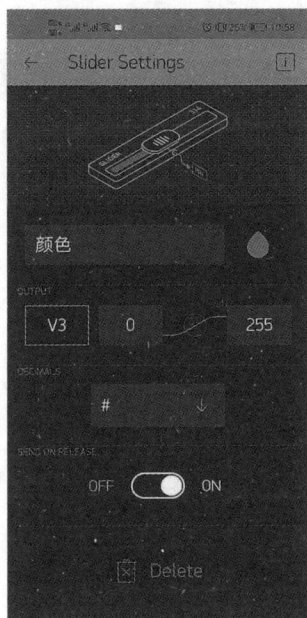

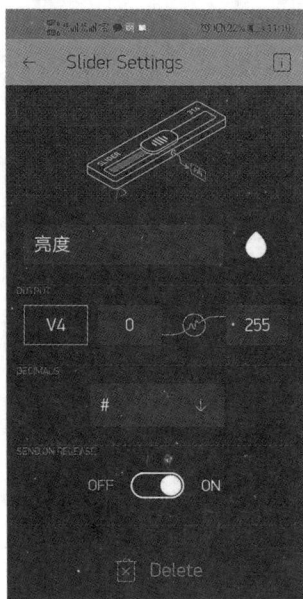

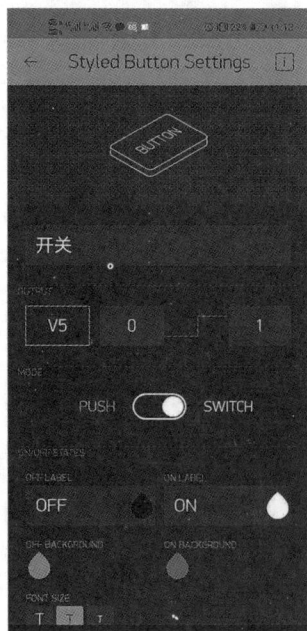

除了上面这些组件,其他的组件也可以试试看,和你的小伙伴一起尽情探索吧!

分享与交流

以小组为单位,展示一下本组的作品,可以从以下两个方面汇报:

(1)实现了哪些效果?

(2)存在哪些问题?

交流是为了相互学习,大家提出的问题,你能想到解决方案吗?

总结与评价

第二阶段的学习结束了,你掌握了哪些知识? 你和小伙伴的合作效果怎么样? 请认真填写"项目活动评价表",总结一下这个阶段的收获填入项目活动评价表(第二阶段)中吧!

根据自己的表现,给对应的☆涂上颜色。

类别	内容	评价
操作技能	我已经了解物联网的工作原理和日常应用	基本了解☆　完全了解☆☆
	我能在手机或平板上创建Blynk项目并获取授权码	基本掌握☆　熟练运用☆☆
	我能使用Mixly编程,将开发板接入Blynk平台	基本掌握☆　熟练运用☆☆
	我能使用Blynk常用的组件,调整大小与位置	基本掌握☆　熟练运用☆☆
	我能正确设置Blynk常用组件的参数	基本掌握☆　熟练运用☆☆
	我能通过Mixly编程,调用组件参数,远程控制"智能心灯"	基本掌握☆　熟练运用☆☆
编写程序	我会使用Blynk"服务器连接"程序块	基本掌握☆　熟练运用☆☆
	我会使用Blynk"App数据获取"程序块	基本掌握☆　熟练运用☆☆
	我会使用Mixly"for循环"程序块	基本掌握☆　熟练运用☆☆
	我会使用Mixly变量	基本掌握☆　熟练运用☆☆
	我能理解示例程序的含义	基本理解☆　完全理解☆☆
	我能分析问题并设计程序	基本掌握☆　熟练运用☆☆
项目学习	我和队友一起制订、完善了项目计划书	基本完成☆　完成质量高☆☆
	我和队友一起,根据项目计划书完成了项目任务	基本完成☆　完成质量高☆☆
	我和队友在完成项目任务时,能自主选择合适的组件,通过编程实现自己的设计	基本完成☆　完成质量高☆☆
	我和队友在完成项目任务时,能积极解决项目任务中的问题	能发现问题☆ 发现问题并解决☆☆
	我和队友在完成项目任务过程中,能主动尝试、交流,表达自己的意见	敢于尝试、表达☆ 主动尝试、积极表达☆☆
	我和队友能做到合理分工,相互配合	有分工,能配合☆ 分工明确,配合默契☆☆

你还有其他的收获吗? 请填入下表,每填一项加一颗☆

内容	加星
	☆
	☆
	☆

在本项目第二阶段的学习中,我一共获得了_____颗☆,累计获得了_____颗☆

第三课　掌控心灯

通过前面两个模块的学习，王小明和小伙伴一起，制作了使用Blynk控制的智能心灯，基本实现了设想的功能。但是，王小明希望这盏灯的控制端拥有精美的界面，让爸爸每次使用手机开灯的时候，能格外暖心。要实现这个愿望，我们还需要一起学习安卓应用开发，定制一款属于自己的手机App。

情景与任务

Blynk控制端可以满足手机或平板控制"智能心灯"的需要，但是界面过于"呆板"，肯定不能满足王小明同学的需求。我们该怎么去实现他的愿望呢？

我们可以用App Inventor 2设计一个App。

要有远程控制功能，一定要设计有个性的界面。

行动与体验

一、WxBit初体验

（一）App

App是Application的缩写，手机App就是手机应用软件，主要指安装在智能手机上的软件。手机软件可以分为系统软件（操作系统）和应用软件两大类。

操作系统是用户和手机硬件之间的接口，负责管理和控制手机硬件与软件资源，主流智能手机操作系统有两大阵营：安卓和iOS。

应用软件是为了满足用户的多样化需要而开发的功能性软件，它是系统软件的拓展。应用软件是基于操作系统开发的，安卓和iOS由于架构不同所以应用程序互不兼容。

思考

你在生活中经常使用哪些App，它们有什么样的功能？

安卓OS与鸿蒙OS

安卓系统,英文为Android OS(Operating System,简称OS),是由谷歌公司开发的开放源代码的操作系统,主要使用于手机、平板电脑以及智能电视等。由于其开源的特性,任何人都可以获取其源代码并加以修改获得一个定制的操作系统。国产手机的操作系统大多是定制化的安卓系统,在原装系统里添加了一些各公司的个性化的东西,并且预装了一些应用软件。如:小米的MIUI、华为的EMUI、OPPO的color OS等。

华为鸿蒙系统,英文为HUAWEI Harmony OS。2019年8月9日,华为在东莞举行华为开发者大会,正式发布。华为鸿蒙系统是一款全新的面向全场景的分布式操作系统,创造一个超级虚拟终端互联的世界,将人、设备、场景有机地联系在一起,将消费者在全场景生活中接触的多种智能终端实现极速发现、极速连接、硬件互助、资源共享,用最合适的设备提供最佳的场景体验。2021年3月,华为表示,今年搭载鸿蒙操作系统的物联网设备有望达到3亿台,手机将超过2亿台。

华为的鸿蒙操作系统宣告问世,在全球引起反响。人们普遍相信,这款中国电信巨头打造的操作系统在技术上是先进的,并且具有逐渐建立起自己生态的成长力。它的诞生拉开永久性改变操作系统全球格局的序幕,给国产软件的全面崛起带来战略性带动和刺激。鸿蒙是时代的产物,它代表中国高科技必须开展的一次战略突围,是中国解决诸多"卡脖子"问题的一个带动点。

(二) App Inventor 2开发平台

App Inventor 2是一个在线的安卓应用开发工具,我们将其简称为AI2。它以积木式编程的方法来开发安卓应用软件。相较于专业的安卓应用开发工具,AI2更加简单,易上手。2010年7月,Google实验室(Google Lab)推出了App Inventor(AI),并于2011年8月公布了源代码,到2012年这个项目被移交麻省理工学院移动学习中心,此后推出了新版本AI2。

为了方便中文用户使用,华南理工大学杨道全老师的团队基于AI2二次开发了AI2 WxBit汉化增强版(3.31.0123)。我们可以下载安装AI2 WxBit汉化增强版客户端,也可以直接访问WxBit网页端(https://App.wxbit.com/),即可快速开发一个安卓应用。这个安卓应用可以在你的手机、平板电脑或者安卓模拟器上运行。

(三) AI2与Blynk

在模块2的学习中,我们实现了通过Blynk和Mixly远程控制"智能心灯"。我们在Blynk控制端设置控制组件,在Mixly编写对应的程序;通过网络,Blynk平台把Blynk控制端和IOTStart微型物联网开发板连接在一起。

现在，我们将使用AI2编写一款更有个性的App，用来远程控制"智能心灯"。我们还要继续使用IOTStart微型物联网开发板。所以，我们也同样需要Blynk平台的物联网功能。

🔧 实践

尝试打开WxBit网页端并使用QQ账号登录。

二、一键开关

(一) 初识界面

一个应用软件(App)的制作包括界面设计和程序逻辑编写两个部分，界面就是指我们能够直观看到的操作界面，程序逻辑则是指这个应用软件能够完成的功能。这两个部分在AI2编程环境中分别对应了两个不同的视图：组件设计和逻辑设计。

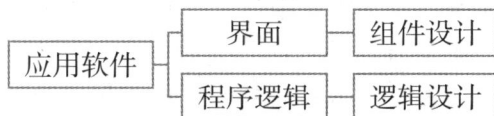

应用软件 ┤ 界面 — 组件设计
应用软件 ┤ 程序逻辑 — 逻辑设计

💬 交流

为了远程控制"智能心灯"，我们需要给App设计哪些功能？这些功能又怎么体现到界面呢？请在小组内讨论交流，罗列出能够实现的功能，并依据功能设计你的App界面，将讨论结果填入第三阶段的项目计划书。

第三阶段：掌控心灯　设计我的App	
我设计的App可以实现的功能	我设计的App界面

🎨 体验

我们来熟悉一下AI2 WxBit汉化增强版的操作界面。

打开AI2 WxBit汉化增强版，默认出现的是组件设计视图。它包含四个区域：组件选择区、工作区、组件列表区、组件属性区。最左边区域称为组件(工具)选择区域，其中包含了各类组件(工具)。

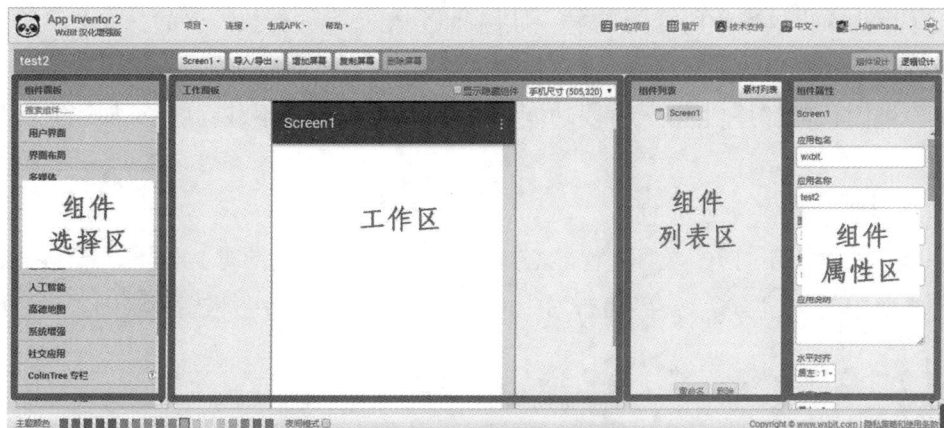

(1)组件选择区：包含了可供选择的各类组件。该面板按类别划分为几个部分，默认情况下，只有用户界面(User Interface)组件可见。我们可以通过点击其他类别的标题，如Media(媒体)等，来查看其他组件。

(2)工作区：用于放置App中所需的组件，可以按照自己的喜好来安排这些组件。工作区只能粗略地显示应用的外观，要想看到应用的实际外观，可以使用WxBit助手实时模拟，或者将应用下载到测试设备上安装。

(3)组件列表区：组件列表区已经默认创建了一个屏幕(Screen1)，屏幕的大小可以在工作区调整。我们放置到工作区的组件，都将在Screen1的下一级显示出来。在组件列表区右上角有个"素材列表"按钮，点击即可切换到素材管理，项目中需要用到的音频、图片、视频都可以在这里上传并进行管理。

(4)组件属性区：在这里可以修改屏幕和组件的属性，如：长、宽、底色、显示文字等。在预览窗口中单击某个组件，就可以在属性栏查看该组件的一系列属性。在属性栏修改属性值，在工作区会看到修改后的效果。

点击"组件属性区"上方的"逻辑设计"按钮，切换到逻辑设计视图，它包含两个区域：代码块和工作区(脚本区)。

(1)代码块：提供编程所需的积木，可以按照分类及组件查找需要的积木。

(2)工作区：程序的编写区域，可以将积木拖放到这个区域来编写程序。

两个视图顶部都是功能区，主要功能包括项目管理、编译下载程序、添加删除屏幕等。

（二）一键开关：显示开关状态

一键开关是用于打开、关闭"智能心灯"的总开关。在设计时，可能会使用到以下组件用户界面中的按钮与标签、界面布局中的水平布局，它们在组件选择区中位置如下：

用户界面			用户界面			
界面布局			按钮	?		点击组件旁边的问号可查看此组件的功能。
水平布局	?		开关	?		
水平滚动条布局	?		标签	?		
垂直布局	?		图像框	?		
垂直滚动条布局	?		动画图像框	?		
表格布局	?		文本输入框	?		
层叠布局	V		密码输入框	?		

水平布局用于确定组件位置，实现内部组件自左向右的水平排列，在垂直方向上居中对齐。

按钮的功能是用于特定触发事件的发生，它可以感知用户的触碰。修改组件属性区的属性可以改变按钮的某些外观特性。

标签则用于显示提示文字。用标签的文字属性来设置将要显示的文字，其他属性用来控制标签的外观及位置，均可以在设计及编程视窗中进行设置。

🖥 实验

问题：单击"一键开关"按钮时，能否显示"开""关"？

思考：当"一键开关"按钮显示"开"时，单击后，会打开"智能心灯"，并且按钮显示"关"。当"一键开关"按钮显示"关"时，单击后，会关闭"智能心灯"，并且按钮显示"开"。

观察：

(1)分析问题。

"一键开关"按钮要居中显示，并且需要设置全局变量"心灯状态"初始值为假。

(2)界面设计。

应用界面的参考设计如下：

"一键开关"所使用的组件及属性设置如下。

组件名称	组件类别	作用	属性设置
水平布局1	水平布局 （界面布局）	确定组件排列位置	宽度为充满
标签1	标签 （用户界面）	占位，使按钮组件居中显示	重命名为：开关占位1 删除文本 宽度：33%
标签2	标签 （用户界面）	占位，使按钮组件居中显示	重命名为：开关占位2 删除文本 宽度：33%
按钮1	按钮 （用户界面）	控制"智能心灯"打开、关闭	重命名为：一键开关 宽度：33% 文本：开

（3）设计算法。

当开关按钮被点击时，按钮显示"开"，再次被点击时，显示"关"。

（4）编写程序。

进入逻辑设计，参考下图，编写程序。

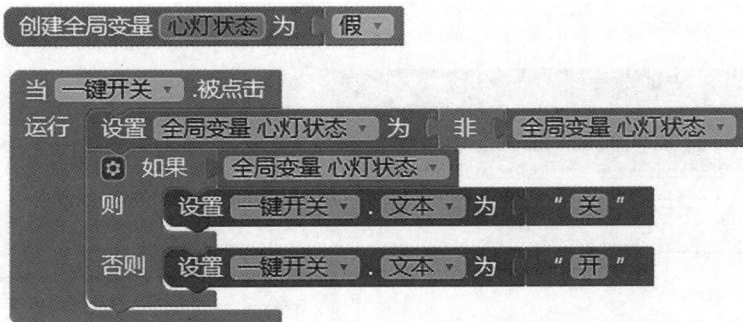

(5)运行调试。

使用"WxBit助手"在手机上进行调试。

【拓展】

WxBit助手

WxBit助手是一款专门用于实时调试所开发的手机应用(App),可以在使用AI2 WxBit汉化增强版开发应用的过程中,随时连接安卓设备,对应用进行测试,这样可以节省大量时间。我们可以点击AI2 WxBit汉化增强版顶部菜单栏的"帮助"—"下载WxBit助手"即可下载安装。安装好后点击扫描二维码连接,再点击菜单栏的"预览"—"WxBit助手",用手机摄像头对准电脑屏幕上弹出的连接二维码即可连接。连接完成后,制作的应用就能在手机上运行了,你在组件设计视图或逻辑设计视图中作任何修改,测试设备上的应用都将随之发生改变。

(三)一键开关:增加背景图片

【实验】

问题:单击"一键开关"按钮时,能否增加显示"开""关"两种状态的图片?

思考:当"一键开关"按钮显示"开"时,单击后,会显示"LightOn.jpg"图片。当"一键开关"按钮显示"关"时,单击后,会显示"LightOff.jpg"图片。

观察:

(1)分析问题。

为"一键开关"按钮增加显示图片的功能。

(2)界面设计。

单击"组件列表"右侧的"素材列表",添加所需显示的图片素材(图片文件名不能为中文)。应用界面的参考设计如下。

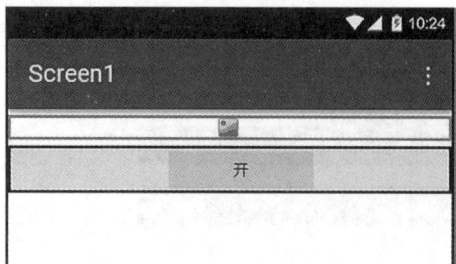

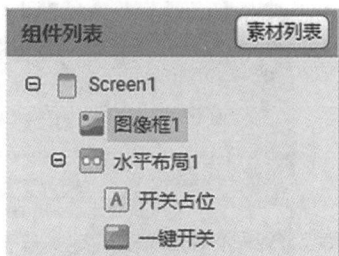

所使用的组件及属性设置如下。

组件名称	组件类别	作用	属性设置
图像框1	图像框 （用户界面）	显示静态图像	宽度为充满，高度70% 默认图片为LightOn.jpg

（3）设计算法。

当开关按钮被点击时，显示"LightOn.jpg"图片。当再次被点击时，显示"LightOff.jpg"图片。

（4）编写程序。

进入逻辑设计，参考下图编写程序（显示的图片名必须写扩展名）。

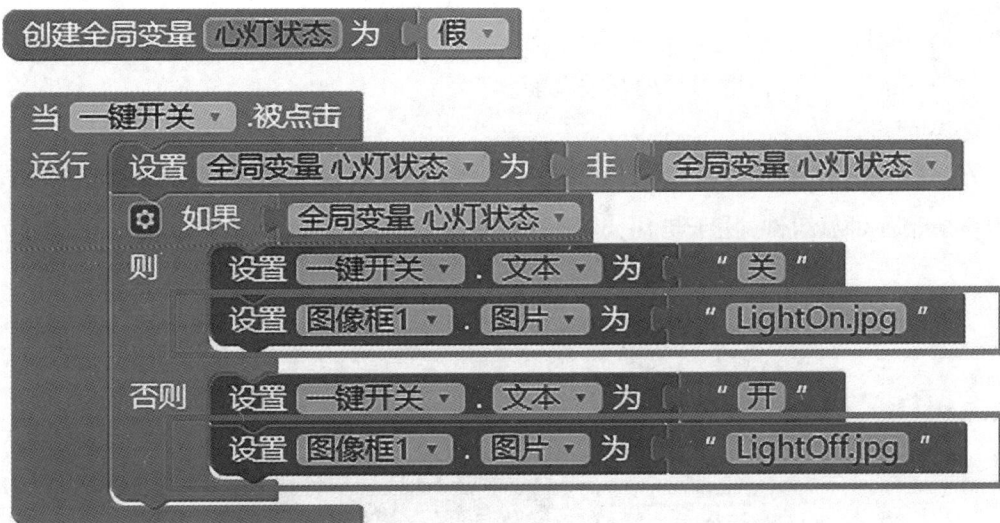

（5）运行调试。

使用"WxBit助手"，在手机上进行调试。

拓展

Blynk API

Blynk为了让第三方设备也能访问其项目，提供了开放API，这可以让我们更加灵活地访问或者控制我们的物联网项目，这里仅介绍blynk虚拟管脚的数据修改API。

数据修改API的格式为http://blynk-cloud.com/auth_token/update/pin?value=value。这里的blynk-cloud.com是blynk服务器的地址，auth_token是对应项目的授权码，pin是想要修改的虚拟管脚，value是想要修改的值。

Blynk API的工作原理示意图如下。

(四) 一键开关：实现远程开关

实验

问题：如何实现单击"一键开关"按钮时就能远程控制"智能心灯"？

思考：当"一键开关"按钮显示"开"时，单击后，连接Blynk服务器，远程打开智能心灯。当"一键开关"按钮显示"关"时，单击后，连接Blynk服务器，远程关闭"智能心灯"。

观察：

(1) 分析问题。

为"一键开关"按钮增加远程开关功能。

(2) 界面设计。

在通信连接中，新增"HTTP客户端"组件，并更改组件名为"HTTP客户端一键开关"。该组件属于不可见组件，用于与Blynk服务器通信。

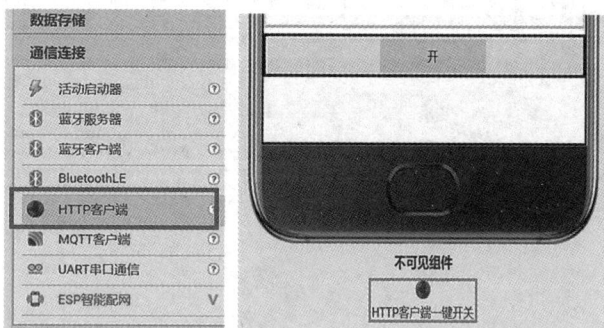

"一键开关"HTTP客户端组件设置如下所示。

组件名称	组件类别	作用	属性设置
HTTP客户端	HTTP客户端(通信连接)	用于发送HTTP的GET、POST、PUT及DELETE请求	更改组件名为：HTTP客户端一键开关

(3) 设计算法。

当开关按钮被点击时，发送"开"(值为1)或者"关"(值为0)请求给Blynk服务器，Blynk服务器修改虚拟管脚(本案例中为V5)的值，使其与"开""关"的值同步。并将相关状态信息反馈回App端。

(4)编写程序。

进入逻辑设计,编写程序。我们需要设置HTTP客户端的网址格式为:

http://blynk.mixly.org:8080/授权码/update/虚拟管脚?value=虚拟管脚状态

文字部分需要根据Blynk项目的具体参数来修改。由于授权码重复使用的次数较多,可以创建全局变量"授权码",在"合并文本"程序块中使用。

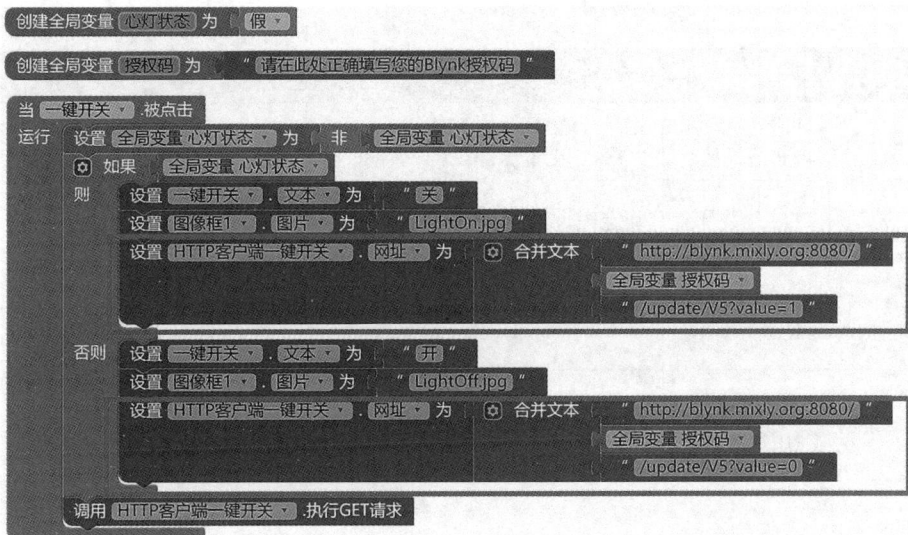

(5)运行调试。

使用"WxBit助手"在手机上进行调试。

三、掌控心灯

(一) 亮度滑动条的实现

实验

问题:如何实现拖动滑动条就改变"智能心灯"的亮度?

思考:增加水平滑动条,左右滑动改变亮度。

观察:

(1)分析问题。

为App增加远程亮度调节功能。

(2)界面设计。

使用水平布局,将标签和水平滑动条放置在水平布局中,调整合适的比例(参考下面图表)。在通信连接中,新增HTTP客户端组件,并更改组件名为"HTTP客户端亮度"。

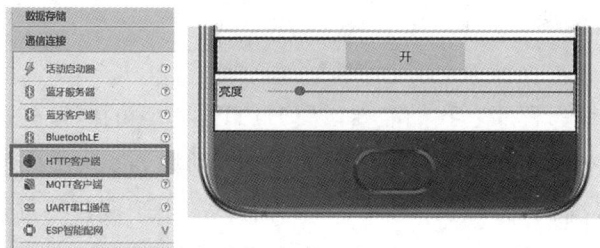

亮度调节所需组件及设置如下所示。

组件名称	组件类别	作用	属性设置
HTTP客户端	HTTP客户端 (通信连接)	用于发送HTTP的GET、POST、PUT及DELETE请求	更改组件名为：HTTP客户端亮度
水平布局2	水平布局 (界面布局)	确定组件排列位置	宽度：充满 高度：30像素
标签2	标签 (用户界面)	显示文字：亮度	重命名为：亮度标签 文本：亮度 宽度：10%
水平滑动条1	水平滑动条 (用户界面)	控制亮度的调节	最大值：255 最小值：5 宽度：90%

(3)设计算法。

左右滑动滑块时，取滑块所在位置的值，发送给Blynk服务器，Blynk服务器修改"亮度"虚拟管脚(本案例中为V4)的值，使其与滑块所在位置的值同步，并将相关状态信息反馈回App端。由于滑块的位置是变化的，要实现同步修改，必须使用变量。

(4)编写程序。

进入逻辑设计，编写程序。亮度的虚拟管脚为V4，value为变量"滑块位置"。新增程序代码如下图所示。

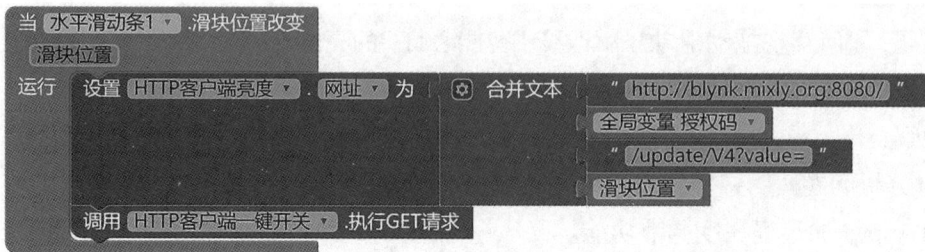

(5)运行调试。

使用"WxBit助手"在手机上进行调试。

（二）颜色滑动条的实现

实验

问题：如何实现拖动滑动条就改变智能心灯的颜色？

思考：增加水平滑动条，左右滑动改变颜色。

观察：

（1）分析问题。

为App增加远程颜色调节功能。

（2）界面设计。

使用水平布局，将标签和水平滑动条放置在水平布局中，调整合适的比例（参考以下图表）。在通信连接中，新增3个HTTP客户端组件，分别改名为"HTTP客户端R""HTTP客户端G""HTTP客户端B"。

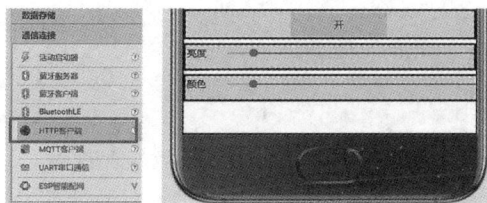

"颜色调节"所需组件及设置如下所示。

组件名称	组件类别	作用	属性设置
HTTP客户端	HTTP客户端（通信连接）	用于发送HTTP的GET、POST、PUT及DELETE请求	更改组件名为：HTTP客户端R
HTTP客户端	HTTP客户端（通信连接）	用于发送HTTP的GET、POST、PUT及DELETE请求	更改组件名为：HTTP客户端G
HTTP客户端	HTTP客户端（通信连接）	用于发送HTTP的GET、POST、PUT及DELETE请求	更改组件名为：HTTP客户端B
水平布局3	水平布局（界面布局）	确定组件排列位置	宽度：充满 高度：30像素
标签3	标签（用户界面）	显示文字：颜色	重命名为：亮度标签 文本：亮度 宽度：10%
水平滑动条2	水平滑动条（用户界面）	控制颜色的调节	最大值：255 最小值：5 宽度：90%

（3）设计算法。

左右滑动滑块时，取滑块所在位置的值，发送给Blynk服务器，Blynk服务器修改颜色分量R、G、B的虚拟管脚(本案例中分别为V0、V1、V2)的值,并将相关状态信息反馈回App端。需要注意的是,我们只有一个滑动条,却要修改三个虚拟管脚,所以,我们要把滑块所在位置的值,通过计算变成三个值,以分别对应三个虚拟管脚V0、V1和V2。

(4)编写程序。

进入逻辑设计,编写程序。

```
创建全局变量 R 为 0
创建全局变量 G 为 0
创建全局变量 B 为 0

定义函数 调用颜色
  运行  设置 HTTP客户端R . 网址 为  合并文本  "http://blynk.mixly.org:8080/"
                                        全局变量 授权码
                                        "/update/V0?value="
                                        全局变量 R
        设置 HTTP客户端G . 网址 为  合并文本  "http://blynk.mixly.org:8080/"
                                        全局变量 授权码
                                        "/update/V1?value="
                                        全局变量 G
        设置 HTTP客户端B . 网址 为  合并文本  "http://blynk.mixly.org:8080/"
                                        全局变量 授权码
                                        "/update/V2?value="
                                        全局变量 B
        调用 HTTP客户端R . 执行GET请求
        调用 HTTP客户端G . 执行GET请求
        调用 HTTP客户端B . 执行GET请求

创建全局变量 颜色中间变量 为 0
当 水平滑动条2 . 滑块位置改变
  滑块位置
  运行  如果      滑块位置 < 85
        则  设置 全局变量 颜色中间变量 为 滑块位置
            设置 全局变量 R 为  全局变量 颜色中间变量 × 3
            设置 全局变量 G 为  255 - 全局变量 颜色中间变量 × 3
            设置 全局变量 B 为 0
        否则,如果  滑块位置 < 175
        则  设置 全局变量 颜色中间变量 为  滑块位置 - 85
            设置 全局变量 R 为  255 - 全局变量 颜色中间变量 × 3
            设置 全局变量 G 为 0
            设置 全局变量 B 为  全局变量 颜色中间变量 × 3
        否则  设置 全局变量 颜色中间变量 为  滑块位置 - 170
            设置 全局变量 R 为 0
            设置 全局变量 G 为  全局变量 颜色中间变量 × 3
            设置 全局变量 B 为  255 - 全局变量 颜色中间变量 × 3
        调用 调用颜色
```

(5)运行调试。

用"WxBit 助手"在手机上进行调试。

（三）App 优化及导出

(1)测试一下，你的 App 还有什么不足之处，有没有想到解决的方法呢？

(2)点击"Screen1"，在组件属性区对自己的 App 做一些个性化设置，然后导出为 Android 应用包(APK 文件)，就可以下载安装到手机上了。

(3)和你最初设想的 App 相比，现在制作出来的 App 有哪些设计实现了？有哪些设计还没有实现？

我们目前只学习了 AI2 最基础的功能。如果你还有更好的设计创意，也可以尝试通过 AI2 来实现。期待你在未来有更多积极的探索！

（四）组装完成

现在只差最后一步，你的物联网创客作品就能完成了，赶快行动吧！下图为外壳组装步骤。

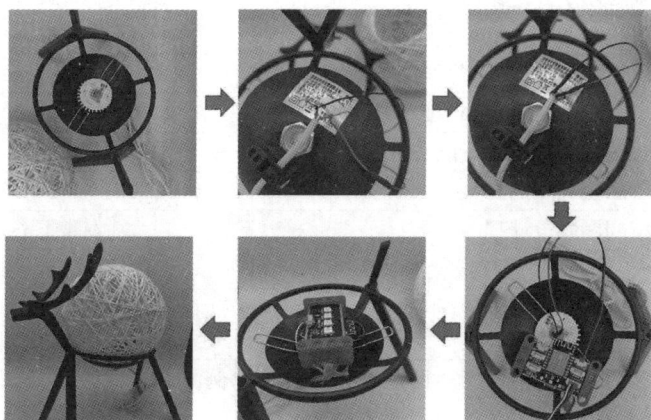

![分享与交流]

各小组根据所确定的项目方案，结合本课所学的知识，进一步完善该项目方案中的各项学习活动，制作完整 App。

各小组将本组的项目成果在班级进行讨论、展示交流，共享创造，分享成果。

![总结与评价]

利用项目活动评价表，开展项目学习活动评价，并对项目进行拓展，填入项目活动评

价表(第三阶段)。

根据自己的表现,给对应的☆涂上颜色。

类别	内容	评价
操作技能	我能用QQ号登录AI2 WxBit汉化增强版	基本掌握☆ 熟练运用☆☆
	我能根据需要切换WxBIt汉化增强版的组件设计界面和逻辑设计界面	基本掌握☆ 熟练运用☆☆
	我能设置屏幕(Screen)属性	基本掌握☆ 熟练运用☆☆
	我能在屏幕(Screen)中添加水平布局并设置属性	基本掌握☆ 熟练运用☆☆
	我能在水平布局中添加标签、按钮、水平滑动条、Http客户端等组件	基本掌握☆ 熟练运用☆☆
	我能根据需要正确设置组件的属性	基本掌握☆ 熟练运用☆☆
	我能在屏幕(Screen)中添加图像框并正确设置属性	基本掌握☆ 熟练运用☆☆
	我能通过素材列表上传素材并进行管理	基本掌握☆ 熟练运用☆☆
	我能将项目文件导出为APK安装包	基本掌握☆ 熟练运用☆☆
	我能组装完整的作品	基本掌握☆ 熟练运用☆☆
编写程序	我能在WxBit中声明全局变量	基本掌握☆ 熟练运用☆☆
	我能从具体组件中选择正确的程序块	基本掌握☆ 熟练运用☆☆
	我能自定义函数并正确调用	基本掌握☆ 熟练运用☆☆
	我能正确运用条件分支语句	基本掌握☆ 熟练运用☆☆
	我能通过编程调整App的外观(界面)	基本掌握☆ 熟练运用☆☆
	我能正确使用"合并文本"程序块	基本掌握☆ 熟练运用☆☆
	我能理解WxBit调用Blynk程序修改API的原理	基本理解☆ 熟练运用☆☆
	我能通过编程远程控制智能心灯	基本掌握☆ 熟练运用☆☆
	我能理解示例程序的含义	基本理解☆ 完全理解☆☆
	我能分析问题并设计程序	基本掌握☆ 熟练运用☆☆
项目学习	我和队友一起制订、完善了本阶段的项目计划书	基本完成☆ 完成质量高☆☆
	我和队友一起,根据本阶段项目计划书完成了项目任务	基本完成☆ 完成质量高☆☆
	我和队友在完成项目任务时,能在完成程序示例的基础上,做出合理的调整	基本完成☆ 完成质量高☆☆
	我和队友在完成项目任务时,能积极解决项目任务中的问题	能发现问题☆ 发现问题并解决☆☆
	我和队友在完成项目任务过程中,能主动尝试、交流,表达自己的意见	敢于尝试、表达☆ 主动尝试、积极表达☆☆
	我和队友能做到合理分工,相互配合	有分工,能配合☆ 分工明确,配合默契☆☆

你还有其他的收获吗? 请填入下表,每填一项加一颗☆

内容	加星
	☆
	☆
	☆

在本项目第三阶段的学习中,我一共获得了_____颗☆,累计获得了_____颗☆

"心空互联"课程标准说明

课程学时:450分钟
课程模块:3个
课程类型:综合实践活动课程

一、课程的定位与设计思路

(一) 课程的定位

"心空互联"是重庆市巴南区教育综合实践中心2020年中央专项彩票公益金支持未成年人校外教育项目中学劳动(科创)课程的子课程,是一门综合实践活动课程。以正式颁布的《大中小学劳动教育指导纲要(试行)》为依据,在体现初中阶段劳动教育基本理念、内容标准的基础上,落实服务性劳动教育相关内容,让学生利用知识、技能等为他人和社会提供服务,在公益劳动、创意劳动中强化社会责任感。

课程主要讲述使用慧编程、Makeblock电子零件、OBLOQ模块、App Inventor等,设计制作一系列关注"空巢"老人居家安全的作品。通过各项目的开发,提供充分的实践机会,指导学生主动探索解决问题的方法,促进学生发展主动学习的能力,让学生在做中学、自主学。

(二) 课程的设计思路

随着人口老龄化速度的加快,以及外出打工的年轻人越来越多,"空巢"老人的数量也快速增长,对家庭和社会都造成巨大影响。由于年龄的增长,老年人的生理机能也在逐渐衰退,独居过程中时常发生安全问题引发悲剧,本课程将通过传感器、物联网、人工智能等技术为"空巢"老人提供家居安全保障,避免老人外出忘记关门、忘记带钥匙和不能及时发现燃气泄漏问题的发生,如同子女陪护在家中父母身边。

本课程分为3个模块,每个模块都围绕着独居老人居家安全问题进行项目设计,认知与实践体验相结合,内容涵盖人工智能、物联网、手机应用开发等前沿技术的应用。通过本项目的学习和实践,学生能够对物联网和人工智能有初步的认识,熟悉慧编程5和App Inventor 2的功能与使用方法,引导学生利用所学的技术去解决"空巢"老人的居家安全问题,提高老人生活的安全性和便利性。

二、课程教学目标

名称	教学目标
知识目标	初步认识什么是机器学习；了解物联网的基础知识；掌握物联网通信的原理；了解App的开发流程；了解天然气可能存在的安全隐患
能力目标	掌握使用慧编程配合Makeblock硬件解决实际问题的方法；掌握Easy IoT平台的使用方法；掌握使用OBLOQ模块与物联网平台通信的方法；掌握利用Wxbit平台开发手机App的方法；掌握MQTT客户端组件的使用方法；掌握气体传感器的使用方法
素质目标	培养学生协同合作的团队精神；培养学生用自己所学的知识和技术为他人和社会提供服务的意识；增强学生为老服务的意识

三、课程内容、要求及过程评价

根据模块设计，确定课程内容和要求，阐述学生应获得的知识和技能，以及能力与核心素质。

模块名称	课题名称	知识和技能	能力和核心素养	建议学时	评价
智慧门锁	机器学习	1.了解人工智能的概念及机器学习识别物体的原理。2.能正确使用慧编程的机器学习拓展训练预测模型	会使用循环、判断、机器学习积木来实现"人脸识别"功能	1	
	人脸识别门锁	能正确连接硬件，添加创客平台拓展，实现通过四按键模块控制9G舵机	能添加上传模式广播拓展，实现人脸识别门锁功能	1	
	物联网通信	1.了解物联网的工作原理和日常应用。2.学会使用Easy IoT平台，获取Iot_id、Iot_pwd及Topic	能正确使用OBLOQ模块连接物联网，并进行通信	1	
一手掌控	初识App Inventor	1.了解App的相关知识。2.会使用AI伴侣调试自己制作的App	1.能使用各类别的组件搭建简单的App界面。2.能完成简单的App程序逻辑编写	1	
	状态显示	1.了解MQTT协议的通信过程。2.掌握MQTT客户端组件的使用方法，能正确设定组件属性	1.能设计并使用各类组件搭建物联网App界面。2.能使用MQTT客户端组件分类中的各积木编写程序逻辑	1	

（续表）

模块 名称	课题 名称	知识和技能	能力和核心素养	建议 学时	评价
一手 掌控	联动开关	1.了解MQTT客户端组件中发布积木的作用。 2.能调用MQTT客户端组件将特定消息发送到物联网平台	能使用慧编程处理从物理网平台接收到的消息,根据消息内容完成不同的动作	1	
安全 卫士	智能检测	1.了解天然气可能存在的安全隐患。 2.能正确添加创客平台拓展,掌握气体传感器、LED灯模块控制积木	能正确连接可燃气体检测系统硬件,会使用循环、判断及气体传感器、LED灯模块控制积木来实现"可燃气体超限警示"功能	1	
	联动开窗		能正确连接硬件,通过编写程序实现联动开窗功能	1	
	实时报警		1.会使用OBLOQ模块和Easy IoT平台,将气体传感器读数发送至物联网平台。 2.会使用MQTT客户端组件获取物联网平台数据,能编写程序判断可燃气体浓度是否超限并进行警示	1	

四、课程实施和建议

(一) 课程的重点、难点及解决办法

1.教学重点:

(1)理解机器学习识别物体的原理。

(2)掌握使用慧编程配合Makeblock硬件解决实际问题的方法。

(3)掌握使用OBLOQ模块与物联网平台通信的方法。

(4)了解App的开发流程。

(5)掌握利用Wxbit平台开发手机App的方法。

(6)掌握MQTT客户端组件的使用方法。

(7)掌握气体传感器的使用方法。

2.教学难点:

(1)物联网通信原理。

(2)使用OBLOQ模块与物联网平台通信的方法。

(3)MQTT 客户端组件的使用方法。

(4)如何使用慧编程处理从物联网平台收到的消息。

本课程的重点内容主要涉及到本课程的基本概念、基本方法和基本应用,应辅以实际案例加强理解,并以思考题的形式加以强化;本课程的难点部分涉及物联网相关的理论知识、较复杂的组件应用,应当以动画等多媒体形式辅助学生理解,在讲授中要深入浅出。在必要时,还要根据学生的具体情况在内容上进行适当取舍。

(二) 教学方法和教学环境

1.教学方法。

本课程的每个模块均包含了一个项目范例,教师围绕"情境—主题—规划—探究—实施—成果—评价"的项目范例主线开展教学活动。学生围绕"项目选题—项目规划—探究活动—项目实施—成果交流—活动评价"的项目学习主线开展学习活动。

2.环境支持。

(1)软件环境:

名称	说明
慧编程5	编程软件(需注册账号)
Easy IoT	物联网平台(需使用手机号注册账号)

(2)教学环境:

名称	说明
无线网络	2.4Ghz信号,连接OBLOQ模块
极域电子教室	电子教室软件,用于授课时屏幕广播

(三) 教学模块选择建议

模块 1+2;模块 1+2+3。

第八单元 心空互联

第一课 智慧门锁

国家统计局的数据显示，截至2019年，中国65岁及以上人口比重已达到12.57%。民政部预测2021—2025年，中国65岁以上老人数量将超过14%，从轻度老龄化迈入中度老龄化。同时，外出打工的年轻人越来越多，"空巢"老人数量也快速增长，如何保障老人独居时的安全已经成为每个"空巢"老人家庭乃至整个社会需要面对的难题。

随着科技迅速进步，传感器、物联网技术不断发展，"智能识别、万物互联"得以实现。"心空互联"项目将充分利用各种传感器，以及物联网、人工智能等技术为"空巢"老人提供居家安全保障，避免老人外出忘记关门、忘带钥匙和不能及时发现燃气泄漏等问题的发生，将我们的关心跨越空间的限制，时刻陪护在家中老人的身边。

情景与任务

住在小镇上的张大爷今年72岁了，老伴两年前因病去世，家里还有一个独生子张明。张明大学毕业后就留在了省城打拼，后来在城里结婚生子，再加上工作忙碌，只有春节才能回家一次。张大爷身体状况不是特别好，尤其到了阴雨天气的时候经常腰酸背痛，很多家务事都要自己一个人打理，生活十分艰难。同时随着年龄的增长，张大爷的记忆力也逐渐减退，出门经常忘记带钥匙。作为一名热心的初中生，你能否利用你手中的创客工具，帮助这位"空巢"老人呢？

思考

现在市面上已经有非常多的指纹锁产品，这些产品适合老年人使用吗？

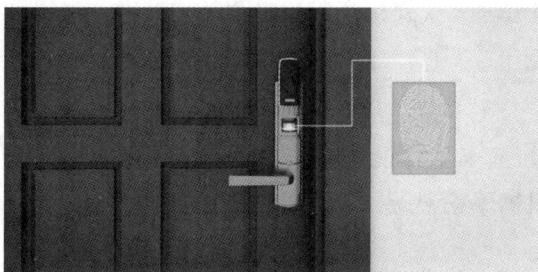

行动与体验 ··

一、知识准备

(一) 人工智能与机器学习

1. 人工智能。

2016年3月的围棋"人机大战",谷歌公司开发的AlphaGo以4∶1的比分战胜了围棋大师李世石,这场旷世对决让一个词进入了公众的视野——"人工智能"。

人工智能是计算机科学的一个分支,是研究计算机模拟人的某些感知能力、思维过程和智能行为(如学习、交流、推理、思考、规划等)的学科。

人工智能已经广泛应用于无人驾驶、机器视觉、人脸识别、语音识别、聊天机器人、机器翻译等领域。

思考

在我们身边有很多应用了人工智能的产品,你能举出一些例子吗?

拓展

人机博弈

棋类游戏是人类智慧的结晶,不论是跳棋、五子棋、象棋还是围棋,都有着相当大一部分爱好者。棋类游戏规则清晰,被人们认为是智力游戏,很早之前就受到人工智能界的重视,大量人工智能研究者投入到了不同棋类的人机博弈研究中。

最早被征服的是西洋跳棋,加拿大艾伯特大学的乔纳森·谢弗开发出的"奇努克"在1994年获得了西洋跳棋的世界冠军,它是第一台在棋类游戏项目上获得世界冠军的计算机。到1997年,IBM的计算机Deeper Blue击败了国际象棋世界冠军卡斯帕罗夫,成为人工智能历史上的标志性事件。至此,在棋类游戏领域,计算机几乎天下无敌——除了围棋。

2016年3月,由谷歌公司开发的AlphaGo与围棋世界冠军、职业九段棋手李世石进行围棋人机大战,以4∶1的成绩获胜;2016年末2017年初,该程序在中国棋类网站上以"大师"(Master)为注册账号与中日韩数十位围棋高手进行快棋对决,连续60局无一败绩;2017年5月,在中国乌镇围棋峰会上,它与排名世界第一的世界围棋冠军柯洁对战,以3比0的总比分获胜。围棋界公认阿尔法围棋的棋力已经超过人类职业围棋顶尖水平。

2. 机器学习。

学习能力是人类的基本生存能力,而一个系统是否具有学习能力已成为是否具有"智能"的一个标志,机器学习就是人工智能前沿的研究领域,它是实现人工智能的核心技术。

机器学习主要研究设计一些让计算机可以自动"学习"的算法,让计算机可以从数据中自动分析获得规律,并利用规律对未知数据进行预测。与传统的为解决特定任务的计算机程序不同,机器学习需要用大量的数据来"训练"算法,并且这个算法在训练的过程中会进行自我调整和改进。

机器学习目前最成功的应用领域是计算机视觉。

🌸 思考

你能根据下面这张计算机视觉原理图描述出计算机是怎么识别出一只猫的吗?

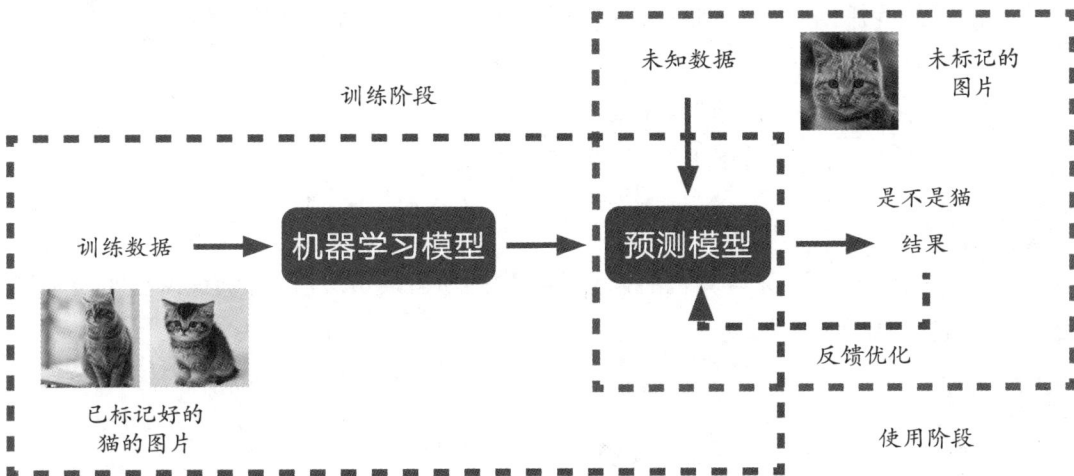

(二) 慧编程

慧编程是一款积木式编程软件,它不仅能让用户在软件中创作有趣的故事、游戏、动画等,还能对Makeblock体系、Arduino和micro:bit等硬件进行编程,同时它还融入了AI(人工智能)和IoT(物联网)等前沿技术。

慧编程的软件界面总共包含四个区域,菜单栏、舞台区、积木区、脚本区。

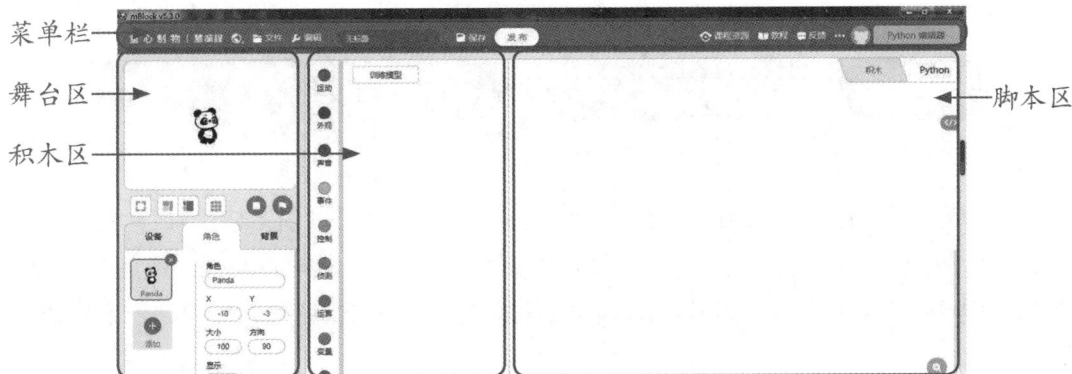

舞台区：呈现角色及作品效果，另外设备连接、上传程序、角色设置与背景设置等功能都在这个区域中。

积木区：提供编程所需的积木，可以按照分类及颜色查找需要的积木。

脚本区：程序的编写区域，可以将积木拖放到这个区域来编写程序。

菜单栏：切换中英文界面、打开和保存文件等功能。

二、机器学习

(一) 训练模型

使用机器学习的第一步是训练预测模型，在慧编程中训练模型的步骤如下：

(1) 将USB摄像头连接至电脑。

(2) 在角色拓展中添加机器学习扩展。

(3) 在添加的机器学习扩展中找到训练模型按钮。

实践

训练一个预测模型，让计算机能识别小组中的所有成员。注意，训练模型时要考虑到无物体出现的场景(空场景)。

思考

在训练预测模型时，是不是样本越多模型性能越好？

(二) 使用模型

在模型训练好以后，机器学习类别下就会有三个新积木，分别是识别结果、(某分类的)信心、识别结果为(某分类)。识别结果可以得到计算机认为它所看到的事物对应的分类，结果是一个字符串。通过(某分类的)信心可以得到计算机对于事物分类的信心，它是一个0到1之间的小数，可以利用信心来做更具体的判断。"识别结果为(某分类)"是一个判断条件，它可以得到图片是不是属于某个分类，结果为真或假。

识别结果　　主人▼ 信心　　识别结果为 主人▼ ?

在完成程序时你还可能用到的两种程序结构：循环结构与判断结构。

循环结构就是重复执行，它包含三种积木，分别是一直重复执行某些动作、重复执行某些动作n次、重复执行某些动作直到满足某一条件，它们在慧编程软件中的积木块如下所示。

判断结构包含两种积木，分别是如果某一条件发生，那么执行某些动作；如果某一条件发生那么执行某些动作否则执行其他动作。通过嵌套还可以实现更加复杂的判断。它们在慧编程软件中的积木块如下所示。

问题：人脸识别门锁的实现逻辑是什么？

思考：如何用循环、判断积木块来实现上述问题？

观察：解决上述问题有多种方法，下面提供其中一种：

（1）分析问题。

需让计算机识别摄像头拍摄到的画面，识别到是主人才打开大门，识别到不是主人的话，提示"请勿闯入"。

（2）设计算法。

当接收到开始信号的时候，重复执行识别程序，如果识别出的结果为"主人"分类，那么让舞台上的角色说"你好，欢迎回家"2秒，否则让舞台上的角色说"请勿闯入"2秒。

（3）编写程序。

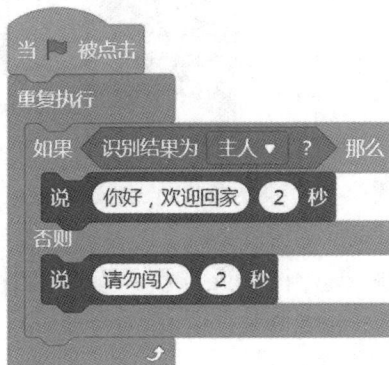

（4）运行调试。

点击舞台下方的绿旗进行测试。

交流

小组讨论、交流，以上程序有无可以改进的地方。

实践

用以上知识完成人脸识别门锁图形化编程。

三、开门装置

在实际生活中，所有的智能锁都保留了一个最原始的开门方式——钥匙。防止电子设备失效后无法开关门。因此为了实现智慧门锁，除了能自动识别以外，还需要一个能手动控制开关门的装置。

思考

实现开关门效果，需要用到哪些硬件设备？

(一) 连接硬件

开门装置需要使用一个Auriga主控板、一个9g舵机、一个RJ25适配器、一个四按键模块以及两个RJ25连接线。

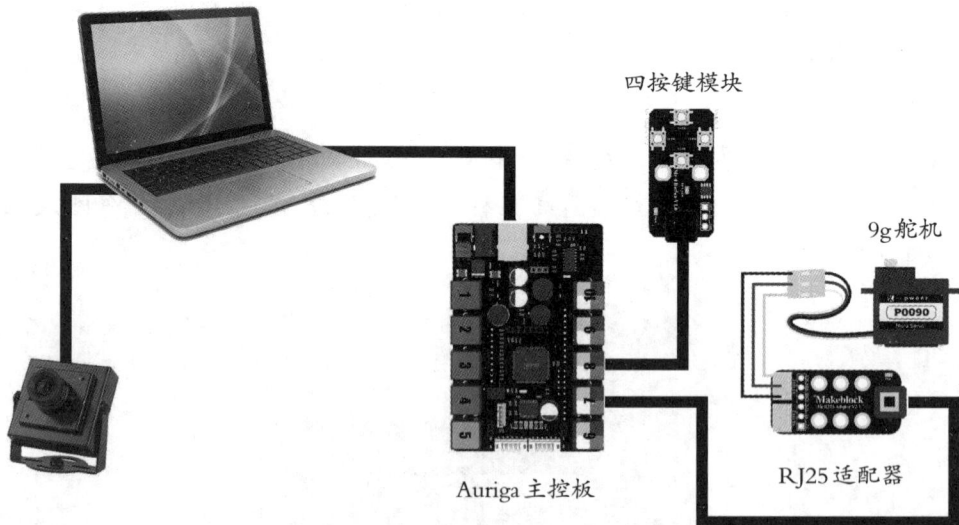

四按键模块
9g舵机
Auriga 主控板
RJ25 适配器

以Auriga主控板作为控制核心，控制9g舵机的运动，四按键模块作为控制信号输入（按按钮开关门）。9g舵机实际上起到马达的作用，不过它可以指定转到0°到180°之间的某一角度，适用于那些需要角度不断变化并可以保持的控制系统，9g舵机自带的3线接口需要通过RJ25适配器与Auriga主控板相连。四按键模块可直接通过RJ25连接线与Auriga主控板连接。

💬 **交流**

小组讨论、交流,是否可以更换四按键模块以及RJ25适配器的连接端口。

⚙️ **实践**

尝试按照开门装置硬件连接图连接硬件。

♻️ **拓展**

Auriga主控板介绍

Auriga主控板是由Makeblock公司开发的微控制器。Auriga主控上总共包含10个接口,其中1—4号为红色色标,为电机接口,可连接双电机驱动模块、步进电机驱动模块;5号为灰色色标,为硬串口,可连接其他主控板进行板间通信;6—10号为白、黄、蓝、黑四色组合色标,为单数字口、双数字口、I²C接口、单模拟&双模拟口的组合连接接口,可连接多种传感器以及显示设备,如超声波传感器、RGB模块、温湿度传感器、四按键模块、RJ25适配器等。

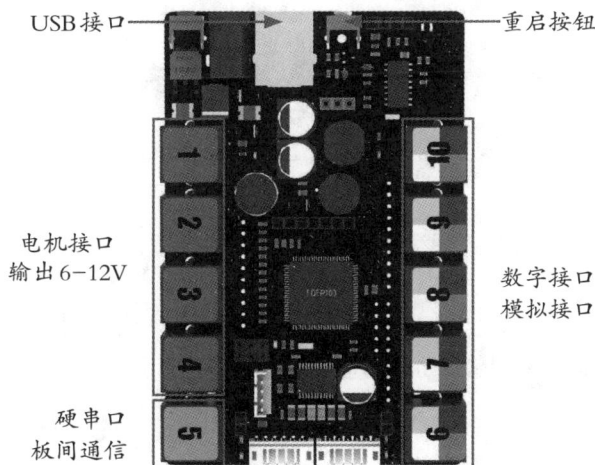

(二) 控制程序

9g舵机的控制以及四按键模块的检测积木都在创客平台拓展中,需要添加才能使用。舵机控制积木可以控制舵机旋转到一定角度,四按键模块检测积木则可以检测按键模块的某一按键是否被按下。

将主控接口7上接的1号电机角度设为90°。检测主控接口8上接的四按键模块的按键1是否按下。

🧩 舵机 接口7▾ 插头1▾ 角度 90 度   🧩 按键模块 接口8▾ 按键1▾ 被按下?

⚙ **实践**

慧编程中添加创客平台拓展。

问题:如何使用电子零件模拟钥匙开门?

思考:使用钥匙开门的方式为插入钥匙,旋转开门,在这里可以用按键来模拟钥匙,舵机带动门板旋转开门。

观察:

(1)分析问题。

用按键来模拟钥匙,按下一个按钮,舵机打开到一个角度,实现开门效果,按下另外一个按钮,实现关门效果。

(2)设计算法。

当主控器启动时,重复执行判断程序。如果四按键模块的按键1被按下,那么控制舵机转到开门的角度。如果是按键3被按下,那么控制舵机运行转到关门的角度。

(3)编写程序。

(4)运行调试。

上传程序到Auriga主控板进行测试。

⚙ **实践**

用以上知识为人脸识别门锁添加钥匙开关门功能。

💬 **交流**

小组讨论、交流,开关门的角度是否一定和样例程序一致?为什么?

四、人脸识别门锁

将人脸识别和程序控制的开关门装置组合起来就可以实现人脸识别门锁了。但是目前需要解决的问题就是硬件与软件之间的通信问题,即Auriga主控板如何通知角色启动人脸识别,角色人脸识别的结果如何反馈给Auriga主控板。

(一)上传模式广播

根据默认设置,处于"在线模式"下,舞台角色才能与设备进行互动,且设备通过USB线与电脑连接。如果想在"上传模式"下与舞台角色互动,需要使用上传模式广播。

添加方式：

(1)在角色下，点击积木区最下方的添加扩展按钮。

(2)选中设备下的mBot Ranger，点击积木区最下方的添加扩展按钮。

(二) 控制程序

问题：如何利用上传模式广播为Auriga主控板和舞台角色通信？

思考：Auriga主控板负责什么功能？舞台角色负责什么功能？它们需要沟通什么？

观察：

1.分析问题。

人脸识别门锁可以拆分为两个功能，Auriga主控板负责开关门，舞台角色负责人脸识别。由硬件设备告知舞台角色什么时候开始检测，舞台角色检测后再告诉硬件设备是否可以开门。

2.设计算法。

算法设计分为两个部分：硬件设备、舞台角色。

(1)硬件设备：当设备启动时，先把门设置为关闭状态(控制9g舵机)，然后等待按下四按键模块的按键1，按下后就通知舞台角色开始人脸识别(上传模式广播)。当接收到舞台角色发出的开门信号时，控制9g舵机将门打开。同时，应当考虑程序的复位问题，当硬件设备接收到重置信号时，恢复至等待按键按下的状态，等待四按键模块的按键1按下，按下后就通知舞台角色开始人脸识别。

(2)舞台角色：当接收到硬件设备发出的开始信号，启动人脸识别。按照常理，设备只会进行一段时间的人脸识别，这段时间没有识别到就不再进行识别，而不是启动后就一直进行人脸识别。所以，这里可以用有限次数的重复执行，把次数限定为10次，如果识别到是主人，就发出开门信号，每次检测完都等待1秒。10次都没有识别到的话，就发出重置信号。

3.编写程序。

人脸识别门锁硬件设备程序和舞台角色程序如下图。

4.运行调试。

上传程序到 Auriga 主控板进行测试。

⚙ 实践

用以上知识完善人脸识别门锁功能。

💬 交流

小组讨论、交流,以上程序有无可以改进的地方。

五、智慧门锁

为了让张大爷家更加安全,让远在省城的张明能够时刻了解家里的状况,还可以通过物联网模块 24 小时实时监测房间的房门开关状态。

(一) 物联网

物联网(IoT, Internet of Things)即万物相连的互联网,是在互联网基础上延伸和扩展的网络。它把各种物品与互联网相连接,进行信息交换和通信,实现对物品的智能化识别、监控和管理。互联网的终端是计算机(PC、服务器),而物联网的终端则延伸到了各种物品,通过嵌入式计算机系统及其配套的传感器与互联网相连。物联网可以让任何物体都能收到指令并加以执行。

✿ 思考

你知道市面上有哪些产品使用了物联网吗? 通过物联网,你可以做些什么?

(二) OBLOQ 模块与 Easy IoT 物联网平台

1.OBLOQ 模块。

OBLOQ 模块是 DFRobot 公司开发的一款基于 ESP8266 芯片的物联网通信模块,用以接收和发送物联网信息。你可以将 OBLOQ 模块看作一张特殊的"网卡",主控器插上这个"网卡",在 Wi-Fi 环境下就能和互联网互通数据了。

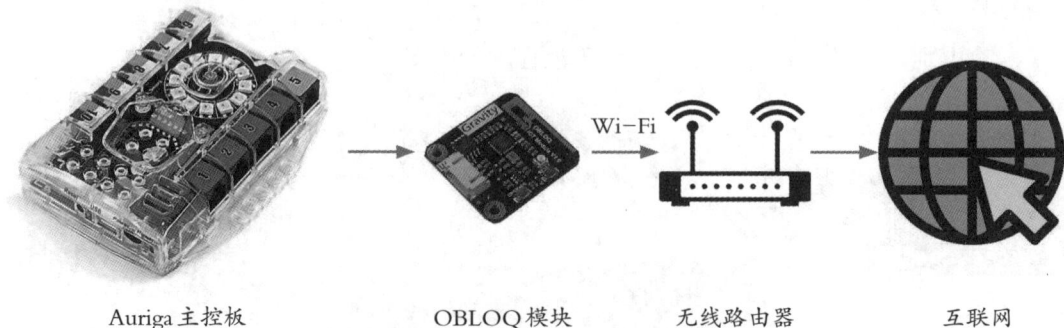

Auriga 主控板　　　　OBLOQ 模块　　　　无线路由器　　　　互联网

OBLOQ 模块使用的是 4Pin 连接线,无法直接连接在 Auriga 主控板上,需要使用

RJ25适配器(见下图)转换。在插接时,+接VCC,−接GND,T接S2,R接S1。

实践

将OBLOQ模块连接到Auriga主控板接口10上。

思考

4Pin连接到RJ25适配器上时线序是否能反接?为什么?

2.Easy IoT平台。

Easy IoT是DFRobot自主搭建的物联网平台,是存储各类传感器收集数据的仓库,其操作简单、容易上手。操作方法如下:

(1)打开Easy IoT平台,注册账号。

(2)点击"工作间",在工作间查看平台分配的用户名及密码。

(3)点击添加新的设备(添加自己的设备)。

实践

注册Easy IoT平台账号,新建一个设备,记录下用户名、密码以及设备的Topic。

拓展

物联网平台

物联网中存在着各类传感器,这些传感器会收集大量的数据,这些收集到的数据需要在一个地方进行存储、分析、显示,这个地方就是物联网平台。目前国内外已有多个成熟物联网平台,如:阿里云IoT物联网平台、腾讯云IoT物联网平台、百度物接入IoT Hub、Microsoft Azure IoT、Amazon AWS IoT等,但这些物联网平台都是面向专业开发人员的,操作复杂,上手困难。DFRobot自主搭建的物联网平台Easy IoT则相对简单,更容易上手。

（三）控制程序

OBLOQ模块是第三方硬件，所以需要额外添加设备拓展，方法如下：

（1）打开慧编程。

（2）找到"物联网扩展.mext"文件，将其拖入慧编程界面。

物联网拓展包含三个积木，分别是初始化、发送消息到物联网平台、接收物联网平台发送的消息。

初始化，需选择接口，填入Wi-Fi用户名、Wi-Fi密码、物联网平台账号和密码。

> Obloq初始化 接口 接口6 ▼ 无线网络名 ◯ wifi密码 ◯ iot_id ◯ iot_passwd ◯

将消息发送到某主题。

> 发送消息 ◯ 到主题 ◯

从某主题接收到消息时。

> 从主题 ◯ 接收到消息 ◯

问题：如何将门的状态信息发送至物联网平台？

思考：发送至物联网平台需要连接网络吗？应如何连接？什么时候发送消息？发送什么内容？

观察：

（1）分析问题。

消息需要连接网络才能发送，在使用初始化模块时需要知道Wi-Fi的用户名及密码，以及物联网平台的账号及密码。网络连接需要一定的时间，当舵机转到开门角度的时候就可以发送门打开的信息，而舵机转到关闭角度时则发送门关闭的信息。

（2）设计算法。

当设备启动时，对OBLOQ模块进行初始化，填入对应信息，连接到物联网平台，然后等待5秒（等待OBLOQ连接Wi-Fi，连接成功后OBLOQ模块的指示灯会变成绿色）。当接收到开门信号打开大门后，发送消息"opened"到主题。关门后发送消息"shutted"到主题。

（3）编写程序。

其中"wifi-ssid"处填入Wi-Fi用户名，"wifi-passwd"处填入Wi-Fi密码，"iot-id"处填入物联网平台的用户ID，"iot-passwd"处填入物联网平台的用户密码。

（4）运行调试。

上传程序到Auriga主控板进行测试，打开Easy IoT平台，点击对应主题的查看详情按钮查看收到的消息。

实践：用以上知识完成智慧门锁功能。

交流：小组讨论、交流以上程序有无可以改进的地方。

分享与交流

各小组根据所确定的项目方案，结合本课所学的知识，进一步完善该项目方案中的各项学习活动，如：

（1）制作人脸识别门锁。

（2）制作智慧门锁。

各小组将本组的项目成果在班级进行讨论、展示交流，共享创造，分享成果。

总结与评价

利用项目活动评价表，开展项目学习活动评价，并对项目进行拓展。

217

第二课 一手掌控

当手指划过屏幕，各式各样的手机App不断闪动，只要轻轻一点，缤纷多彩的网络世界跃然眼前。微信、淘宝、抖音、微博、美团，各式各样的App极大丰富了智能手机的功能，也让人们习惯于在手机上"掌控"自己的生活。

"一手掌控"将开发一款面向"空巢"家庭子女的手机App，老年人实现零佩带和零操作，通过智能硬件以及物联网模块，实时监测房间门的开启状况，实现如有异常变化就会将异常变化发送到子女的App提醒里。将父母的最新状况"放"进掌心，让子女对空巢老人从问寒问暖到知寒知暖。

情景与任务

张大爷学会使用智慧门锁以后，生活方便多了，远在城里的张明也能在物联网平台上查询到家里门的开关状态，但是张明又提出了一个新的需求：每次都要登录物联网平台太麻烦，如果能有一个手机App实时查看门的开关状态那就更好了。那么，我们能为他开发这样一个手机App。

行动与体验

一、知识准备

（一）安卓App

App是Application的缩写，手机App就是手机应用软件，主要指安装在智能手机上的软件。手机软件可以分为系统软件（操作系统）和应用软件两种。

操作系统是用户和手机硬件之间的接口，负责管理和控制手机硬件与软件资源，目前主流智能手机操作系统有两大阵营：安卓和iOS。

应用软件是为了满足用户的多样化需要而开发的功能性软件，它是系统软件的拓展。应用软件是基于操作系统开发的，安卓和iOS由于架构不同所以应用程序互不兼容。

思考

你在生活中常用哪些App，它们有什么样的功能？

（二）App Inventor 2开发平台

App Inventor 2是一个在线的安卓应用开发工具，以积木式编程的方法来开发安卓应用软件。相较于专业的安卓应用开发工具，App Inventor 2更加简单、易上手。在2010年7月，Google Lab推出了App Inventor，并于2011年8月公布了其源代码，到2012年，这个项目被移交到了麻省理工学院行动学习中心，此后推出了新版本App Inventor 2。

App Inventor 2基于浏览器进行开发，所以只需在电脑上打开浏览器，访问WxBit服务器(https://App.wxbit.com/)，即可快速开发一个安卓应用。这个安卓应用可以在你的手机、平板电脑抑或是安卓模拟器上运行。

⚙ 实践

尝试打开WxBit服务器并使用QQ账号登录。

二、第一个手机应用

(一)初识界面

一个应用软件的制作包括界面设计和程序逻辑编写两个部分，界面就是指我们能够直观看到的操作界面，程序逻辑则是指这个应用软件能够完成的功能。这两个部分在App Inventor编程环境中分别对应了两个不同的视图——组件设计和逻辑设计。通过右上角的按钮可以进行切换。

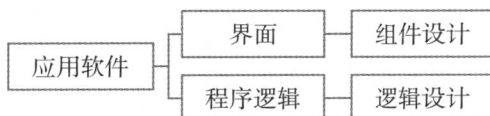

组件设计视图包含四个区域：组件选择区、工作区、组件列表区、组件属性区。

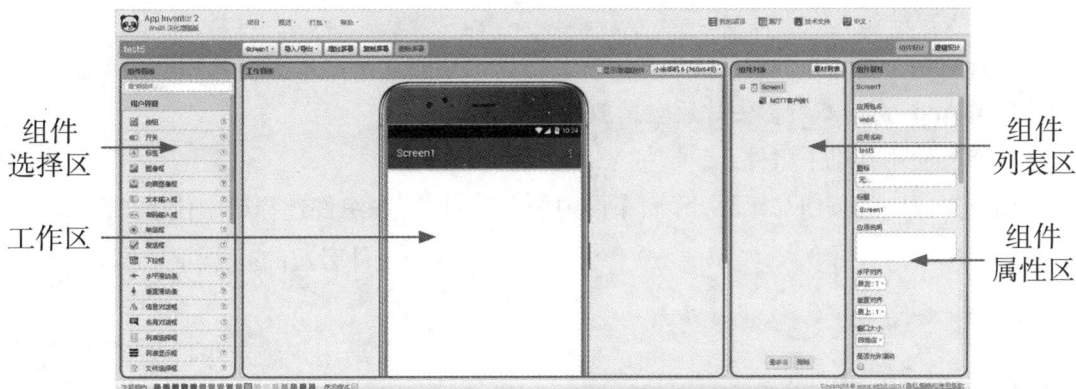

组件选择区：包含了可供选择的各类组件。该面板按类别划分为几个部分，默认情况下，只有用户界面(User Interface)组件可见，可以通过点击其他类别的标题，如Media(媒体)等，来查看其他组件。

工作区：用于放置应用中所需的组件，可以按照自己的喜好来安排这些组件。工作区只能粗略地显示应用的外观,要想看到应用的实际外观,可以将应用下载到测试设备上或使用模拟器。

组件列表区:组件列表中显示了项目中的所有组件,拖动到预览窗口中的任何组件都将显示在该列表中。在组件列表区右上角有个"素材列表"按钮,点击即可切换到素材管理,项目中需要用到的音频、图片、视频都可以在这里上传并进行管理。

组件属性区:属性即组件的各类特征,如长、宽、底色,是否显示文字等。在预览窗口中单击某个组件,在属性栏可查看和修改该组件的一系列属性,修改后在工作区会看到更改的效果。

逻辑设计视图包含两个区域:积木区和工作区(脚本区)。

积木区:提供编程所需的积木,可以按照分类及组件查找需要的积木。

工作区:程序的编写区域,可以将积木拖放到这个区域来编写程序。

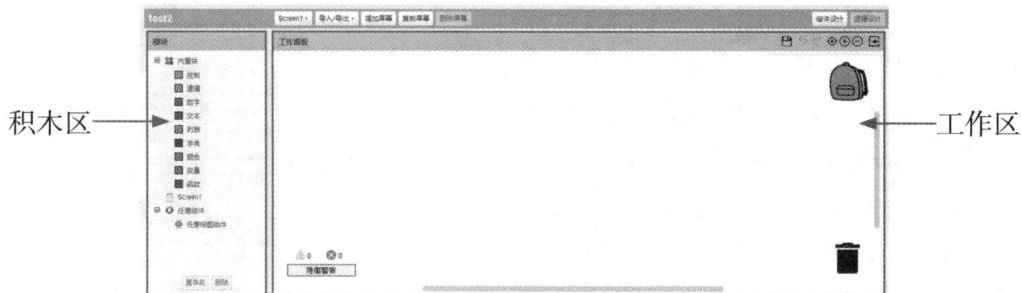

两个视图顶部都为功能区,主要功能包括项目管理、编译下载程序、添加删除屏幕等。

(二) 八音盒

八音盒是一种传统玩具,打开盒子就会播放悦耳的音乐。接下来我们就尝试制作一个八音盒App,点击八音盒图片后会播放悠扬的音乐。

可能会使用到以下组件:

用户界面中的按钮与标签,界面布局中的垂直布局,在组件选择区中位置如下图。

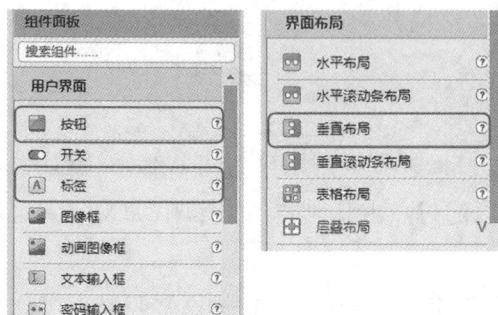

点击组件旁边的问号可查看此组件的功能。

垂直布局用于确定组件位置,它可以实现内部组件自上而下的垂直排列,最先加入的组件在顶部,后面的组件依次向下排列。

按钮用于触发特定事件,它可以感知用户的触碰。通过组件属性区的属性可以改变按钮的某些外观特性。

标签用于显示提示文字。用标签的文字属性来设置将要显示的文字，其他属性用来控制组件的外观及位置。

多媒体中的声音和振动用于播放声音文件，还可以使手机产生振动。在组件属性区可以设定要播放的音频文件。类似的音频播放组件还有音频播放器，只不过声音组件更适合于播放音效等短小的声音文件；而音频播放组件更适合于播放歌曲等较长的音频文件。在组件选择区中位置如下图。

问题：制作一个八音盒App。

思考：打开盖子后八音盒就会播放悠扬的音乐，打开盖子可以抽象为手机上的什么动作呢？

观察：解决上述问题有多种方法，下面提供其中一种。

（1）分析问题。

将按钮想象为八音盒，将按钮的背景图片设置为八音盒的图片，打开八音盒的盖子抽象为点击按钮操作，在上方加一个标签组件进行操作说明，声音和振动组件负责音乐的播放。为了让界面更美观，使用垂直布局组件，将其他组件都置于垂直布局组件中，并设置居中对齐。

（2）界面设计。

应用界面的参考设计如下。

所使用的组件及属性设置如下所示。

组件名称	组件类别	作用	属性设置
垂直布局1	垂直布局 （界面布局）	确定组件排列位置	水平对齐为居中 宽度为充满
标签1	标签 （用户界面）	提示信息	文本：点击八音盒播放音乐 字号：20
按钮1	按钮 （用户界面）	显示八音盒图片 点击触发播放事件	文本清空 宽度：320像素 高度：320像素 背景图片：八音盒图片
声音和振动1	声音和振动 （多媒体）	播放音乐	源文件：上传音乐文件

（3）设计算法。

当按钮被点击时，就让声音和振动组件播放。

（4）编写程序。

（5）运行调试。

使用"AI伴侣"进行调试。调试完成后，生成App，下载安装使用。

拓展

AI伴侣

在使用App Inventor 2开发应用的过程中，可以随时连接安卓设备，对应用进行测试，这样可以节省大量时间。AI伴侣是一款专门用于实时调试所开发应用的App，点击菜单栏的"帮助"→"下载AI伴侣"即可下载安装。安装好后点击扫描二维码连接，再点击菜单栏的"连接"—"AI伴侣"，用手机摄像头对准电脑屏幕上弹出的连接二维码进行连接。连接完成后制作的应用就会在手机上运行了，你在组件设计视图或逻辑设计视图中做任何修改，测试设备上的应用都将随之发生改变。

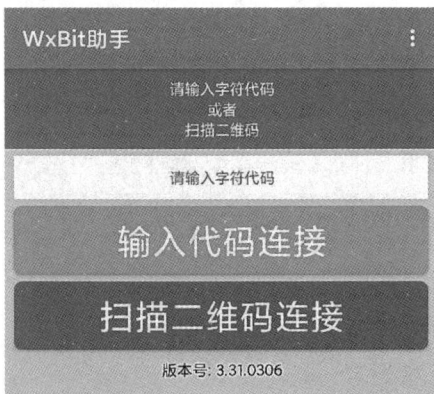

交流

小组讨论、交流，以上程序有无可以改进的地方？（尝试连续点击按钮，看看有什么样的效果。如果想增加一个摇晃手机，让八音盒发生振动，又该如何操作？）

实践

用以上知识完成制作八音盒App。

三、状态显示

有了上面的基础，现在我们就来完成一个能够实时显示家里的门的状态的App。

（一）MQTT协议

MQTT(Message Queuing Telemetry Transport)，即消息队列遥测传输协议，它是一种专门为在低带宽、不可靠的网络中远程传感器和控制设备通信而设计的协议，非常适合物联网通信,现今主流的物联网平台都支持该协议。

MQTT协议是一种基于发布/订阅模式的通信协议,在MQTT协议中有三种角色:发布者、代理、订阅者。其中发布者和订阅者都是客户端,而代理则是服务器。一个设备既可以是消息的发布者,同时也可以是订阅者。

思考

目前流行的共享单车智能锁也是基于MQTT协议运行的设备,什么时候它是发布者,而什么时候又是订阅者?

由MQTT协议传输的消息分为两个部分:主题和消息。主题可以理解为消息的类型,消息则是消息的具体内容,订阅者订阅某一主题以后就会收到该主题下的具体内容。

MQTT协议的通信过程如下图所示,发布者将特定主题的消息发送到代理,代理接收到消息后会检查有哪些订阅者订阅了这一主题,然后将消息发送给这些订阅者。

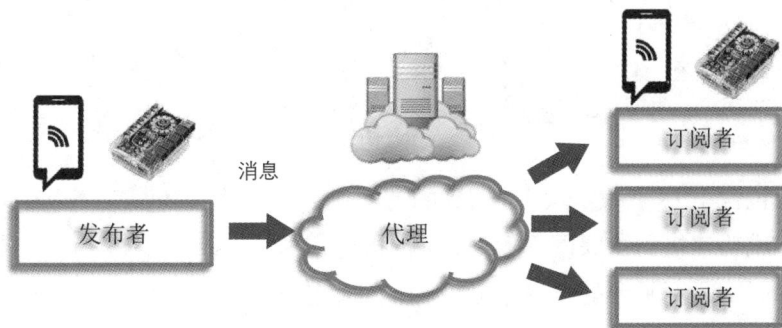

(二)App制作

本App可能会使用到以下组件:界面布局中的水平布局及表格布局,用户界面中的文本输入框。它们在组件选择区中位置如下图:

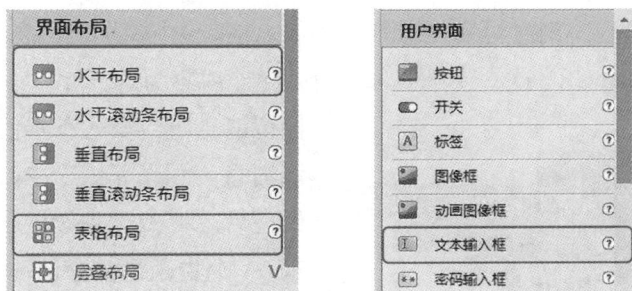

水平布局、表格布局与垂直布局同属界面布局组件,作用都是确定组件位置,水平布局组件可以实现内部组件自左向右地水平排列,而表格布局则是使内部组件按照表格方式排列。

文本输入框可以获取用户输入的文字。

另外,还有通信连接中的MQTT客户端。MQTT客户端用于与物联网平台进行通信,接收和发送消息。MQTT客户端的组件属性中有四条比较重要:服务器URI、客户端标识、用户名称和密码,这四条属性是连接物联网服务器的关键信息。服务器URI为物联网平台地址,Easy Iot平台的URI为:tcp://iot.dfrobot.com.cn:1883。客户端标识可填写任意数字,用户名称和密码填写物联网平台用户名及密码。

组件总共包含了28个积木块,常用到的有9个。

①当组件成功连接到物联网平台时,执行指定积木。

②当组件与物联网平台的连接中断时,执行指定积木。

③当组件成功收到消息时,执行指定积木,参数有两个:主题和消息(详细消息内容)。

④让组件连接物联网平台。

⑤让组件断开与物联网平台的连接。

⑥获取组件的连接状态,是否已经连接到物联网平台,返回布尔值。

⑦让组件将消息发布到某一主题。有四个参数需要填写,依次为:主题、消息内容、是否在服务器保留消息、消息可靠性级别。例如,向某一主题发送消息如下图这样填写。

意为向"cnlEABbGR"这一主题发布一条消息,内容为"open"。其中是否在服务器

保留消息应当填入布尔值,如果填入真,则该消息为保留消息,在该消息已经发布到代理后才订阅此主题的设备也会收到此消息,一个主题只会存储一条保留消息,新的会覆盖旧的;如果填入假,则该消息不是保留消息,在发送消息后才订阅主题的设备将不会收到此消息。消息可靠性级别填入0、1、2三个数字中的一个,一般填0。

⑧让组件订阅指定主题。

⑨让组件退订指定主题。

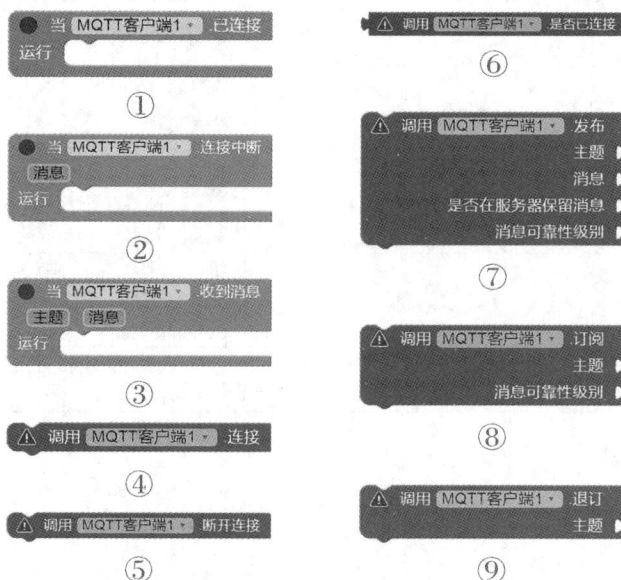

① 当 MQTT客户端1 ·.已连接 运行

② 当 MQTT客户端1 · 连接中断 消息 运行

③ 当 MQTT客户端1 · 收到消息 主题 消息 运行

④ 调用 MQTT客户端1 · 连接

⑤ 调用 MQTT客户端1 · 断开连接

⑥ 调用 MQTT客户端1 · 是否已连接

⑦ 调用 MQTT客户端1 · 发布 主题 消息 是否在服务器保留消息 消息可靠性级别

⑧ 调用 MQTT客户端1 · 订阅 主题 消息可靠性级别

⑨ 调用 MQTT客户端1 · 退订 主题

问题：编制一个能够实时显示张大爷家门的开关状态的App。

思考：如何让手机连接物联网平台？如何获取物联网平台上的数据？

观察：

(1) 分析问题。

MQTT客户端组件是与物联网平台通信的关键,设置好服务器URI、客户端标识、用户名称、密码这四条属性后,利用连接功能就可以连接到物联网平台。要获取物联网平台上的数据需要先使用订阅功能订阅某一主题,当该主题有消息推送时,就可以收到消息了。

(2) 界面设计。

应用界面的参考设计如下。

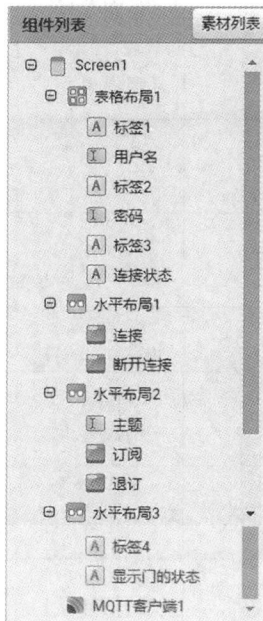

所使用的组件及属性设置如下。

组件名称	组件类别	作用	属性设置
表格布局1	表格布局 (界面布局)	确定组件排列位置	宽度为充满 列数：2　行数：3
标签1	标签 (用户界面)	提示信息	置于表格布局中第1行第1列 文本：用户名： 宽度：20%　高度：30像素
用户名	文本输入框 (用户界面)	获取用户名	置于表格布局中第1行第2列 提示：请输入用户名 宽度：75%
标签2	标签 (用户界面)	提示信息	置于表格布局中第2行第1列 文本：密码： 高度：30像素
密码	文本输入框 (用户界面)	获取密码	置于表格布局中第2行第2列 提示：请输入密码
标签3	标签 (用户界面)	提示信息	置于表格布局中第3行第1列 文本：连接状态： 高度：30像素
连接状态	标签 (用户界面)	提示信息	置于表格布局中第3行第2列 文本清空 高度：30像素
水平布局1	水平布局 (界面布局)	确定组件排列位置	水平对齐为居中 宽度为充满
连接	按钮 (用户界面)	点击连接物联网平台	置于水平布局1中 文本：连接 宽度：30%
断开连接	按钮 (用户界面)	点击断开与物联网平台的连接	置于水平布局1中 文本：断开连接 宽度：30%
水平布局2	水平布局 (界面布局)	确定组件排列位置	水平对齐为居中 宽度为充满
主题	文本输入框 (用户界面)	获取主题	置于水平布局2中 提示：请输入主题 宽度：45%
订阅	按钮 (用户界面)	订阅指定主题	置于水平布局2中 文本：订阅 宽度：25%
退订	按钮 (用户界面)	退订指定主题	置于水平布局2中 文本：退订 宽度：25%
水平布局3	水平布局 (界面布局)	确定组件排列位置	宽度为充满
标签4	标签 (用户界面)	提示信息	置于水平布局3中 文本：门的状态： 宽度：20%，高度：30像素
显示门的状态	标签 (用户界面)	显示门的开关状态	置于水平布局3中 文本清空 高度：30像素
MQTT客户端1	MQTT客户端 (通信连接)	连接物联网平台	服务器URI：tcp://iot.dfrobot.com.cn:1883 客户端标识：1

(3)设计算法。

首先需要用MQTT客户端组件连接到Easy IoT平台,平台URI和用户标识已在组件属性中进行预设,点击"连接"按钮,将使用者在用户名和密码文本输入框输入的文本作为MQTT客户端组件的用户名称和密码属性,然后调用MQTT客户端进行连接,点击"断开连接按钮"就让MQTT客户端组件断开连接。

当MQTT客户端组件已经连接时,让连接状态标签显示"连接成功",当MQTT客户端组件连接中断时,让连接状态标签显示"已断开连接"。

点击订阅或退订按钮就让MQTT客户端组件订阅或取消订阅指定主题。

最后,当MQTT组件收到消息时,将显示门的状态的标签的文本设置为获取到的消息。

(4)编写程序。

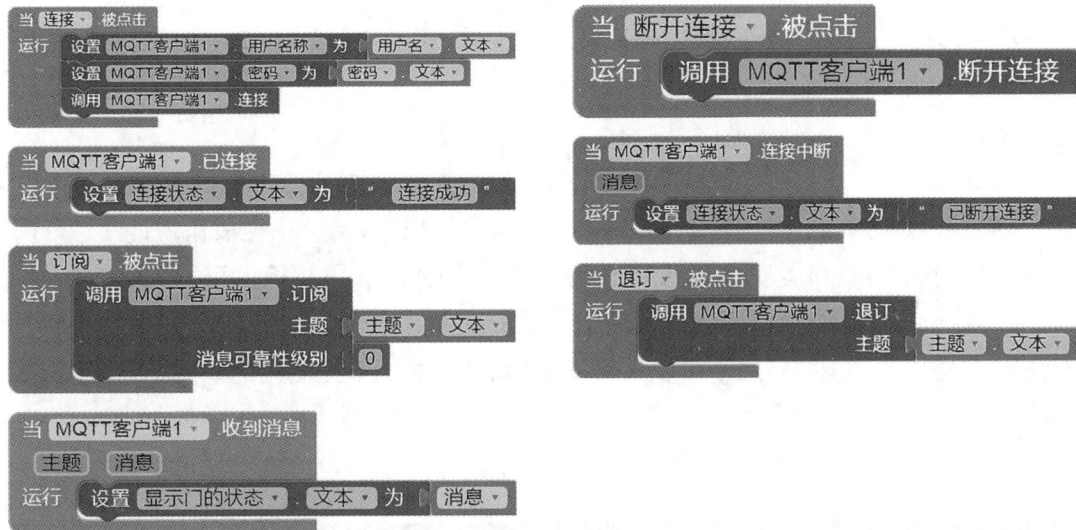

(5)运行调试。

使用"AI伴侣"进行调试。调试完成后,生成App,下载安装使用。

实践:用以上知识完成显示门的开关状态App。

交流:小组讨论、交流,以上程序有无可以改进的地方?（获取到的消息为"open"时是否可以显示为门已打开？或者直接显示一张门打开的图片？）

🔄 拓展

消息可靠性级别

消息可靠性级别即qos(Quality of Service),总共三个等级:qos0、qos1、qos2。qos0代表发布者发送的一条消息订阅者最多能收到一次,也就是尽力发送,如果失败就放弃;qos1代表发布者发送的一条消息订阅者至少能收到一次,也就是说发送消息时如果消息发送失败，会再次尝试发送直到订阅者收到消息为止，但是因为重传的原因订阅者有可能会收到重复的消息；qos2代表发布者发送的一条消息订阅者确保能收到而且只收到一次，也就是说发送消息时如果消息发送失败，会再次尝试发送直到订阅者收到消息为止，同时保证不会因为消息重传收到重复的消息。

四、远程开关

根据MQTT协议的特点，一个设备既可以是订阅者也可以是发布者，所以手机App除了能实时获取门的开闭状态信息以外，还可以控制开关门。下面我们就在显示门的状态App的基础上，增加控制开关门的功能。

（一）App制作

问题：如何为App添加控制开关门的功能？

思考：开关门需由Auriga主控板控制舵机执行，那么如何给Auriga主控发送开关门的信号？ Auriga主控获取到信号后将如何执行？

观察：

（1）分析问题。

App可以通过物联网平台发送信号给Auriga主控板，Auriga主控板作为订阅者订阅主题，由App作为发布者发送消息到指定主题，此时Auriga主控板就可以收到该消息。但为了避免与模块1中反馈门的开关状态消息的主题冲突，需要在Easy IoT平台新建一个设备(主题)，这个主题将用于接收手机发送的消息，并用于控制门的开关，点击添加新的设备图标即可。

Auriga主控板收到消息后，可以分析消息，再根据消息内容控制舵机运动即可。但是需要注意，在门为打开的状态下，收到开门消息时不需要开门，同理在门为关闭的状态下，收到关门消息时也不需要关门。

(2)界面设计。

在上一个App的基础上增加部分组件即可,应用界面的参考设计如下。

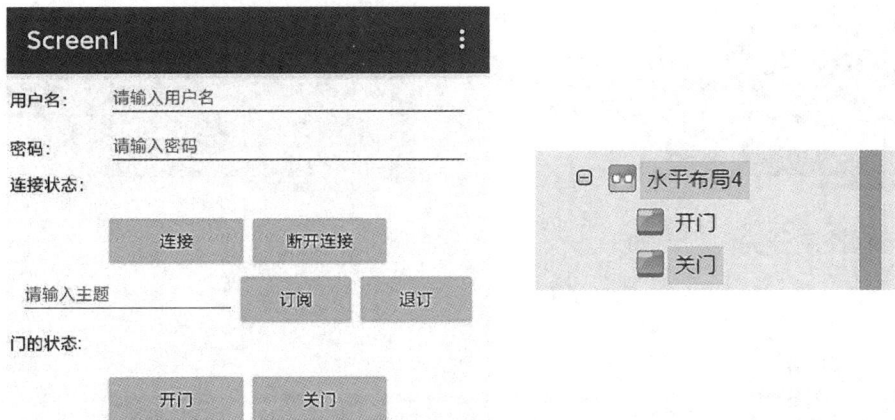

所需增加的组件及属性设置如下。

组件名称	组件类别	作用	属性设置
水平布局4	水平布局 (界面布局)	确定组件排列位置	水平对齐为居中 宽度为充满
开门	按钮 (用户界面)	点击发送开门消息	置于水平布局4中 文本:开门 宽度:30%
关门	按钮 (用户界面)	点击发送关门消息	置于水平布局4中 文本:关门 宽度:30%

(3)设计算法。

算法设计分为两个部分:App Inventor 2程序逻辑、慧编程程序。

①App Inventor 2:当点击开门按钮时,向新添加的主题发送消息"open";当点击关门按钮时,向新添加的主题发送消息"shut"。

②慧编程:在发送开始检测的上传模式广播的同时发送开始接收消息的上传模式广播;创建一个变量status用于保存门的状态,门打开以后就将status设为1,门关闭以后就将status设为0;当接收到开始接收消息的上传模式广播时,重复执行从主题接收消息,并创建一个变量message1用于保存消息内容,然后执行判断,如果门的状态为关闭(status等于0),并且消息内容中包含"open"时,让Auriga主控板亮起绿灯1秒,控制舵机开门,同时发送门的状态信息到物联网平台,将status设为1;如果门的状态为打开(status等于1),并且消息内容中包含"shut"时,让Auriga主控板亮起红灯1秒,控制舵机关门,同时发送门的状态信息到物联网平台,将status设为0。(注意:两个变量都需要在设备的变量中去新建)

（4）编写程序。

点击按钮发送开关门消息如下。

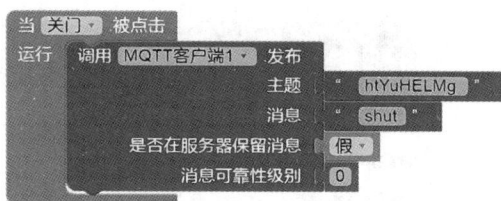

慧编程控制开关门程序如下。

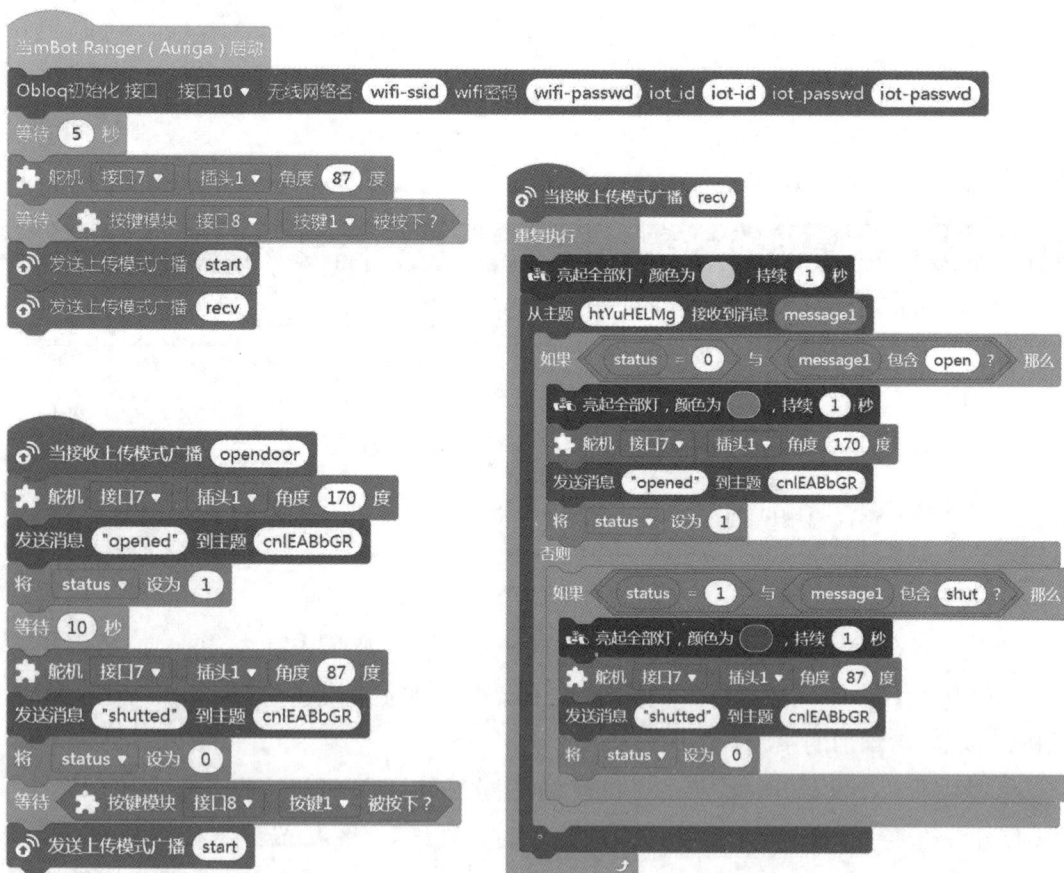

其中"wifi-ssid"处填入Wi-Fi名称，"wifi-passwd"处填入密码，"iot-id"处填入物联网平台的用户ID，"iot-passwd"处填入物联网平台的用户密码。

（5）运行调试。

使用"AI伴侣"进行调试。调试完成后，生成App，下载安装使用。上传程序到

Auriga主控板进行测试,打开Easy IoT平台,点击对应主题的查看详情按钮查看收到的消息。

实践

用以上知识完成控制开关门功能。

交流

小组讨论、交流以上程序有无可以改进的地方。

分享与交流

(1)各小组根据所确定的项目方案,结合本课所学的知识,进一步完善该项目方案中的各项学习活动,制作完整的一手掌控App。

(2)各小组将本组的项目成果在班级进行讨论、展示交流,共享创造,分享成果。

总结与评价

利用项目活动评价表,开展项目学习活动评价,并对项目进行拓展。

第三课 安全卫士

随着城镇化进程加快,燃气作为基础能源已逐渐成为人们生活中不可或缺的一部分,它为人们的生活带来了诸多便利,但同时也存在着诸如燃气爆炸、不完全燃烧引发一氧化碳中毒等安全隐患。据博燃网统计,2020年全年共发生燃气事故539起,其中,发生于居民住所的燃气事故有336起,约占据全年事故发生总数的63%。城市燃气安全事故已成为我国继交通事故、工伤事故之后的"第三大杀手"。

"空巢"老人遇到燃气泄漏会非常危险。"安全卫士"模块将制作一套安全卫士系统,检测到可燃气体超标后,能够发出警示,同时打开门窗。并且将警告消息发送至手机App,让手机也发出警示。

情景与任务

冬天来了,天气很冷,镇上都流行使用燃气烤火炉取暖,张大爷也去买了一个,安装师傅直接从天然气管道上接了一根软管连接到燃气烤火炉(见左图)上。张明知道后特别担心,前段时间才看到因为燃气泄漏没有及时发现而引发了火灾的新闻,万一这烤火炉的软管老化脱落,而张大爷没及时发现,导致燃气泄漏引发火灾,那可怎么办?劝了张大爷好几次,但是张大爷仍然在用。于是,张明只能退一步,希望我们能够开发一套能实时检测家里燃气情况的系统,这套系统要能在发生泄漏时开窗通风,并且发出警示并通知他。我们能帮他实现这个愿望吗?

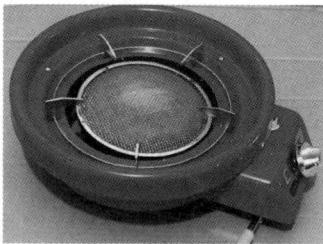

行动与体验

一、知识准备

(一)天然气泄漏的危害

天然气是埋藏在地下岩层中的多种气体的混合物,多在油田开采原油时伴随而出。主要成分是甲烷(CH_4),可燃,完全燃烧会生成二氧化碳和水。其本身无色无味,但是家用天然气为了能及时发现泄漏,会添加硫醇、四氢噻吩等来增加臭味。

天然气的主要成分甲烷对人生理无害,但有窒息作用,在空气中浓度达到10%左右时,可使人窒息死亡。在空气中浓度为5%—15%时,遇到火源就会发生爆炸。同时,天然气不完全燃烧将会产生一氧化碳，一氧化碳对人体危害极大，它与人体血红蛋白的结合力远比氧气与血红蛋白的亲合力高200到300倍，吸入过多会造成人体组织缺氧。一氧化碳中毒很难被人察觉，当人们意识到自己一氧化碳中毒时，往往为时已晚。因为支配人体运动的大脑皮质最先受到损害，中毒者头脑中仍有清醒的意识，也想打开门窗逃出，可是手脚却不听使唤，最终中毒死亡。

思考

在生活中，还有哪些常见的燃料，这些燃料有怎样的安全隐患？

(二) 气体传感器

传感器是一种检测装置，它能感应到被测量的信息，并将其转换为电信号输出。气体传感器就是将某种气体体积分数转化成电信号的转换器。

Makeblock中的气体检测模块为MQ-2型气体传感器，它对烟雾、液化气、酒精、丙烷、氢气的灵敏度较高，对天然气以及其他可燃蒸汽的检测也比较理想。MQ-2型气体传感器属于半导体气体传感器，其使用的气敏材料是在清洁空气中电导率较低(电阻较大)的氧化锡(SnO_2)。当温度在200℃到300℃时，氧化锡表面吸附的氧会束缚氧化锡中的电子，造成电子难以流动，电阻增大。当传感器所处环境中存在可燃气体时，表面的氧与可燃气体反应后消失，氧化锡中的电子重获自由，电子流动通畅，电阻减小。传感器电阻的下降则会导致其对地输出的电压增大，根据电压大小就可以判断被检测的可燃气体浓度。当可燃气体浓度越高时，传感器输出的模拟信号值就会越大。

Makeblock气体检测模块为黑色色标，意味着其为模拟端口，可以连接在Auriga主控板的Port6到Port10的任一接口上。在传感器探测头旁有一个可调节的电阻器R3，使用十字螺丝刀对其进行旋转可以调节检测的灵敏度。

(三) LED灯模块

LED灯模块是Makeblock中用于显示的模块，电路板上集成了4颗可调色的LED灯珠，每个LED的颜色可以由红(R)、绿(G)、蓝(B)三个颜色的数值大小来决定，也就是RGB色彩模式，它可以模拟出自然界中肉眼所能看到的任何色彩。

LED灯模块检测模块为黄色色标，也就是单数字端口，可以连接在Auriga主控板的Port6到

Port10的任一接口上。

二、智能检测

制作"安全卫士"第一步就是实现可燃气体告警功能,检测到可燃气体超限以后让LED灯模块执行红灯闪烁。

⚙ 思考

实现可燃气体检测,需要用到哪些硬件设备?

(一) 连接硬件

可燃气体检测装置需要使用Auriga主控板×1、气体检测模块×1、LED灯模块×1,RJ25连接线×2。

⚙ 实践

尝试按照可燃气体检测硬件连接图连接硬件。

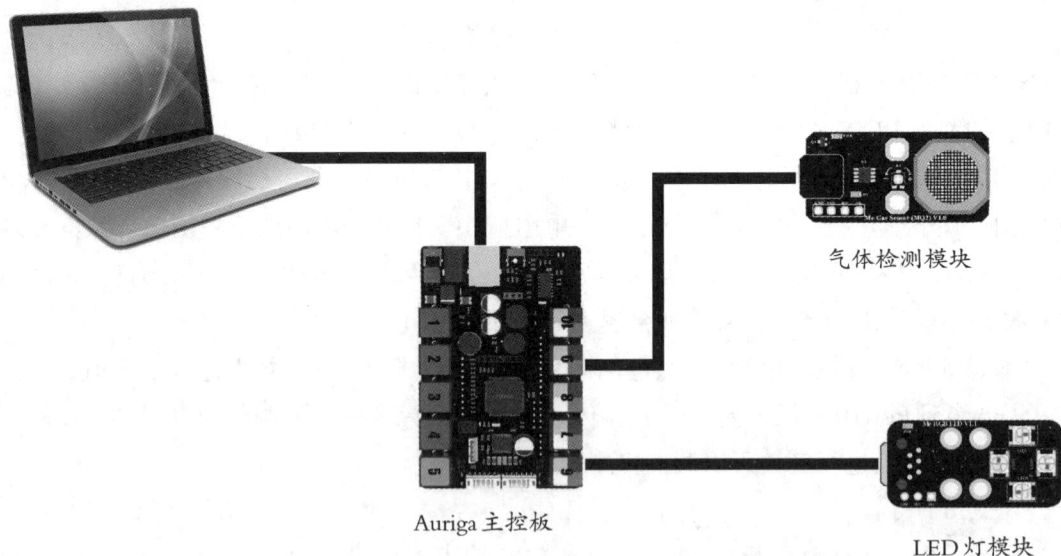

气体检测模块

Auriga 主控板

LED 灯模块

(二) 控制程序

气体传感器和LED灯模块相关积木在创客平台拓展中,需要添加创客平台拓展。气体传感器检测积木可以获取当前气体传感器的读数,LED灯模块控制积木则可以控制全部或部分灯以不同颜色点亮。

获取主控接口9上连接的气体传感器读数,让主控接口6上连接的LED灯模块全部灯亮红色1秒。

气体传感器 接口9 ▾ 读数   RGB LED 接口6 ▾ 亮起 全部 ▾ 灯，颜色为 ◯ ，持续 **1** 秒

为了方便观察气体传感器的读数，可以使用带附加值的上传模式广播，由Auriga主控板将气体传感器的读数作为附加值发送，舞台角色接收到上传模式广播后说出附加值。

发送上传模式广播 message 并附加值 **1**

⚙ 实践

添加创客平台拓展以及上传模式广播拓展，测试并记录没有可燃性气体时气体传感器的读数以及有可燃气体时(打火机的燃气)气体传感器的读数。

注意：根据传感器的检测原理，MQ-2型传感器在通电后需要预热1分钟左右，预热后能感觉到探头有明显的升温，初期读数可能会不准确，会呈现一个逐渐下降的趋势，可待读数稳定后再使用。

问题：如何实现可燃气体检测告警的功能？

思考：利用气体传感器可以检测可燃气体，什么时候才算是检测到了可燃气体。

观察：

(1)分析问题。

气体传感器的读数会根据可燃气体浓度的变化而发生变化，浓度越低时读数越小，浓度越高时读数越大，那么当大于阈值时就可以认为检测到了可燃气体。

(2)设计算法。

当主控启动时，重复执行检测，将气体传感器读数作为上传模式广播的附加值上传到舞台角色如果气体传感器的读数大于160，那么就让LED模块亮红灯1秒。当舞台角色收到该广播时说出附加值。

(3)编写程序。

(4)运行调试。

上传程序到Auriga主控板进行测试。

🛠 **实践**

用以上知识完成燃气检测示警功能。

💬 **交流**

小组讨论、交流，阈值是否必须为160，并说明理由。

♻ **拓展**

阈值

阈值，是一个外来词，一般指临界值，在计算机领域使用较多，常用于两种状态的判定。例如上面的可燃气体检测，可以分为两个状态：检测到可燃气体和未检测到可燃气体。没有可燃性气体时，气体传感器的读数会明显小于有可燃气体时(打火机的燃气)气体传感器的读数，此时可取两个读数的平均值作为阈值，超过此阈值则认为检测到可燃气体。例如，没有可燃性气体时气体传感器的读数为20，检测到可燃性气体时读数为300，则可以取160作为阈值，当读数大于160时，则认为检测到可燃气体。

三、联动开窗

检测到可燃气体泄漏后及时开窗通风是非常重要的，接下来我们将联动门窗，完成检测到可燃气体后打开门窗功能。

(一) 硬件连接

只需在上一个程序的基础上增加9g舵机×1、RJ25适配器×1、RJ25连接线×1即可，并进行连接。

🛠 **实践**

尝试按照联动开窗功能硬件连接连接硬件。

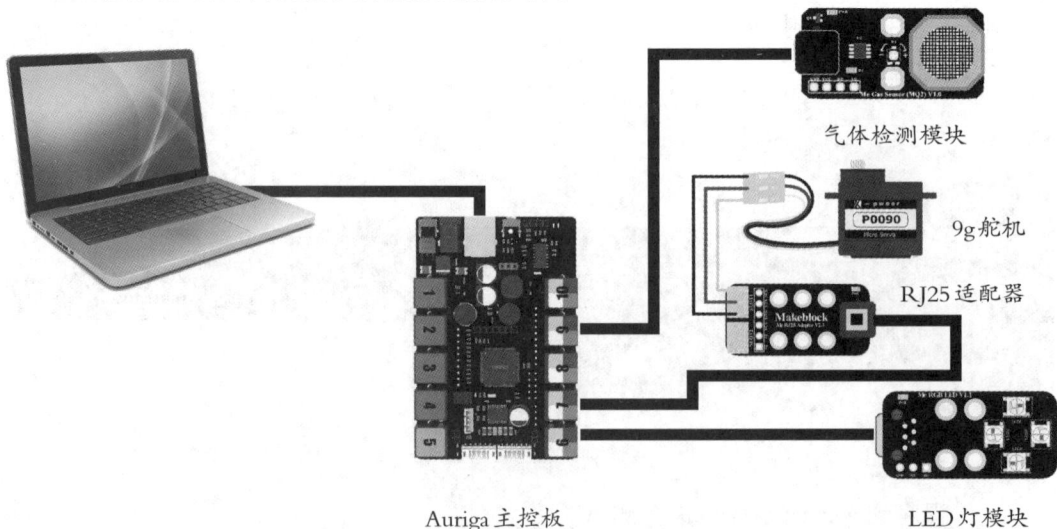

气体检测模块

9g舵机

RJ25适配器

Auriga主控板　　　　　　LED灯模块

（二）控制程序

问题：如何实现联动开窗功能？

思考：什么时候打开门窗？

观察：

（1）分析问题。

气体传感器检测到可燃气体时就可以打开门窗。

（2）设计算法。

初始时先控制9g舵机将门窗设置为关闭状态，当检测到可燃气体时打开门窗。

（3）编写程序。

（4）运行调试。

上传程序到Auriga主控板进行测试。

实践

用以上知识实现联动开窗功能。

交流

小组讨论、交流以上程序有无可以改进的地方。

拓展

可燃气体发生爆燃的条件

可燃气体泄漏的最大危害就是发生爆燃从而引发火灾。可燃气体发生爆燃有以下几个条件：首先，要在一个较为密闭，可供气体聚集的房间内；其次，燃气体发生与房间内的空气发生混合；再次，要遇上明火；最后，气体浓度在爆燃的限值之内。

如果空气流通,空间里的可燃气体含量低;如果空间完全封闭,空间里的空气含量就会低(会引发窒息),但是如果可燃气体和空气在封闭的空间里"适当"混合,烟头的明火、电灯开关、插上插头蹦出的小电火花都可能诱发爆燃。所以在发现燃气泄漏的早期立即打开门窗通风很重要。

四、网络报警

利用物联网功能,可以将可燃气体检测信息通过物联网上传到网上,通过手机App实时监控,检测到可燃气体时手机也会发出告警信息。

(一)接入物联网

问题:如何将可燃气体检测系统接入物联网?

思考:使用OBLOQ模块可将此系统接入物联网,但是之前的主题是用于显示门的开关状态的,是否需要新建一个主题?

观察:

(1)分析问题。

为了不和之前的开关门状态信息冲突,可以在Easy IoT物联网平台上添加新的设备(新建一个主题),专门用于接收可燃气体读数。再将OBLOQ模块通过RJ25适配器接入Auriga主控板的接口10。初始化好就可以调用发送消息模块发送气体传感器读数了。

(2)设计算法。

在Auriga主控板启动时对OBLOQ模块进行初始化,连接Wi-Fi以及物联网平台。重复执行检测,同时每隔3秒向物联网平台发送一次气体传感器读数。

(3)编写程序。

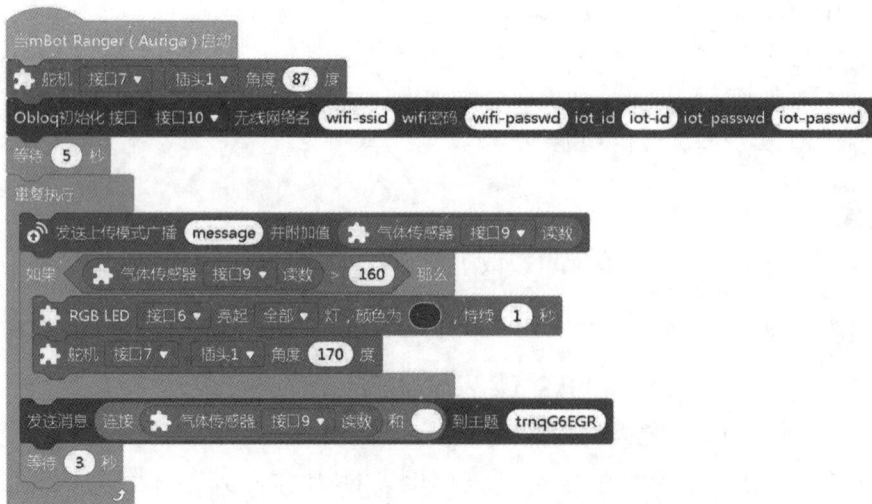

其中，在"wifi-ssid"处填入 Wi-Fi 名称，"wifi-passwd"处填入密码，"iot-id"处填入物联网平台的用户 ID，"iot-passwd"处填入物联网平台的用户密码。

(4)运行调试。

上传程序到 Auriga 主控板进行测试。

实践：在 Easy IoT 平台上新建一个设备用于接收可燃气体读数，并用以上知识实现将气体传感器读数发送至物联网平台功能。

交流：小组讨论、交流，以上程序有无可以改进的地方？

(二) 告警 App

在测试物联网平台已经可以接收到气体传感器数据以后，即可打开 App Inventor 制作告警 App。

问题：如何制作告警 App？

思考：气体传感器读数已经发送到了物联网平台，那么只需 App 订阅特定主题即可获取读数。获取到读数何时需要告警？如何告警？

观察：

(1)分析问题。

同理，气体传感器读数超过阈值时就需要告警，手机告警可以播放警告声音并进行振动，同时还可以在 App 界面上显示警告图片。

(2)界面设计。

组件名称	组件类别	作用	属性设置
表格布局1	表格布局 (界面布局)	确定组件排列位置	宽度为充满 列数：2 行数：3
标签1	标签 (用户界面)	提示信息	置于表格布局中第1行第1列 文本：用户名： 宽度：20% 高度：30像素
用户名	文本输入框 (用户界面)	获取用户名	置于表格布局中第1行第2列 提示：请输入用户名 宽度：75%
标签2	标签 (用户界面)	提示信息	置于表格布局中第2行第1列 文本：密码： 高度：30像素
密码	文本输入框 (用户界面)	获取密码	置于表格布局中第2行第2列 提示：请输入密码
标签3	标签 (用户界面)	提示信息	置于表格布局中第3行第1列 文本：连接状态： 高度：30像素
连接状态	标签 (用户界面)	提示信息	置于表格布局中第3行第2列 文本清空 高度：30像素

（续表）

组件名称	组件类别	作用	属性设置
水平布局1	水平布局 （界面布局）	确定组件排列位置	水平对齐为居中 宽度为充满
连接	按钮 （用户界面）	点击连接物联网平台	置于水平布局1中 文本：连接 宽度：30%
断开连接	按钮 （用户界面）	点击断开与物联网平台的连接	置于水平布局1中 文本：断开连接 宽度：30%
水平布局2	水平布局 （界面布局）	确定组件排列位置	水平对齐为居中 宽度为充满
主题	文本输入框 （用户界面）	获取主题	置于水平布局2中 提示：请输入主题 宽度：45%
订阅	按钮 （用户界面）	订阅指定主题	置于水平布局2中 文本：订阅 宽度：25%
退订	按钮 （用户界面）	退订指定主题	置于水平布局2中 文本：退订 宽度：25%
水平布局3	水平布局 （界面布局）	确定组件排列位置	水平对齐为居中 宽度为充满
图像框1	图像框 （用户界面）	显示状态图片	置于水平布局3中 图片：正常状态图片 宽度：100像素
MQTT客户端1	MQTT客户端 （通信连接）	连接物联网平台	服务器URI：tcp://iot.dfrobot.com.cn:1883 客户端标识：1
声音和振动1	声音和振动 （多媒体）	播放警告声音以及振动	源文件：上传警告音乐文件

在这个App中，我们还会用到声音素材和图片素材，需要在设计界面组件列表下方的素材管理区先完成素材上传，包括正常状态和异常状态的图片以及警告声音。

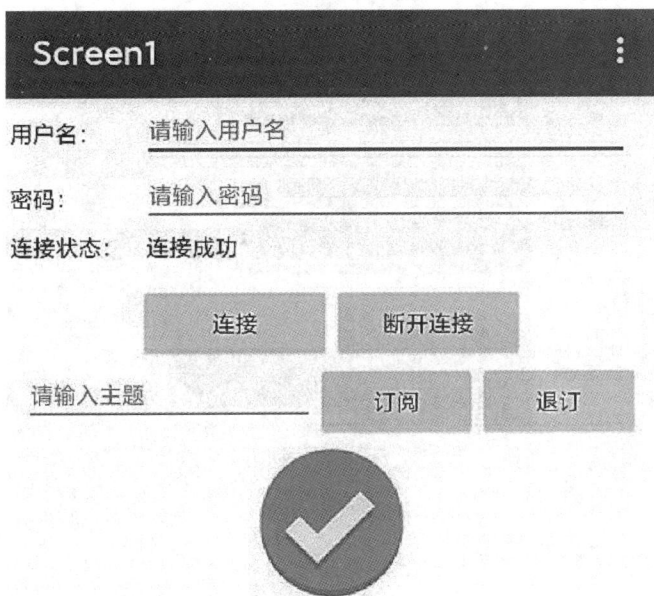

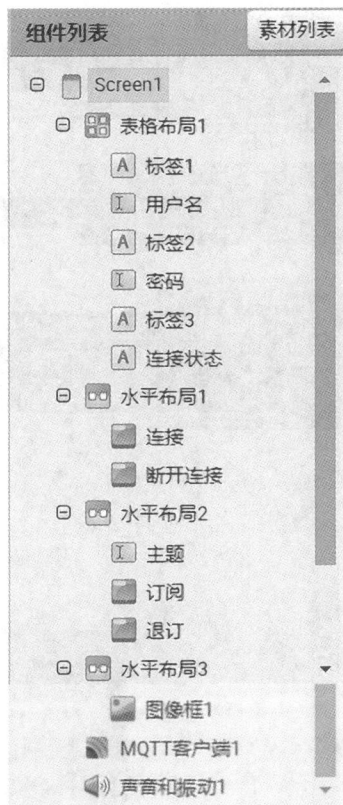

(3)设计算法。

点击"连接"按钮,将使用者在用户名和密码文本输入框输入的文本作为MQTT客户端组件的用户名称和密码属性,然后调用MQTT客户端进行连接,点击"断开连接按钮"就让MQTT客户端组件断开连接。

当MQTT客户端组件已经连接时,让连接状态标签显示"连接成功",当MQTT客户端组件连接中断时,让连接状态标签显示"已断开连接"。

点击订阅或退订按钮就让MQTT组件订阅或取消订阅指定主题。

当MQTT客户端组件收到消息时,判断是否检测到可燃气体(消息读数大于等于160),如果检测到就把应用的背景颜色设置为红色,然后将图片1组件显示图片设置为异常状态的图片,同时让音效播放器播放并振动;否则停止音效播放器播放,并把界面还原。

(4)编写程序。

告警App程序1如下。

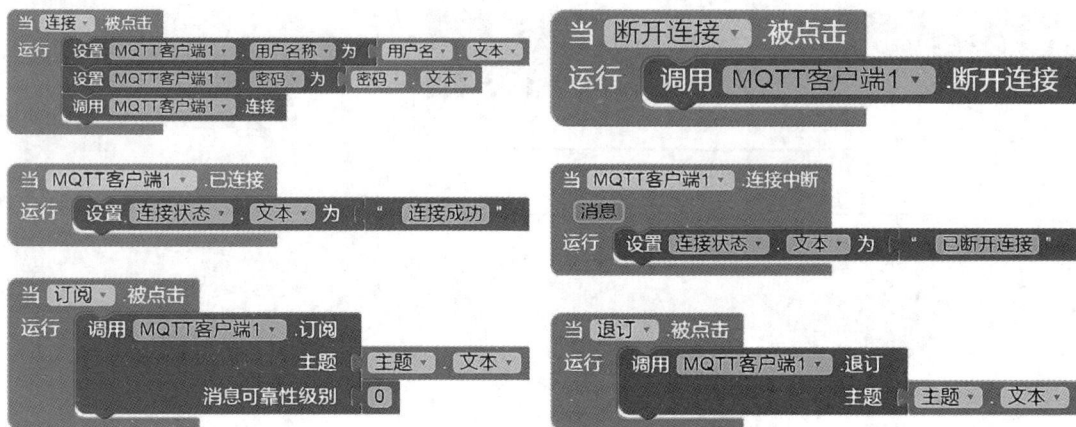

告警App程序2如下。

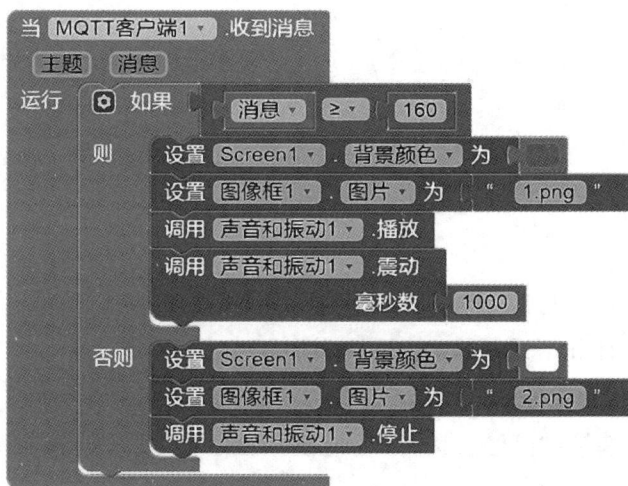

(5)运行调试。

使用"AI伴侣"进行调试。调试完成后,生成App,下载安装使用。打开Easy IoT平台,点击对应主题的查看详情按钮查看收到的消息。配合Auriga主控板进行可燃气体超限告警测试。

实践:用以上知识完成告警App。

交流:小组讨论、交流以上程序有无可以改进的地方。

分享与交流

各小组根据所确定的项目方案,结合本课所学的知识,进一步完善该项目方案中的各项学习活动。

(1)制作燃气检测报警系统。

(2)制作网络告警App。

各小组将本组的项目成果在班级进行讨论、展示、交流,共享创造,分享成果。

总结与评价

利用项目活动评价表,开展项目学习活动评价,并对项目进行拓展。

"燃烧吧！卡路里"课程设计说明

课程学时：450分钟
课程模块：3个
课程类型：综合实践活动课程

一、课程的定位与设计思路

(一) 课程的定位

中国学生发展核心素养是以培养"全面发展的人"为核心，分为文化基础、自主发展、社会参与三个方面，综合表现为人文底蕴、科学精神、学会学习、健康生活、责任担当、实践创新六大素养。本课程以社会参与为活动的切入口，开展学生实践创新能力的培养。

随着移动互联网和物联网的飞速发展，各种类型的传感器铺天盖地地建设、应用系统的规模也迅速扩大，行业应用产生的数据呈指数型增长。未来人们的一举一动都将被数据化，大数据必将成为企业和社会的重要战略资源。我们能否在海量、高速、多类型的结构化、半结构化以及非结构化数据下观测到规律，挖掘出价值，并将价值运用到公共卫生、公共安全、社会管理等领域？

本课程通过Python语言可视化真实案例中数据之间的关联，在实践活动中让同学们认识数据在信息社会中的重要价值，根据需求选用恰当的数字化工具，科学地处理数据、解决问题，参与、关注社会问题。从价值体认、责任担当、问题解决、创意物化四个方面，在活动中培养学生的社会责任感、创新精神和实践能力，增强活动育人效果。

(二) 课程的设计思路

1.该课程是为加快初中阶段的学生适应科技发展、提高创造性劳动能力而开展的综合实践活动课程。其总体设计思路：打破以知识传授为主要特征的传统学科课程模式，转变为基于真实案例的研究性学习。以完整的活动主题为对象，组织学生通过"发现问题—分析问题—数据处理—得出结论—解决问题"的流程来完成项目报告，帮助学生增强信息意识，发展计算思维，培养正确的信息社会价值观和责任感。

2.课程共三个模块，每个模块的实施时长为150分钟。围绕"关注青少年体重健康"主题，按照"大数据的奥秘""数据大变身""数据我有 大显身手"三个模块展开。设计了"流感数据分析""中学生超重体型与睡眠时长的关系""中学生体重健康的行为关联"三个项目案例。师生按照"情景与任务—行动与体验—分享与交流—评价与总结"四个环节，开展"交流、思考、讨论、实践、探究、拓展"等活动，引导同学们了解项目学习活动的全过程,从而促进学生创造性劳动能力的形成。

二、课程学习目标

本课程要求学生掌握用数据解决问题的一般流程,通过小组协作来确定主题、完成研究、撰写报告,达到数字化学习与创新能力的培养,发展学生的计算思维,增强学生的信息意识,从而促进学生信息素养的提升。

名称	教学目标
知识目标	1.掌握大数据的基本概念。 2.掌握各种图表的用途。 3.体验程序的作用及其编制环境。 4.掌握用数据解决问题的一般流程、数据处理的四个步骤,以及分析数据的一般流程。 5.掌握循环语句的应用。 6.了解项目报告的撰写方法
能力目标	1.能正确选用恰当的数字化工具。 2.发展学生们的计算思维。 3.能通过数字化工具表达研究成果。 4.能小组协作撰写项目报告
素质目标	1.增强学生的信息意识。 2.培养良好的团队协作、协调人际关系的能力。 3.培养学习能力与创新能力。 4.培养正确的信息社会价值观和责任感

三、课程内容、要求及过程评价

根据模块设计,确定课程内容和要求,阐述学生应获得的知识、能力与素质。

模块名称	课题名称	知识和技能	能力和核心素养	建议学时	评价
大数据的奥秘(活动准备阶段)	1.认识大数据	掌握大数据的基本概念、特征和来源	(1)能够分析大数据与数据大之间的联系和区别。 (2)能描述大数据的来源和分类思想	40分钟	过程性评价:提问、案例分析
	2.图表工具的认识	掌握各种图表的特征及其适用范围	能够准确选用恰当的图表来表达数据之间的关系	40分钟	过程性评价:提问、案例分析,完成"几种图表的用途分析"任务单

（续表）

模块名称	课题名称	知识和技能	能力和核心素养	建议学时	评价
大数据的奥秘（活动准备阶段）	3.体验程序的作用及其编制环境	体验Python语言的编制环境。 了解如何用计算机程序处理数据	理解程序语言与计算机程序的关系。 了解Python语言的编制环境。 理解数据处理与Python的关系	70分钟	总结性评价：完成附录2"项目活动评价表"
数据大变身（活动实施阶段）	1.发现问题	掌握用数据解决问题的一般流程	信息意识的增强。 创新能力的发展	10分钟	完成"青少年体重相关因素"预设，整理任务单
	2.分析问题		合理预设"青少年体重与什么因素有关"，形成小组建议。 良好的团队协作能力的培养	30分钟	
	3.数据处理	掌握数据处理的四个步骤。 掌握分析数据的一般流程。 理解分类思想和算法的含义。 理解循环语句。 图表工具的运用	计算思维的萌芽。 选用恰当的数字化工具。 培养良好的团队协作、协调人际关系的能力	80分钟	过程性评价：得出结论、给出解决方案。 总结性评价：完成附录2"项目活动评价表"
	4.得出结论	引导学生分析图表与预设结论是否一致	思考图表对数据背后价值的挖掘，增强信息意识	20分钟	
	5.解决问题	从研究结果思考问题的解决方案	形成正确的信息社会价值观和责任感	10分钟	
数据我有大显身手（活动实施、总结阶段）	1.数据处理	应用数据解决问题的一般流程。 应用数据处理的四个步骤。 应用分析数据的一般流程	能正确选用恰当的数字化工具处理数据并完成研究成果的可视化表达。 学习与创造力的发展	100分钟	以路演的方式讲解小组研究成果
	2.得出结论	小组撰写项目报告。 综合各小组的研究报告，形成多维度完整结论，提升项目完整度	信息意识的提升。 培养良好的团队协作能力。 学习与创新能力的发展。 形成正确的信息社会价值观和责任感	50分钟	
	3.解决问题				

四、课程实施和建议

(一) 课程的重点、难点及解决办法

本课程是科创类综合实践活动课程,重点是认识数据在信息社会中的重要价值,并能运用恰当的数字化工具解决问题。

课程的教学难点来源于初中学生计算思维的空白,程序代码的编写形式容易让学生"知难而退"。通过大量教学尝试和学情分析,本课程最终采用程序段填空和设计函数速查手册来降低程序代码的难度,将活动的关注点从工具的使用技巧带到解决问题的计算思维上。

(二) 教学方法和教学环境

1.教学方法。

本课程主要采用情景创设法、案例分析法、主题讨论法等多种教学方法。

情景创设法:每个模块都由真实情景的创设开始,让活动内容生活化,引导学生提出并描述问题,通过体验、思考、交流、小组讨论等栏目,进行案例分析,完成项目研究。

案例分析法:课程中涉及的每个数字化工具都精心设计案例进行分析讨论。第一模块通过"流感数据分析"案例引入图表工具和进行数据处理的Python语言;第二课在"关注青少年体重健康"的活动过程中引入数据处理的基础知识;第三课在学生实践活动中,自主分析案例、预设结论并得出结论。案例分析法能够更贴近学生生活"从实践入手、先学后教、先练后讲"。

主题讨论法:结合老师对活动过程的预设,根据主题内容组织学生进行讨论,引导学生独立思考问题,搜集相关数据,在小组内讨论、实施,并最终形成研究报告,以路演方式在课堂上讲述。此过程以学生为主,关注学生创新思维能力的提升。

2.环境支持。

软件环境:慧编程V5.3.0(含Pandas、Numpy、Matplotlib库)。

教学环境:课堂教学以多媒体电子课件(PPT电子教案)为主,配合使用教学一体机演示代码;学生以小组为单位在多媒体机房完成主题项目。

(三) 教学模块选择建议

模块1+2;模块1+2+3。

第九单元　燃烧吧！卡路里

第一课　大数据的奥秘

随着移动互联网和物联网的飞速发展，各种类型的传感器铺天盖地地建起，应用系统的规模也迅速扩大，行业应用产生的数据呈指数级增长。未来人们的一举一动都将被数据化，大数据必将成为企业和社会的重要战略资源。我们能否在海量、高速、多类型的结构化、半结构化以及非结构化数据下观测到规律，挖掘出价值，并将价值运用到公共卫生、公共安全、社会管理等领域？

情景与任务

网络购物中，顾客的任何行为细节都会被服务器所记录。通过大数据分析，商家可以了解消费者的偏好甚至预测其购买行为。大数据分析使得商家可以追踪顾客的行为，并确定最有效的方式，以提升顾客对购物平台的忠诚度，根据顾客的个性化需求提供相应的产品或服务，以获得更大的市场占有率。

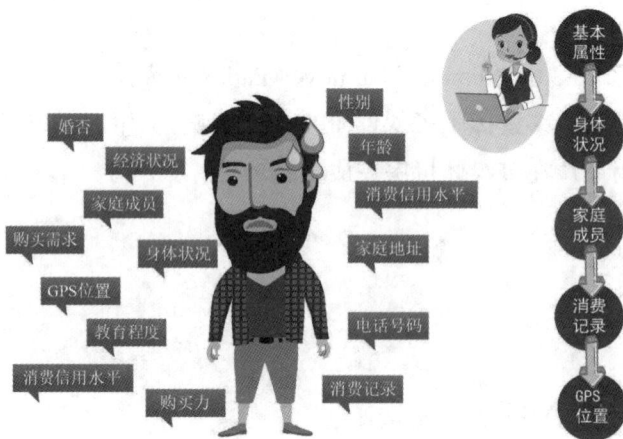

思考

网购的过程中，商家掌握的顾客数据有哪些特征？

行动与体验

一、认识大数据

大数据是指无法在一定时间范围内用常规软件工具进行捕捉、管理和处理的数据集合,是需要新处理模式才能具有更强的决策力、洞察发现力和流程优化能力的海量、高增长率和多样化的高价值信息资产。

大数据具有4V特征:海量(volume)、高速(velocity)、多样(variety)、低价值密度(value)。

大数据的来源:互联网、商业交易、工业生产、智能手机、可穿戴设备、信息系统等。

💬 讨论

在我们身边有很多大数据的应用场景,你能举出哪些例子?

☺ 思考

仔细阅读以下案例,分析大数据的来源。

案例1:世界杯期间,谷歌、百度、微软和高盛等公司都推出了比赛结果预测平台。百度公司通过互联网收集各参赛团队实力、主场优势、近期表现、世界杯整体表现等多个因素的数据,利用一个由搜索专家设计的机器学习模型来对这些数据进行汇总和分析,进而预测结果。最终,百度预测结果最为亮眼,预测全程64场比赛,准确率为67%,进入淘汰赛后准确率为94%。

案例2:华为手环拥有完善的健康监测系统,能够实现心率、血压、血氧多种生命体征的智能监测。与协和医院合作的"心脏健康与睡眠呼吸暂停研究"的课题成果,可以充分利用手环监测得到的数据,第一时间发现用户潜在的心脏健康问题,帮助用户发现期前收缩、房颤等心脏健康风险,提前给予医疗干预。

案例3:某工厂生产线,每天有一百多万个产品通过RFID芯片采集产品当前状态、是否通过检验等信息,并传送到中央系统。若该产品未能通过检验,控制系统将对其进行干涉,如:自动发送一封邮件到品控部门,为技术人员提供维护信息等;品控部门的员工将会收到一份内容包含装配计划和故障诊断的信息清单。正是因为应用了大数据技术,该工厂产品的缺陷率仅15,相当于产品合格率为99.9985%,成了误差最小的工厂。

二、图表工具的认识

大数据技术作为一项领先的信息化技术,在智能城市的监测、数据追踪和疫苗开发等领域广泛应用。

各种类型的设备每时每刻都在产生浩如烟海的数据,人们如何才能快速地接收和提取出所需的数据,形成科学准确的分析报告,做出有效的判断和决策?

思考

小组交流、讨论，完成下面几种图表的用途分析任务单。

类型	具体用途
柱状图	
条形图	
折线图	
饼状图	

通用前面对各类图表的思考，我们知道，针对不同的用户需求，应该选用恰当的图表进行科学的表达，让人们快速地抓住要点信息，帮助人们发现数据背后的价值。

三、体验程序的作用及其编制环境

图表是很有效的数据可视化表达手法，它能非常直观地将数据分析的结果"简单、直观、清晰、明了"地表达出来。Python语言嵌入了大量数据可视化的工具，方便用户直接调用生成图表。下面我们选用Python语言对一组流感病毒数据进行分析、可视化表达，在体验Python语言作用的同时体验程序的编制环境。

拓展

Python是一种跨平台、面向对象、动态类型的解释型脚本语言，由荷兰"数学和计算机科学研究学会"的Guido van Rossum于1990年初设计发布。它可以应用于科学计算统计、人工智能、桌面界面开发、软件开发、Web后端开发等领域。

Python语言的简洁性、易读性以及可扩展性，使其成为目前非常受欢迎的程序设计语言。针对Python开发的专用科学计算扩展库非常丰富，例如十分经典的科学计算扩展库NumPy、SciPy和Matplotlib，它们分别为Python提供了快速数组处理、数值运算以及绘图功能。因此，Python语言及其众多的扩展库所构成的开发环境十分适合工程技术、科研人员处理实验数据、制作图表，甚至开发科学计算应用程序。

(一) 人工解决问题的过程

人工解决问题，首先需要明确所要解决的任务和已有的条件，然后再根据已有的经验和知识来确定解决问题的途径与方法，从而解决问题。

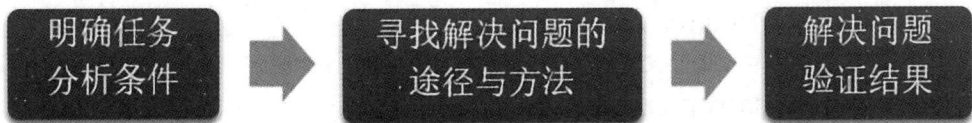

明确任务
分析条件 ➡ 寻找解决问题的
途径与方法 ➡ 解决问题
验证结果

⚙ 实践

打开"疫情分析"文件夹中的原始数据.xls文件，根据表格中已有数据，计算"各地区疫情累计人数占比"并填充到"占比"列。

(1)确定计算公式：各地区疫情累计人数占比 $= \dfrac{\text{各地区累计感染人数}}{\text{全球累计感染人数}}$。

(2)计算"各地区疫情累计人数占比"。

❀ 思考

当数据庞大到数万条时，人工计算的方法是否还适用？有无更高效的方法？

(二) 计算机程序解决问题的过程

当数据量很大，人工处理效率很低时，我们可以通过编写计算机程序解决问题。接下来，我们将利用Python语言对data.xls文件中的数据进行分析、可视化表达。

1.分析问题。

要快捷、清晰地比较出各地区疫情累计人数占比，根据前面所学知识可引入图表工具中的饼图。所以，需要计算出占比并将数据存储到Excel中。

2.设计算法。

(1)读入Python的库文件。

(2)读取数据源表。

(3)计算各地区疫情累计人数占比。

(4)生成包含占比的新数据表。

（5）数据可视化显示。

3.编写程序。

（1）读入Python的库文件。

在利用Python编写程序解决问题之前，我们需根据需求确定工具库——Pandas、NumPy、Matplotlib。

读入库文件代码截图如下。

```
import pandas as pd
import numpy as np
import matplotlib.pyplot as plt
import matplotlib.cm as cm
```

（2）读取数据源表。

从data.xls文件中读取源数据表。数据表与读入数据代码截图如下。

地区	新增	累计	治愈	死亡
美国	64167	30425787	22610325	554104
巴西	87169	11877009	10383460	290525
印度	42635	11555284	11107332	159594
俄罗斯	9699	4437938	4049373	94267
英国	6303	4285684	12130	126026
法国	34998	4181607	278263	91679
意大利	24901	3332418	2671638	104241
西班牙	6216	3212332	2945446	72910
土耳其	20049	2971633	2788757	29864
德国	17695	2645186	2409700	75073
哥伦比亚	5139	2324426	2221642	61771
阿根廷	8328	2234913	2016729	54476
墨西哥	6726	2187910	1729269	197219
波兰	25996	2010244	1620272	48807
伊朗	7620	1786265	1528694	61649
南非	1464	1535423	1461196	52035
乌克兰	15850	1535218	1253972	29775
捷克	10677	1459406	1233769	24530
秘鲁	7923	1451645	1364556	49897
印度尼西亚	6279	1450132	1278965	39339
其它	141427	24745496	20388915	475435

```
df = pd.read_excel('data.xls')
```

(3)计算占比,生成新的表格。

```
#df['总计'] = df['累计'].agg('sum')
sum = 0
for i in range(0,len(df.index)):
    sum = sum + df.loc[i,'累计']
df['总计'] = sum

df['占比(%)'] = round(df["累计"] / df["总计"], 3) * 100
print(df)
df.to_excel("data_out.xls")#保存表
```

	地区	新增	累计	治愈	死亡	占比(%)
0	美国	64167	30425787	22610325	554104	25
1	巴西	87169	11877009	10383460	290525	9.8
2	印度	42635	11555284	11107332	159594	9.5
3	俄罗斯	9699	4437938	4049373	94267	3.6
4	英国	6303	4285684	12130	126026	3.5
5	法国	34998	4181607	278263	91679	3.4
6	意大利	24901	3332418	2671638	104241	2.7
7	西班牙	6216	3212332	2945446	72910	2.6
8	土耳其	20049	2971633	2788757	29864	2.4
9	德国	17695	2645186	2409700	75073	2.2
10	哥伦比亚	5139	2324426	2221642	61771	1.9
11	阿根廷	8328	2234913	2016729	54476	1.8
12	墨西哥	6726	2187910	1729269	197219	1.8
13	波兰	25996	2010244	1620272	48807	1.7
14	伊朗	7620	1786265	1528694	61649	1.5
15	南非	1464	1535423	1461196	52035	1.3
16	乌克兰	15850	1535218	1253972	29775	1.3
17	捷克	10677	1459406	1233769	24530	1.2
18	秘鲁	7923	1451645	1364556	49897	1.2
19	印度尼西亚	6279	1450132	1278965	39339	1.2
20	其他	141427	24745496	20388915	475435	20.3

4.数据的可视化表达。

生成图表,呈现分析结果。生成饼状图。

```
# 这两行代码解决 plt 中文显示的问题
plt.rcParams['font.sans-serif'] = ['simhei']
plt.rcParams['axes.unicode_minus'] = False
# 创建图形
plt.figure(1)

plt.title("各地区疫情累计人数占比")
colors = cm.rainbow(np.linspace(0,1,len(df)))

plt.pie(df['累计'], labels=df['地区'], autopct='%1.2f%%', colors=colors)
plt.axis('equal')
plt.legend(loc='right')

plt.show()
```

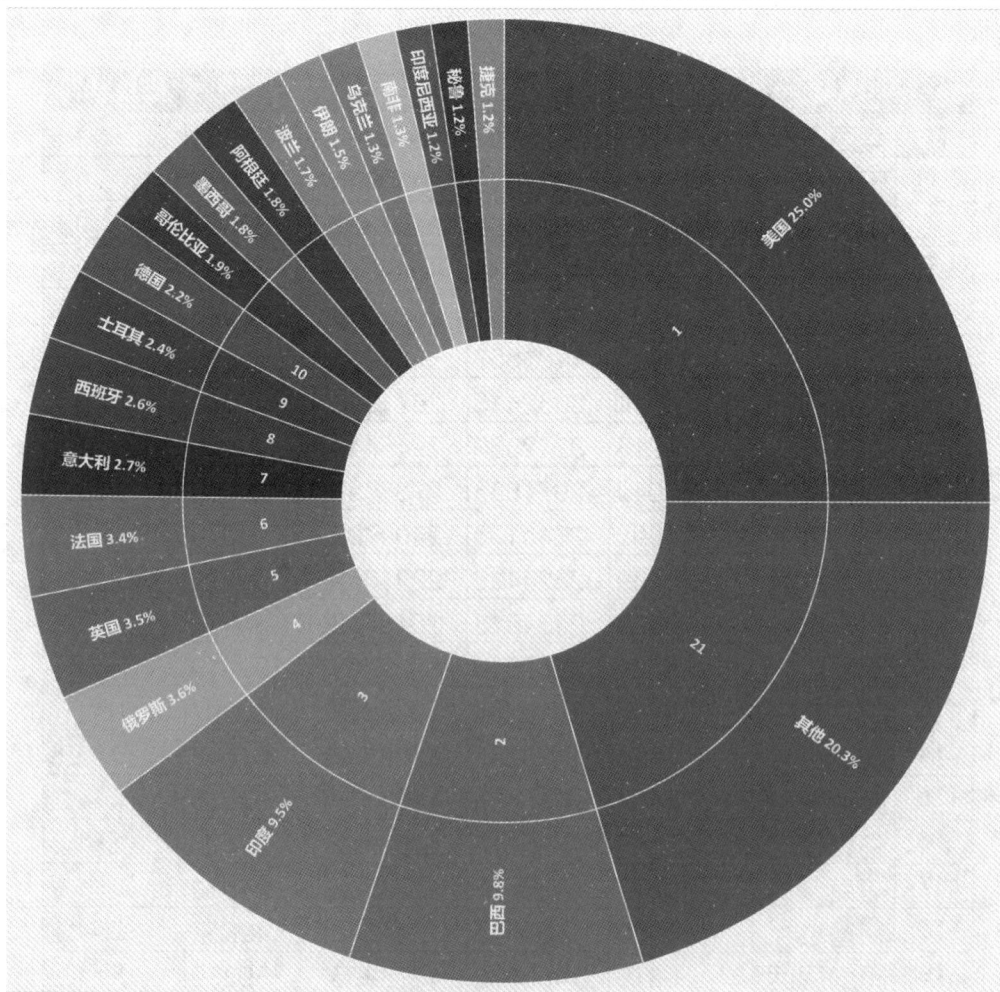

各地区疫情累计人数占比

分享与交流

各小组结合本课所学知识,分享与交流。

(1) 你如何理解"数即万物,万物皆数"?

(2) 当我们遇到问题需要通过编写程序解决的时候,该如何着手呢? 解决问题需要哪几个步骤?

总结与评价

各小组根据组员的学习情况,完成"项目活动评价表",开展项目学习活动评价。

第二课 数据大变身

在购物时,商家通过分析用户的购物行为,个性化推荐合适的产品;在流感疫情期间,政府通过对数据的处理,清晰地了解现状、预测趋势,提出干预建议;华为的健康监测系统,利用手环智能检测多种生命体征,以便用户提前发现健康问题。原来,大数据在我们生活中是个这么厉害的角色。那么,当我们面对一个问题的时候,如何利用数据科学地去分析和解决呢?

一般来说,用数据解决问题分为以下五个环节:发现问题、分析问题、数据处理、得出结论与解决问题。本节课,我们将学习如何按照此流程去解决某一具体问题。

发现问题　分析问题　数据处理　得出结论　解决问题

情景与任务

"拜拜,甜甜圈,珍珠奶茶方便面,火锅米饭大盘鸡,拿走拿走别客气……"我猜你已经跟着唱起来了。这首插曲走红的原因,除了轻快有节奏的旋律,还有人们逐步开始关注健康。有研究显示,我国大陆地区城市中七至十八岁的青少年儿童中,100个男生就有12个超重、5个肥胖;100个女生就有7个超重、3个肥胖。近几年,超重和肥胖的发生率呈快速上升趋势,而学生体质呈下降趋势。青少年的体重和健康到底与什么有关呢?让我们一起用数据说话,"燃烧"多余的"小鲜肉"吧!

交流

你还记得是什么时候开始增加"小鲜肉"的吗？

行动与体验 ···

一、发现问题

思考

从下面这三段内容中你找到了哪些发现问题的方法呢？

内容一：书中自有黄金屋，书中自有颜如玉。

内容二：两个业务员到非洲去卖鞋，发现非洲人都不穿鞋。一个业务员说，非洲人不穿鞋子，这里没市场。而另外一个业务员则说，不对，非洲人都没鞋子穿，这里的市场一片大好。

内容三：小明是个爱思考的小朋友，最近他被三个问题困扰着：从小妈妈就说多吃鱼可以变聪明，这是真的吗？姐姐送了我一个海螺，为什么放在耳边有大海的声音呢？我在网络上看到有人说口香糖可以开椰子，不会吧？

要利用数据去解决问题，首先要明确研究的项目主题，也就是探究的问题。

中国青少年的肥胖率呈快速上升趋势，体重过度过快增加会对同学的健康造成影响，不仅是生理上容易引起疾病，在心理上也有很大的负担。这些研究都在告诉我们：关注青少年健康是刻不容缓的事情，我们应该去帮助陷入这些困扰的同学，一起坚持健康的生活方式。因此，本次项目的主题定为"关注青少年体重健康"。

二、分析问题

确定好问题后，我们需要先对它进行分析。现在有一种常用的分析方法——5W1H分析法，即时间(when)、地点(where)、对象(what)、人物(who)、原因(why)和方法(how)。例如要分析"禁止中学生带手机进校园"这个问题，我们就可以根据这6个方面去分析：在什么时间段禁止使用？在什么地点不能使用？禁止使用的手机类型有哪些？学生、老师和家长是怎么看待这个问题？为什么不能带手机进校园？用什么方式开展这项政策……

根据以上方法，我们可以提出很多的疑问，当这些疑问梳理完成后会产生多种解决问题的方法，整理后便是一份详尽的报告。但是这对于我们初学者来说十分困难，因此，今天我们只从"青少年体重相关因素"这一方面去研究。

接下来，请你先自己开动脑筋，然后和小组同学合作，完成下面的任务单吧！

思考

青少年体重与什么因素有关？

💬**讨论**

与小组成员进行头脑风暴,补充更多的因素。

💬**交流**

小组代表在全班发言,互相交流,总结出较完整的"青少年体重相关因素"预设表。

我的预设	
小组讨论	
全班总结	

三、数据处理

数据的处理是一个较为系统的过程,分为以下四个步骤:采集数据、存储数据、分析数据和数据可视化。

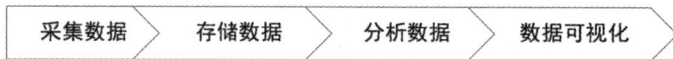

采集数据 > 存储数据 > 分析数据 > 数据可视化

(一) 采集数据

大数据的来源广泛、类型丰富、规模巨大,采集数据首先要明确数据应用项目的需求,围绕选定的项目主题,制定数据采集的需求清单和内容大纲,再采用适当的方法和工具进行采集。

本项目提前在重庆市巴南区某中学初一、初二和高一年级发放问卷,采用问卷调查的方式采集了数据。

♻**拓展**

数据采集的方法和工具

数据采集的基本方法包括系统日志采集法、网络数据采集法和其他数据采集法。

1.系统日志采集法。

在信息系统中,系统日志是记录系统中硬件、软件和系统问题的信息文件。系统日志包括操作系统日志、应用程序日志和安全日志。系统日志采集法通常是在目标主机上安装一个小程序,将目标主机的文本、应用程序、数据库等日志信息有选择地定向推送到日志服务器进行存储、监控和管理。

通过日志服务器可以监视系统中发生的事件,可以检查错误发生的原因,或者寻找受到攻击时攻击者留下的痕迹。例如,安全管理信息系统就是以系统日志服务器采集原始日志数据,以日志记录文本文件实现日志数据的监控和保存,以数据库操作进行日志有效信息的管理工作。

2.网络数据采集法。

网络数据采集是指通过网络爬虫或网站公开API(Application Programming Interface,应用程序接口)等方式从网站上获取数据信息。网络爬虫从一个或若干初始网页的URL(Uniform Resource Locator,统一资源定位符)开始,获得初始网页上的URL,在抓取网页的过程中,不断从当前页面上抽取新的URL放入队列,直到满足系统的停止条件。该方法可以将非结构化数据从网页中抽取出来,将其存储为统一的本地数据文件,并以结构化的方式存储。它支持图片、音频、视频等文件或附件的采集,附件与正文可以自动关联。

3.其他数据采集法。

对于企业生产经营或科学研究等保密性要求较高的数据,可通过与企业或研究机构合作,使用特定系统接口等相关方式收集数据。例如,科学研究的数据是通过科学实验的各种传感器采集,并传输到数据库管理系统中的。

(二) 存储数据

存储数据有两种方式,一种是存在本地存储器中,另一种是放在第三方的"云端"存储器。

本项目通过Excel的文件格式将数据存储在本地电脑硬盘上。

♻ 拓展

云存储

云存储已经成为存储发展的一种趋势,其技术也日益成熟。云存储是把各类数据存储在虚拟的逻辑模型里,其物理空间存储在跨越多个地域放置的众多服务器中,为用户提供统一、灵活、安全的"云存储服务"。云存储供应商拥有并管理这些服务器,负责管理数据的使用和访问权限,以及云存储环境的日常运营和维护。对于用户而言,无须关注云存储系统的具体运行,仅需获取存储空间。把自己的数据存储进去。

（三）分析数据

1. 数据预处理。

（1）分类。

大数据不仅量大，并且种类繁多，如何在无序中找出有序是数据预处理的关键所在。睡眠与很多因素相关，我们将这些因素汇总分类可以归纳为4个一级维度、10个二级维度。

一级维度	二级维度
睡眠情况	睡眠时长
	睡眠质量
饮食习惯	饮食频率（高纤维）
	饮食频率（高蛋白）
	饮食频率（高糖分）
	饮食频率（高脂肪）
	吃早餐频率
体力活动情况	运动积极性
	运动频率
静态时间	静态时长

（2）选择有效数据。

我们选择睡眠时长这个因素作为样例进行分析。

思考

分析体重与睡眠时长的关系需要哪些有效数据呢？

2. 设计算法。

（1）打开两张数据表："有效数据（表1）"和"统计数据（表2）"（初始为空表）。

（2）计算每个学生的BMI，并赋值给表1的"BMI"列。

（3）通过BMI判断出体型，并赋值给表1的"体型"列。

（4）统计"超重"体型下睡眠时长"较短""正常"和"较长"的人数。

（5）为表2的"睡眠时长""人数"两列赋值。

（6）保存两张数据表。

3. 编写程序。

本环节所用资料在"学生代码资源包"中，两张表格在"数据表"文件夹里，代码文件在"参考代码"文件夹，名为"青少年超重体型与睡眠时长的关系.py"。

（1）导入需要使用的库，打开数据表。

```
import pandas as pd
import matplotlib.pyplot as plt

df1 = pd.read_excel("有效数据（表1）.xls") # 打开表1
df2 = pd.read_excel("统计数据（表2）.xls") # 打开表2
```

(2) 计算 BMI, BMI=体重(kg)/(身高(cm)/100)^2。(请补充框内缺少的代码内容)。

```
df1['BMI']=□          # 计算每个学生的BMI并赋值给表1的BMI列
```

(3) 判断体型。根据《国家学生体质健康标准》,各个学段及性别的BMI要求各不相同,本项目为降低判断难度,将数据简化为小于等于23为正常,大于23且小于等于26为超重,超过26为肥胖。(请补充框内缺少的代码内容)。

```
data=df1['BMI'].values # 提取BMI列的数据到data列表

for i in range(0,1094): # 循环比较data中的所有数据

    # 第i个data数据为第i个学生的BMI，判断体型，赋值给"体型"列的第i行

    if data[i]<=□:
        df1.loc[i,'体型']=□
    elif data[i]<=□:
        df1.loc[i,'体型']=□
    else:
        df1.loc[i,'体型']=□
```

(4) 统计 "超重" 体型下睡眠时长 "较短" "正常" 和 "较长" 的人数。

```
# 在"超重"体型下睡眠时长"较短"、"正常"和"较长"的人数为分别为n1,n2,n3,
# 初始值都为0

n1,n2,n3=0,0,0
for i in range(0,1094): # 遍历所有学生，根据睡眠时长不同，分别计算n

    if df1.loc[i,'体型']=='超重':
        if df1.loc[i,'睡眠时长']=='较短':
            n1+=1
        elif df1.loc[i,'睡眠时长']=='正常':
            n2+=1
        else:
            n3+=1
```

（5）为表2的"睡眠时长""人数"两列赋值。

```
df2['睡眠时长']=['较短','正常','较多']  # 表2新增"睡眠时长"列
df2['人数']=[n1,n2,n3]  # 表2新增"人数"列
```

（6）保存两张数据表。

```
df1.to_excel("有效数据（表1）.xls")  # 保存表1
df2.to_excel("统计数据（表2）.xls")  # 保存表2
print('ok')  # 打印完成提示
```

4.调试运行。

运行完成后表2结果如下。

	睡眠时长	人数
0	较短	51
1	正常	38
2	较多	5

四、数据可视化

数据可视化是指以图形、图像、地图、动画等生动、易于理解的方式展示数据和诠释数据之间的关系、趋势与规律等，以便更好地理解数据。将枯燥乏味的海量数据以丰富的视觉效果呈现，并反映的本质问题，大大提高了数据分析结果的直观性，便于理解与使用，所以数据可视化是影响大数据可用性和易于理解性的关键因素。

在我们的分析中，由于要分析睡眠时长对体型是否有影响，所以要直观地展示在超重体型下各睡眠时长人数的占比，因此，我们选择绘制饼状图来查看关联性。

绘制饼状图的参考代码（文件名：青少年超重体型与睡眠时长的关系-饼图.py）如下。

```
import pandas as pd
import matplotlib.pyplot as plt
plt.rcParams['font.sans-serif'] = ['SimHei']  # 显示中文

df = pd.read_excel("统计数据（表2）.xls")  # 读取表2

plt.pie(df["人数"],labels=df["睡眠时长"],autopct='%1.1f%%')
# 绘制饼图，数据为"人数"列，标签为"睡眠时长"列，在图上显示保留一位小数的百分比

plt.title("青少年超重体型与睡眠时长的关系")  # 设置标题
plt.legend()  # 显示图例
plt.show()  # 显示图
```

运行后结果如下。

青少年超重体型与睡眠时长的关系

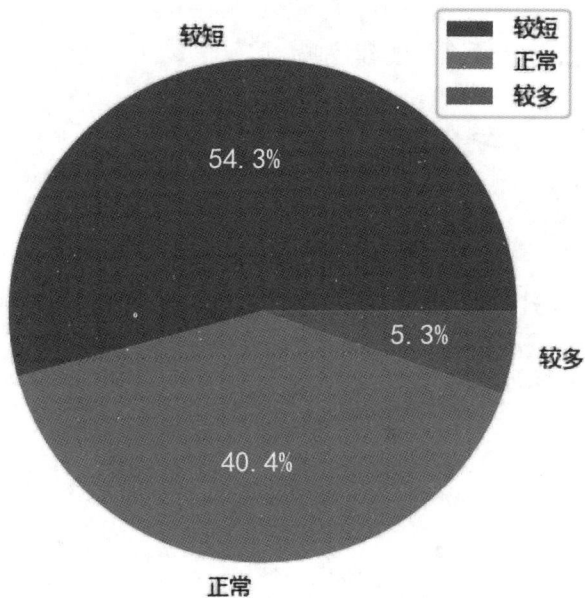

图例：较短、正常、较多

较短 54.3%

较多 5.3%

正常 40.4%

五、得出结论

思考

从上面的图例中你能得出什么结论？

六、解决问题

(一) 提出建议

☀ 思考

针对得出的结论,你有什么好的建议吗?

(二) 形成报告

当我们做完一系列的分析处理,得到结论并提出建议后,应该将整个过程进行归纳整理,形成报告,以便存档、分享和交流。

分享与交流

针对本次课所学内容,请同学们进行小组分享与交流。

(1)请画出解决问题流程的思维导图。

(2)我们应如何做到健康地生活与学习?

第三课　数据我有　大显身手

"纸上得来终觉浅,绝知此事要躬行。"终于到你们大显身手的时刻啦!青少年的体重到底与哪些因素有关呢?上节课示例用到的数据表以及参考代码在"学生代码资源包"里,请你们分小组完成本节课的挑战吧!

情景与任务

通过前一课的学习,我们研究了体重与睡眠时长的部分相关性,接下来请你们小组选择研究主题,根据下面这个思维导图,按照流程(加底色部分)形成相应的报告。

```
                        ┌─ 采集数据
            ┌─ 发现问题  │                   ┌─ 数据预处理
用数据      ├─ 分析问题  ├─ 存储数据         ├─ 算法设计
解决问      ├─ 数据处理 ─┤                   ├─ 编写程序
题的一      ├─ 得出结论  ├─ 分析数据 ────────┤
般流程      └─ 解决问题  │                   └─ 调试运行
                        └─ 数据可视化
```

行动与体验

一、数据处理

(一)分析数据

1.数据预处理。

(1)分类。

这是我们上个模块总结出的与体重相关的因素表,一共4个一级维度、10个二级维度。

一级维度	二级维度
睡眠情况	睡眠时长
	睡眠质量
饮食习惯	饮食频率(高纤维)
	饮食频率(高蛋白)

（续表）

一级维度	二级维度
饮食习惯	饮食频率(高糖分)
	饮食频率(高脂肪)
	吃早餐频率
体力活动情况	运动积极性
	运动频率
静态时间	静态时长

(2)选择有效数据。

参照上一模块的方法，请选择上表中一个二级维度进行分析，从"问卷调查数据总表"中选择有效数据建立"有效数据(表1)"。

2.设计算法。

_____

_____

_____

_____

_____

_____

3.编写程序。

请将"学生代码资源包"—"参考代码"文件夹里青少年超重体型与睡眠时长的关系.py代码文件按你的需要进行修改、补充，记得小组协作哦！

4.调试运行。

（二）数据可视化

还记得第一模块的不同图表吗？它们分别擅长表达什么内容呢？

请你根据所分析的内容选择合适的图表进行可视化表达，每一种图表的绘制代码都在"参考代码"文件夹里，拿出来补充完善吧！

二、得出结论

三、解决问题

（一）提出建议

（二）形成报告

请你们小组根据"范例报告"文件，完成符合研究主题的报告。

分享与交流 ....

（1）路演：请选出小组代表，在全班分享你们的报告吧！

（2）听了其他小组的分享，你有什么新的发现？

"智能车世界"课程标准说明

课程学时:450分钟

课程模块:3个

课程类型:中学劳动(科创)课程

"智能车世界"是一门创新探究类综合实践活动课程。该课程充分结合中学生现有的学习兴趣、知识水平、能力结构和思维方式,引导学生开展结构搭建、程序编写、代码调试优化等活动,让学生学会结构组合操作技术、图形化编程技术、传感器技术、物联网技术等的运用,培养其系统化、智能化思考问题的能力,养成热爱探索、喜好创新的学习习惯。本课程以项目式学习为编排形式,以问题解决为导向,以激发学生创新为目标。

一、课程的定位与设计思路

(一) 课程的定位

1."智能车世界"课程是一门动手实践类课程。课程中设置了小车搭建和场景模拟两个部分,均需要学生通过动手实践来解决。小车搭建主要是通过对学生熟悉结构的相关运用,科学合理地开展结构的设计,灵活巧妙地实施结构搭建,形成智能化运用的物质载体。模拟场景的建构是建立小车智能化运行的模拟场景,如城区、红绿灯、村庄、隧道、高速路等,通过这些模拟场景的搭建,提升学生的实践动手能力。

2."智能车世界"课程是一门程序编写运用类课程。本项目以掌控板为主控,以麦昆小车为硬件平台,以MIND+为编程平台,以巡线传感器与AI图像传感器为主要内容,由浅入深地设计了多个项目活动。课程从最开始的路线识别,到小车运动方向控制、路线选择、巡线功能、图像识别功能的实现,最后形成物联网的控制,都需要通过图形化的程序编写来实现。程序编写由浅入深、由易到难,充分结合了初中生的学习兴趣和建构知识能力的特点。

3."智能车世界"课程是一门现代技术运用类课程。其内容涉及运动学和动力学、系统结构、传感技术、人工智能图像识别、控制技术等多领域的交叉学科,促使学生整合科学、技术、数学领域的知识,以工程标准化的思想进行综合实践。这些技术的运用,让学生能提前认识智能化技术在现实中的作用。

4."智能车世界"课程是一门面对真实世界的课程。课程从搭建模块到上路模块和智能化实现模块,都是让学生考虑真实世界需要解决的问题,通过亲自动手、亲身体验、亲自设计,获得真实的体验和感悟。

(二) 课程的设计思路

本项目为创客体验类课程,让学生认识麦昆小车和掌控板,并搭建硬件和学习编程的综合性应用,实现智能小车的基本功能。课程共分为三个模块。

第一模块"出发吧,小车!",其教学内容主要为学生制作智能小车做好软硬件知识的储备,了解智能小车的基本功能。学生在认识麦昆小车与掌控板的基础上,完成智能小车的搭建;认识图形化编程平台Mind的基本使用方法,能够完成文字图片显示、小车圆周运动、车灯点亮、播放音乐等基本功能。

第二模块"小车初上路"是小车智能控制的具体运用,在前面课程的基础上,聚焦实际应用,贴近生活场景,在原有"掌控板+麦昆小车"的基础上,新增AI图像识别模块(二哈识图)硬件模块,结合机器学习与人工智能图像识别技术,能够实现智能巡线,搭载乘客等真实交通场景功能。

第三模块"全路况智能驾驶"项目立足未来交通场景,综合运用巡线传感器与AI图像识别模块,通过颜色识别实现过红绿灯功能;同时设计了竞技大比拼的综合性比赛,全路况真实场景,包括高速模式、市区模式、山路隧道模式,以及乘客搭载,过红绿灯灯等场景,竞赛难度有层次性;还运用了标签识别功能,完成车费收取功能;对学有余力的同学,本教学案中还提供了基于物联网平台的"行车记录仪"课程可供其学习。

三个模块按照"物质载体—软件学习—智能控制"思路来建构,符合学生的学习习惯,能够实现学生知识的获取和能力的提升。

二、课程学习目标

目标类别	教学目标
知识目标	1.认识麦昆小车,了解其基本结构及功能。 2.认识掌控板,熟悉其功能键的运用。 3.了解巡线传感器原理及其应用方法。 4.了解传感器和人工智能图像在生活中的应用。 5.了解AI图像传感器(二哈识图)的基本使用方法,能够应用人脸识别、颜色识别、标签识别实现相关的功能。 6.了解物联网平台在生活中的应用
能力目标	1.通过小车搭建与硬件装配,培养工程意识和系统思维能力。 2.通过传感器的简单运用,培养技术检测运用能力。 3.通过图像化编程的使用,培养逻辑思维能力和创新能力。 4.通过人工智能硬件应用,培养对人工智能的兴趣与操作能力。 5.通过模拟场景智能控制的实现,培养解决真实问题的能力

（续表）

目标类别	教学目标
素质目标	1.通过结构、控制、人工智能、图像识别、传感器等知识的运用,形成知识探究以及动手解决实际生活问题的兴趣。 2.通过智能化问题的解决,形成科技创新素养。 3.通过设计、搭建、制作,形成动手操作素养。 4.通过团队项目实施,形成合作素养

三、课程内容、要求及过程评价

模块名称	课题名称	知识和技能	能力和核心素养	建议学时	评价
出发吧,小车	智能小车我来造	1.了解掌控板、麦昆小车硬件配置及使用。 2.完成简单的智能小车硬件装配、程序编写	物化能力,能独立完成产品的装配与测试,具有较强的动手实践能力	35分钟	根据评价表进行评价
	代码编程初体验	1.了解并熟悉Mind+编程平台的使用。 2.文字显示编程指令学习。 3.图片显示编程指令学习	工程思维。 计算思维。 编程能力	35分钟	根据评价表进行评价
	圆周运动的小车	1.了解图像化编程平台基本使用方法。 2.编程实现对麦昆小车运动的控制。 3.探究方向控制与电机转速之间的关系	工程思维,能进行的决策分析和性能评估。 创新设计,能提出创造性的构思方案并解决简单问题	40分钟	根据评价表进行评价
	灯光音乐炫起来	1.掌握LED模块的使用。 2.掌握板载蜂鸣器的使用	工程思维。 创新设计	40分钟	根据评价表进行评价
小车初上路	我是巡线小能手	1.了解巡线传感器的工作原理。 2.学习利用巡线传感器来控制方向的操作方法。 3.利用巡线传感器实现小车巡线的功能	工程思维,进行方案构思及比较权衡。 计算思维,合理抽象,高效算法。 合理建模	60分钟	根据评价表进行评价
	邂逅二哈识图	1.熟悉二哈识图连接接口方式与端口顺序。 2.体验二哈识图单人与多人识别模式	工程思维。 计算思维	40分钟	根据评价表进行评价
	带上游客去旅行	1.编程实现人脸识别实现搭载乘客功能。 2.程序的安装调试	工程思维。 计算思维。 创新设计	50分钟	根据评价表进行评价

（续表）

模块名称	课题名称	知识和技能	能力和核心素养	建议学时	评价
全路况智能驾驶	红绿灯轻松过	1.了解二哈识图颜色识别的工作原理。 2.学会二哈识图的颜色识别功能的操作方法。 3.利用颜色识别功能实现了智能小车过红绿灯灯功能	工程思维。 计算思维。 创新设计	40分钟	根据评价表进行评价
	竞技大比拼	1.综合应用二哈识图的多种功能。 2.模拟智能小车全路况情况处理。 3.熟悉综合化、模块化项目的使用，体会团体协作	整体规划。 工程思维。 计算思维	70分钟	根据评价表进行评价
	选修模块出租车费扫码付	1.了解二哈识图标签识别的工作原理。 2.学习了二哈识图传感器的标签识别功能操作方法。 3.利用标签识别功能实现了车费收取功能	工程思维。 计算思维。 创新设计	40分钟	根据评价表进行评价
	选修模块行车记录仪	1.了解物联网基本应用。 2.学习使用MQTT组件,进行消息传送	工程思维。 计算思维。 创新设计	40分钟	根据评价表进行评价

四、课程实施和建议

(一) 课程的重点、难点及解决办法

1.教学重点。

(1)图形化编程。让学生充分认识图形化编程的逻辑意义,充分认识其运行环境,掌握其与外环境形成指令的关系。

(2)AI图像识别传感器(二哈识图)的使用。

2.教学难点。

(1)针对具体项目的软硬件调试。

(2)多任务集成时代码规划与编程调试。

(3)AI图像传感器综合应用。

(二) 教学方法和教学环境

1.教学方法。

讲授法、讨论法、实作法、任务驱动法。

2.环境支持。

教室配置班班通设备,多媒体投影及电脑,教室后应有竞赛场地;建议每2—4人为

一组进行器材配置,每组器材包括:

(1)安装有Mind+图形化编程平台的电脑1台。

(2)"掌控板＋麦昆小车＋AI图像识别"模块(可按照每套2人的标准进行配置)。

(3)每组提供地图与项目道具。

（三）教学模块选择建议

模块1+2,模块1+2+3。其中模块3设计了2个选修模板,可根据需要二选一,供有图像化编程基础且前期任务完成较顺利的同学使用。

第一课　出发吧，小车！

未来世界里，智能设备在我们的生活中无处不在。无人驾驶的智能小车将成为潮流，丰富的功能和无限创意都将在智能小车上实现。在本项目中，未来汽车公司的工程师，将带领我们一起去参与智能小车的制作与功能实现。

情景与任务

智能小车的制造，既有硬件的搭建，也有软件代码的编写，还离不开工程师的不断优化与调试。要真正实现这些功能，需要我们从零开始学习自动控制的相关知识。小伙伴们，一起来打造属于我们自己的智能小车吧！

讨论

智能小车有哪些硬件组成？应有哪些功能呢？

行动与体验

一、智能小车我来造

(一) 智能小车架构

智能小车有不同的类型，在本项目中，我们采用"掌控板＋麦昆小车4.0"的组合模式。

一辆智能小车就是一个能够实现驾驶功能的自动机器人，其拥有许多与人体器官类似的部件(见右图)。如智能小车的主控板就好比人的大脑，其功能就是执行编写的程序代码，驱动各部件工作；麦昆小车主板就好比是人类的身体；电机就好比是人类的肌肉，驱动手和脚工作；麦昆小车的车轮就是腿，如果加上机械臂，就好比人类的手；智能小车还有一些部件，就像是人类的五官，获取外界信息。蜂鸣器好比嘴巴，能够发现音

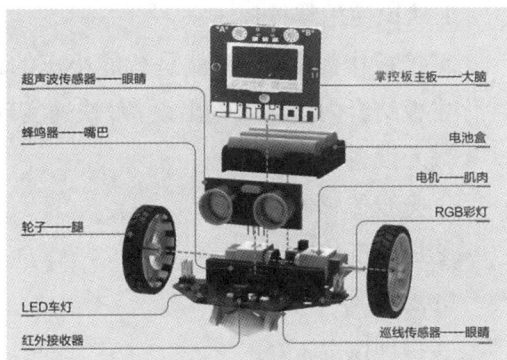

超声波传感器——眼睛　　掌控板主板——大脑
蜂鸣器——嘴巴　　　　　电池盒
　　　　　　　　　　　　电机——肌肉
轮子——腿　　　　　　　RGB彩灯
LED车灯
红外接收器　　　　　　　巡线传感器——眼睛

乐和提示音；超声波与巡线传感器类似人的眼睛；掌控板自带的声音传感器就是耳朵，能够接收声音信号。

没有灵魂的硬件只是躯壳，在智能小车中，编程平台就是灵魂，程序代码就是注入灵魂中的内容。程序代码，让智能小车与传统小车区分开来。

（二）认识麦昆小车

1.麦昆小车简介。

麦昆小车4.0是为初学者设计的一款可编程的智能小车。支持Mind+等图形化编程平台，其编程语言和编程环境简单、易理解。麦昆小车本身就自带了多种炫酷的技能，不仅能够带领我们走进智能小车的世界，而且还可以在我们玩的过程中学习编程知识。

2.麦昆结构图。

① 红外巡线传感器(高低电平)×2　　⑥ SR04、SR04P超声波接口(5V)×1
② 蜂鸣器×1　　⑦ IIC接口(3.3V)×1
③ 红外接收(NEC编码)×1　　⑧ 舵机专用接口×2(S1 S2)
④ LED车灯(高低电平控制)×2　　⑨ Gravity扩展口×2(P1 P2)
⑤ RGB氛围灯(全彩1600万色)×4　　⑩ 掌控板主板接口×1

（三）认识掌控板

1.认识使用掌控板。

掌控板作为主控板，就是智能小车的大脑。其配置丰富，其集成蓝牙和Wi-Fi功能，迷你主板结合内置输入输出设备，快速实现多种DIY创意作品应用。

输入设备：

①光线传感器。

②加速度传感器。

③麦克风。

④物理按键2个。

⑤触摸按键6个。

输出设备：

①1.3英寸OLED屏。

②3个RGB灯。

③蜂鸣器。

2.掌控板结构图。

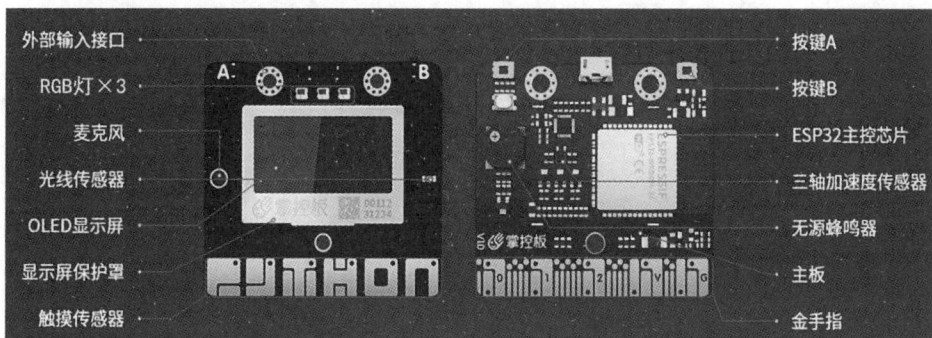

实验

组装智能小车的步骤如下。

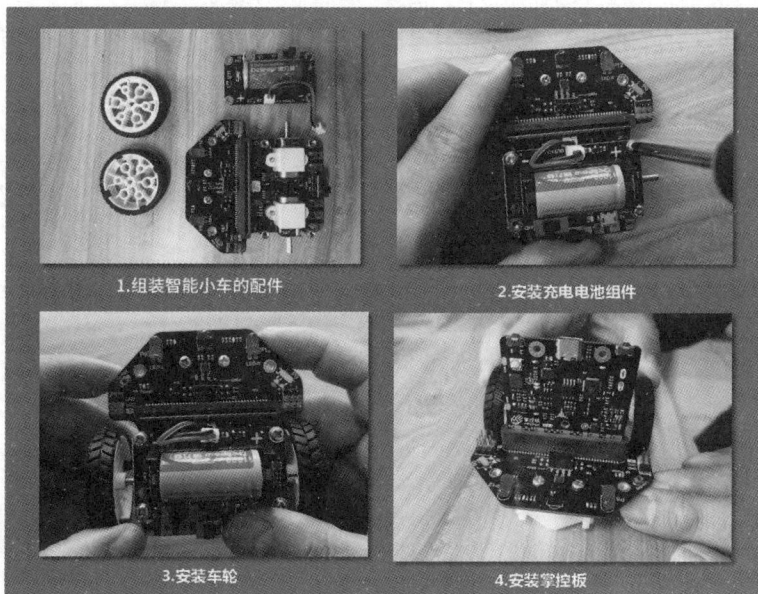

1.组装智能小车的配件　　　　2.安装充电电池组件

3.安装车轮　　　　4.安装掌控板

(四) 编程平台 Mind+

1.Mind+ 简介。

Mind+是一款基于Scratch3.0开发的青少年编程软件，支持掌控板、Arduino、Microbit等各种开源硬件，只需要拖动图形化程序即可完成编程，让大家轻松体验创造的乐趣。

2.Mind+ 主界面。

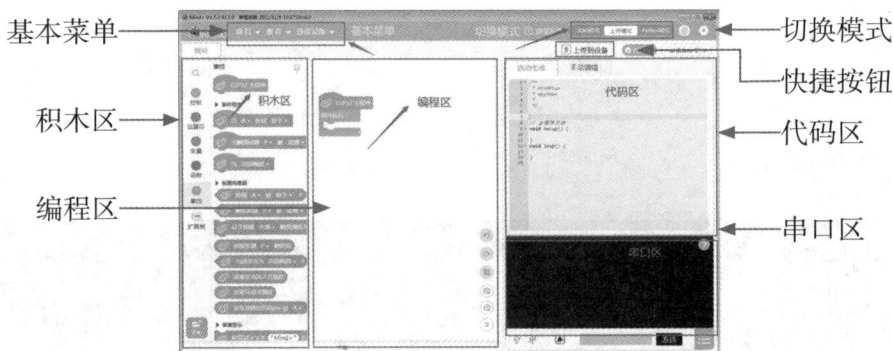

3.软件安装。

在官网地址 www.mindplus.cc 下载安装 Mind+。

4.首次使用。

(1)切换至"上传模式",点击左下侧"扩展",选择主控板为"掌控板"。

(2)在弹出对话框中,选择"安装",安装掌控板的驱动,驱动安装完成后,将掌控板通过数据线连接到电脑,"连接设备"下将出现一个COM口,点击这个已经连接设备即可。

小提示:不同掌控板连接到电脑后,COM口后面的数字不同。

(3)若掌控板驱动安装不正确或无法识别,可以尝试"一键安装串口驱动"重新安装驱动。

二、代码编程初体验

(一)关联硬件指令积木

在给麦昆小车发送指令前,我们需要在编程平台Mind+中找到掌控板与麦昆小车相关的指令积木。

1.点击"拓展"　　　　2.主控板选择"掌控板"　　　　3.扩展板选择"麦昆扩展板"

Mind+关联主控与拓展板指令积木步骤如下。

关联后左侧出现"掌控"与"扩展板"按钮。编程只需要将积木拖动至编辑区即可。

（二）Mind+编程基本操作

1.输入指令：将需要的指令积木从左边积木区移动到中间编程区，以此来对"麦昆小车"下达命令。

2.删除指令：如需删除不需要或者错误的指令，将指令从中间编程区，拖回到积木区，或右键选择直接删除即可。

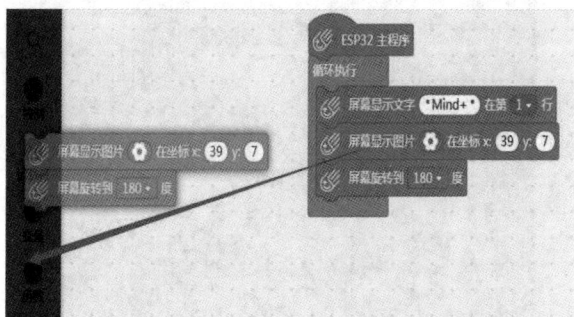

3.传送与烧录代码:在每次完成指令编辑后,将新的指令按操作步骤传送给主控板。

(1)用USB线将掌控板与电脑连接在一起。

(2)用Mind+连接掌控板。

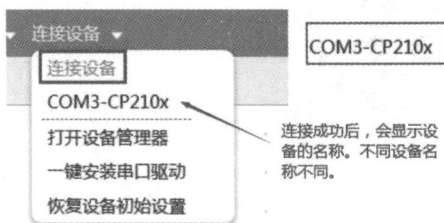

(3)将指令传给掌控板。

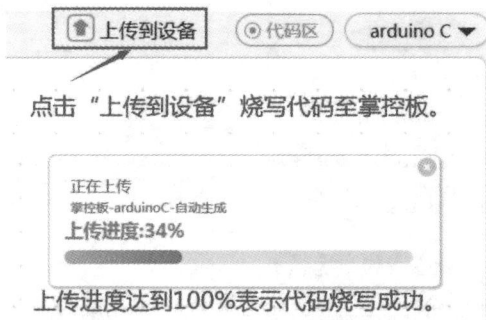

(4)开启电源开关,执行程序。

4.新建或打开项目：完全新输入指令选择"新建项目"，对原有项目进行更改，选择"打开项目"。

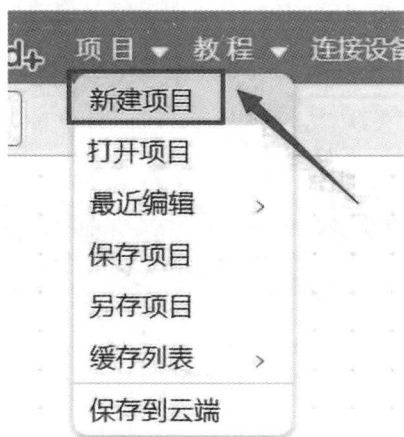

5.保存或另存项目："保存项目"在原文件位置保存；"另存项目"需要输入新的文件夹重新保存。

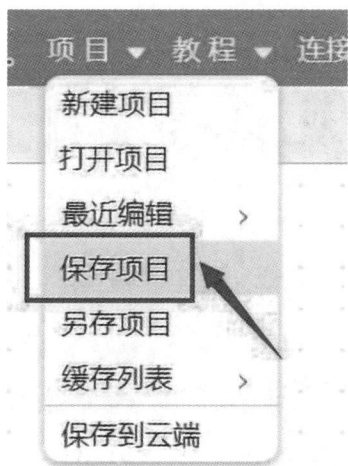

（三）Mind+编程初体验

1.删除循环结构。

本例中，显示文字只执行一次，我们就需要将默认的循环结构删除掉。拖动至左边的指令积木区，即可完成删除指令积木。

提示：如果需要循环执行，可以不删除。

2.显示文字指令积木。

（1）在某行显示文字。

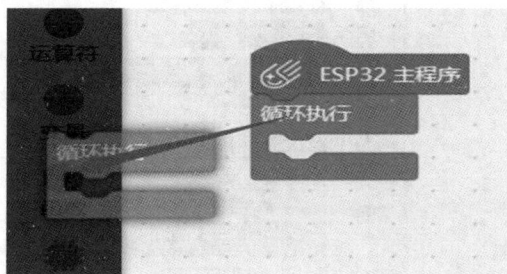

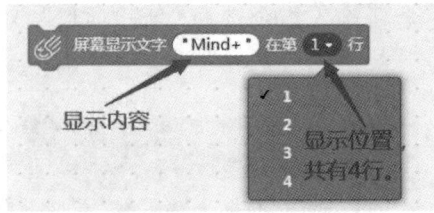

(2) 在指定坐标位置显示文字。

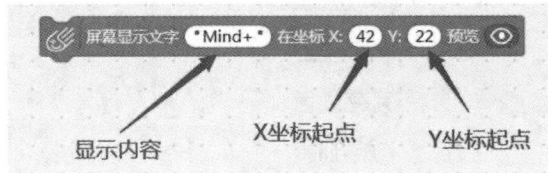

(3) 清除指定行的文字内容。

(4) 屏幕可设定为全黑或全白。

3.拖动指令积木实现编程。

将指令积木从左侧指令积木区拖动至中间编程区,再修改文字内容和其他参数,即完成程序代码编辑。

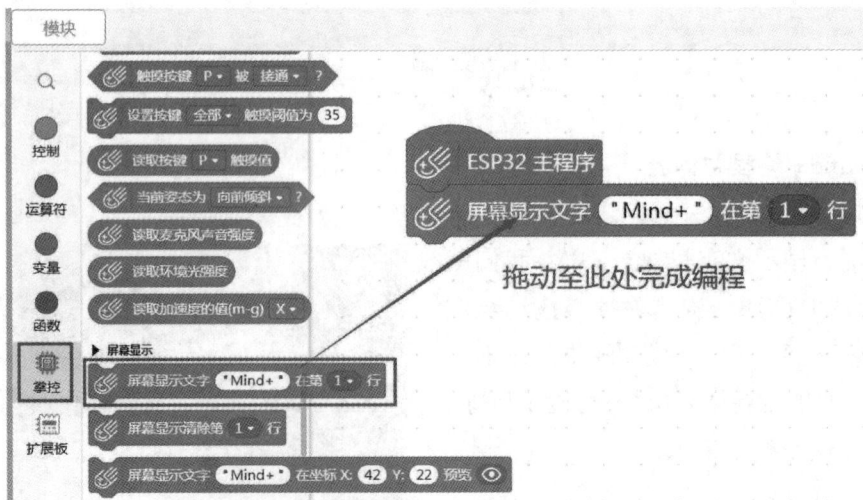

4.显示文字程序示例。

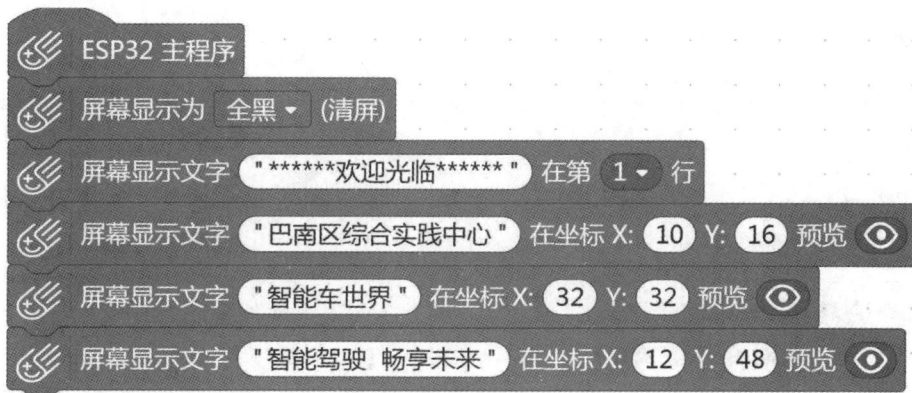

5.显示图片程序示例。

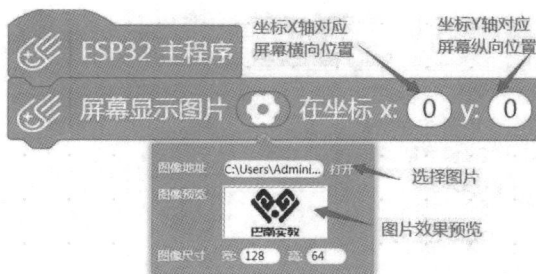

6.程序实例运行效果。

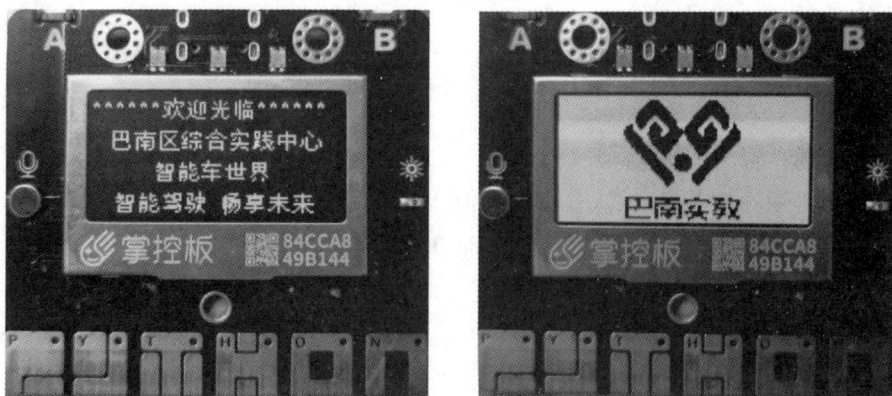

🖧 实验

(1)尝试使用"4.显示文字程序示例"中的图示,显示指定文字。

(2)尝试使用"5.显示图片程序示例"中的图示,显示指定图片。

(四)常用指令积木

指令语句	主要功能
ESP32 主程序	掌控板主程序,每个代码只能有一个主程序
屏幕显示为 全黑 ▼ (清屏)	掌控板OLED屏清屏,有"全黑"和"全白"两种方式
屏幕显示文字 "Mind+" 在第 1 ▼ 行	在屏幕指定行数显示文字,中英文均可,行号可以1—4中间选择
屏幕显示文字 "Mind+" 在坐标 X: 42 Y: 22 预览 ◉	在屏幕指定坐标处显示文字
屏幕显示图片 ⚙ 在坐标 x: 39 y: 7 图像地址 C:\Program Files... 打开 图像预览 图像尺寸 宽 50 高 50	在屏幕指定位置显示图片,图像尺寸最大128×64,可以自定义图片,显示为黑白色

三、圆周运动的小车

(一)差速转向与圆周运动

1.小车电机。

程序代码是通过对麦昆小车电机的控制来实现小车的运动控制,其主要控制操作有麦昆小车左转、右转、前进、后退,也可分别设置左右两个电机,通过速度与方向来实现更加精准的控制。

2.差速转向原理。

当左右两轮的速度和方向一致时,小车可以前进或者后退。如果左右两轮的方向一样,速度不一样,小车是不是就能实现左右转向呢?

🌞 思考

如何通过差速控制运行方向?

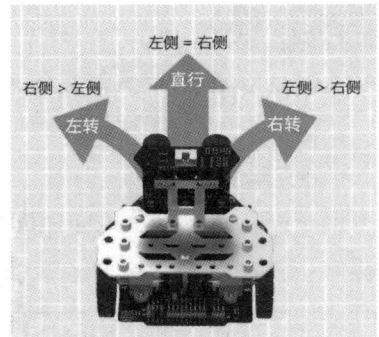

左右转速关系	小车方向
左侧速度 > 右侧速度	
左侧速度 < 右侧速度	
左侧速度 = 右侧速度	

3.如何实现圆周运动？

(1)要让小车实现圆周运动，实质就是要让小车左右两轮的速度不一致，让小车转起来，我们可以设置为右转，让小车顺时针运动。

(2)通过延时指令设置等待时间，让小车行进路线为一个完整的圆形。

(3)通过停止指令，让小车停止运动。

注意：小车走出一个完整的圆形路线所需的时间长短与地面的摩擦力、电池电量等因素有关，请根据实际情况进行调整！

(二) 麦昆小车运行状态控制指令积木

左右侧电机可选　速度可调　正反转两种模式　　前进、后退、左转、右转

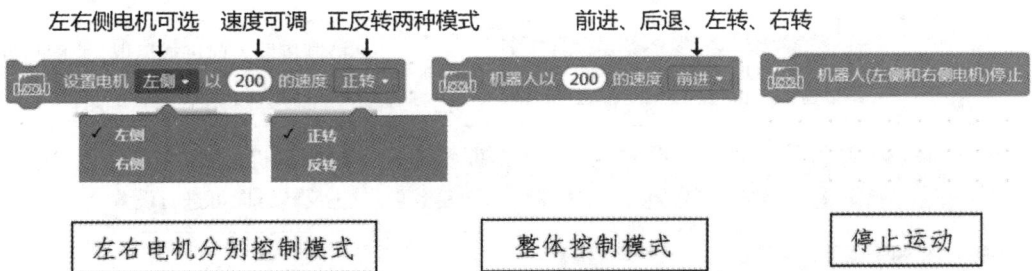

左右电机分别控制模式　　整体控制模式　　停止运动

(三) 小车圆周运动程序示例

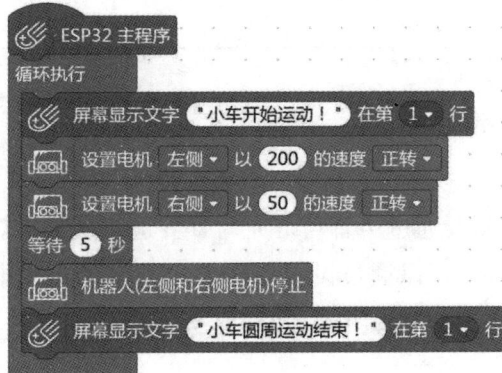

实验

尝试使用上图的程序,控制小车进行圆周运动。

(四) 探究实验

在左右两个电机不同速度和方向情况下,小车的运动状态会是怎样的呢? 动手编写程序,设置电机不同的方向与速度,并记录数据。

序号	左侧电机		右侧电机		小车运行状态
	速度	方向	速度	方向	
1					
2					
3					
4					
5					

(五) 常用指令积木

指令语句	主要功能
机器人以 200 的速度 前进▼	控制机器人前进或后退,速度与方向可以进行设置
设置电机 左侧▼ 以 200 的速度 正转▼	控制电机运转,电机位置、速度、正反转方向可进行设置
机器人(左侧和右侧电机)停止	左右电机停止转动
等待 1 秒	等待语句,等待时间设置可带小数

四、灯光音乐炫起来

(一) RGB 灯与蜂鸣器

在智能小车中,我们需要通过声音与灯光与外界进行交流。灯光方面使用麦昆小车的 LED 灯和 RGB 氛围灯时,可以通过设置灯珠颜色与效果实现丰富的灯光特效。声音方面则可以使用掌控板中的无源蜂鸣器,可以选择系统默认音效,也可以自行编辑喜欢的歌曲。

(二) 灯光控制指令积木

选择RGB灯序号，
也可选择全部。

在调色盘中选择
RGB灯显示的颜色

(三) 点亮氛围灯程序示例

麦昆小车氛围灯，位于小车底部四个角落中，可以设定为不同的颜色，也可设定相同的颜色，定时切换颜色。

实验

尝试使用上图的程序，点亮小车氛围灯。

(四) 播放音乐指令积木

前台播放与后台播放模式区别。

前台模式：据设置播放指定音乐，播放音乐完毕后执行后续代码。

后台播放模式在播放音乐时，同时执行后续的代码，不需要等待音乐播放完毕。

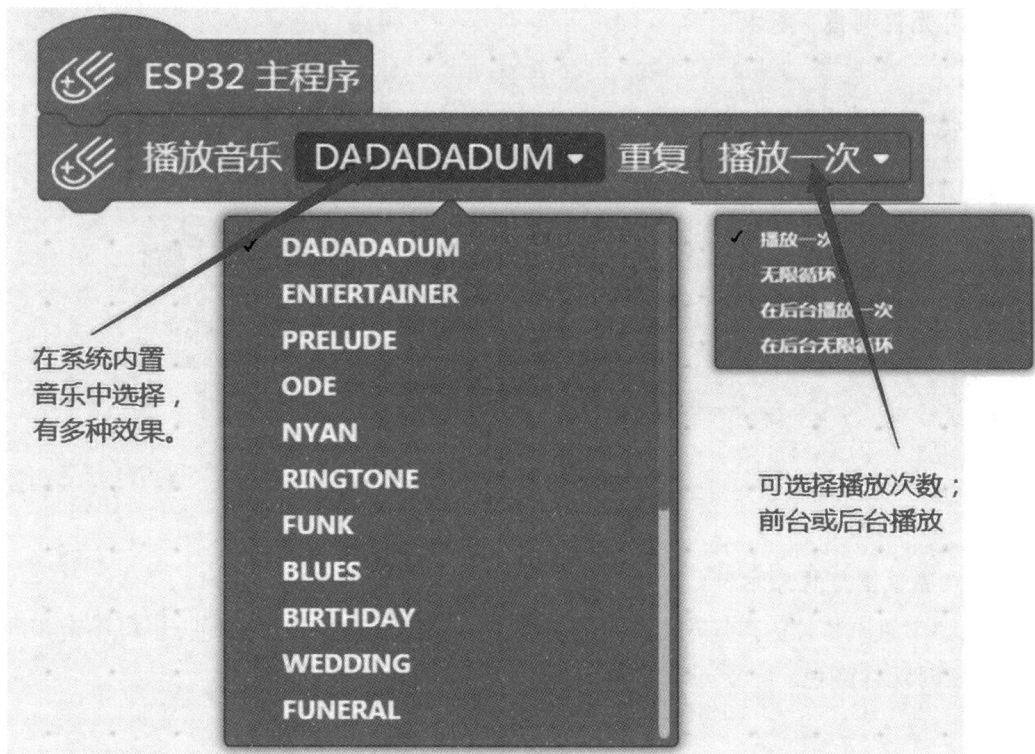

在系统内置
音乐中选择，
有多种效果。

可选择播放次数；
前台或后台播放

（五）播放音乐与点亮氛围灯综合应用程序示例

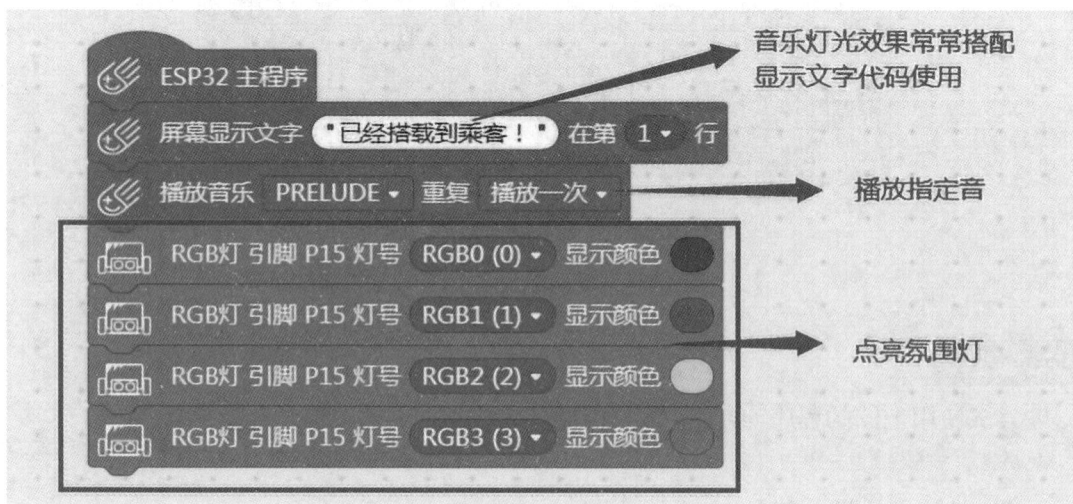

音乐灯光效果常常搭配
显示文字代码使用

播放指定音

点亮氛围灯

🖥️ 实验

尝试使用上图的程序，点亮小车氛围灯，同时播放音乐。

（六）播放音符指令积木

播放音乐指令积木只能播放内置的音乐，当我们需要进行定制化播放或选择新的音乐时，可以使用播放音符指令及设置节拍指令积木。

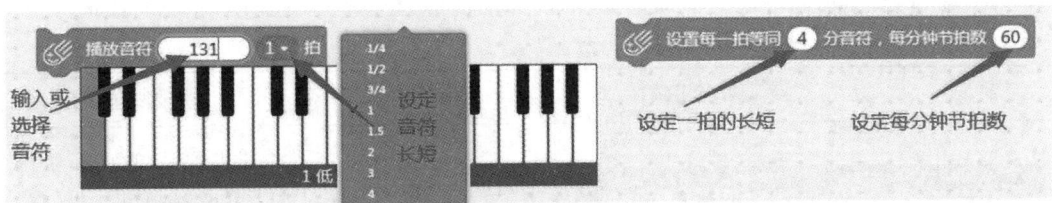

（七）播放自编音乐程序示例

以编写儿歌《两只老虎》为例，其简谱如下：

$$\underline{1 \quad 2} \quad \underline{3 \quad 1} \quad | \quad \underline{1 \quad 2} \quad \underline{3 \quad 1} \quad | \quad \underline{3 \quad 4} \quad 5 \quad | \quad \underline{3 \quad 4} \quad 5$$

两 只 老 虎， 两 只 老 虎， 跑 得 快， 跑 得 快。

播放《两只老虎》音乐程序示例。

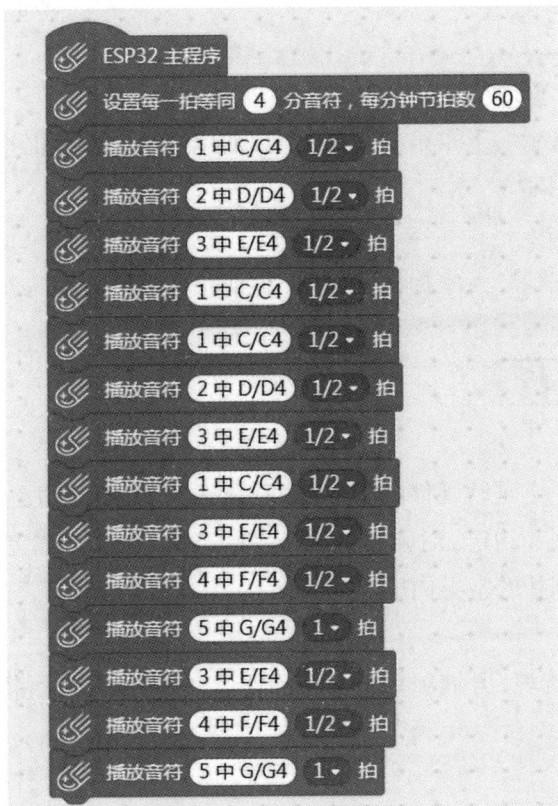

实验

尝试使用上面程序,播放《两只老虎》。

(八) 常用指令积木

指令语句	主要功能
RGB灯 引脚 P15 灯号 RGB0 (0) ▼ 显示颜色 ●	打开麦昆小车底部氛围灯,可设置颜色与小灯位置
设置每一拍等同 4 分音符,每分钟节拍数 60	设置音乐节拍
播放音符 1 低 C/C3 1 ▼ 拍	播放音符

分享与交流

以小组为单位,展示一下本组的作品,可以从以下两个方面汇报:

(1)实现了哪些效果?

(2)存在哪些问题?

交流是为了相互学习,大家提出的问题,你能想到解决方案吗?

总结与评价

1.创客小课堂。

智能化的设备,一定是软硬件的结合,硬件赋予其功能,软件约定其实现方式。编程的过程,就是根据规则和约定,对硬件进行统一的指挥与协调,以完善其功能。对算法的不断改进,也是科技创新的常见内容。

2.总结与评价。

利用项目活动评价表,开展项目学习活动评价,并对项目进行拓展。

评估指标	等级			分数
	A	B	C	
小车搭建 (20分)	基本了解掌控板与麦昆小车的工作原理以及作用 (0—9分)	理解掌控板与麦昆小车的工作原理以及作用 (10—15分)	掌握并能应用掌控板与麦昆小车组建智能小车 (16—20分)	
掌控板基本功能 (20分)	基本能通过掌控板显示文字与图像，效果一般 (0—9分)	能通过掌控板实现文字与图片的显示，效果良好 (10—15分)	掌握掌控板文字与图片显示的控制方法，效果好 (16—20分)	
Mind+编程平台 (20分)	基本了解图形化编程平台MIND+的功能 (0—9分)	掌握图形化编程平台MIND+的常用功能 (10—15分)	熟练掌握图形化编程平台MIND+的使用 (16—20分)	
程序设计 (20分)	只会按照范例编写简单程序 (0—9分)	能编写和调试程序 (10—15分)	能编写、调试和优化程序 (16—20分)	
动手调试能力 (20分)	基本能够完成硬件连接，调试效果差，完成小部分任务 (0—9分)	能够完成硬件连接，能够完成软硬件调试，完成部分任务 (10—15分)	掌控硬件搭建方法，灵活进行调试，完成全部任务 (16—20分)	
项目评分				

第二课　小车初上路

通过前面的学习，小轩同学和小伙伴们成功组装好了智能小车麦昆，并实现了小车的基本功能。但小车还不是完全的智能小车，按照设想，未来的智能小车，必须是能够实现自动驾驶，能够自动选择行驶路线，并能成功应对现实交通中的各种情境，这就需要用到传感器和人工智能图像识别的知识了。在这个模块的学习中，我们将了解传感器与人工智能图像识别的基本原理，学习巡线传感器与AI图像识别组件与Mind+编程的综合运用，从而实现"无人驾驶智能小车"的基本功能。

情景与任务

未来世界里，无人驾驶的智能小车将使人们的生活更加便利，作为未来汽车公司的工程师，需要对一系列的真实情境提供相关的解决方案，如智能小车沿固定路径行驶，通过人脸识别方式来确定和搭载乘客等，现在，就让我们与工程师一起来实现这些功能吧！

行动与体验

一、我是巡线小能手

无人驾驶小车麦昆这样的自动装置，可以采用多种方法来选择路线，实际生活中运用最多的是GPS或北斗导航。而在青少年创客制作中，我们常常使用巡线传感器通过巡线来实现功能。

（一）分析问题

交流

智能小车如何识别道路？

智能小车能够沿着指定路线行驶，是因为巡线传感器能够检测到地面的黑线，其检测范围为1—2cm。由此可利用这一原理，控制智能小车对外界环境的变化做出判断。

1.位置。

麦昆小车上集成有2个巡线传感器，位于小车底部中间，标记为P13，P14。一组巡线传感器包括红外发射器与红外接收器。

2.检测原理。

红外发射器在智能小车行驶过程中不断向地面发射红外光，若红外光被反射（如遇到白色或其他浅色平面),则接收器收到红外信号,输出数值1(此时可观察到巡线传感器背面对应的蓝色LED指示灯亮起);若红外光被吸收或无法被反射,则接收器收不到红外信号,输出数值0。

💬 讨论

1.当巡线传感器正前方没有物体,或离物体较远时,传感器的值是多少?

2.表面黑色,但光滑的表面,测试出来的数据正确吗?

(二) 设计算法

智能小车麦昆的两个红外传感器之间的距离为1 cm,黑色线条不同的粗线对规则有影响吗?

1.粗线与细线。

根据黑色线条的粗细不同,巡线时采用了两种不同的策略。

(1)粗线:正常行驶时,两个巡线传感器均在黑色内,即左右均检测到黑色为正常行驶,左右均检测到白色为停车点。

(2)细线:正常行驶时,两个巡线传感器均在白色内,黑色线在两个传感器中间,即左右均检测到白色为正常行驶。

麦昆的两个数字红外传感器之间的距离是15mm。选择不同的线路,请采用相配套的策略。

2.巡线控制方向逻辑(以细线行驶为例)。

完成下表,讨论回答问题:

状态示意图	小车方向	传感器位置	传感器输出值
		L传感器____黑线上 R传感器____黑线上	L= R=
		L传感器____黑线上 R传感器____黑线上	L= R=
		L传感器____黑线上 R传感器____黑线上	L= R=
		L传感器____黑线上 R传感器____黑线上	L= R=

(1)小车沿黑线直走,此时左右两个巡线传感器能检测到黑线吗?

(2)小车向右偏时,左右两个巡线传感器输出电平分别是什么? 小车应该怎么运动以继续走直线？

(3)小车向左偏时,左右两个巡线传感器输出电平分别是什么？ 小车应该怎么运动以继续走直线？

3.识读智能小车麦昆的巡线流程图。

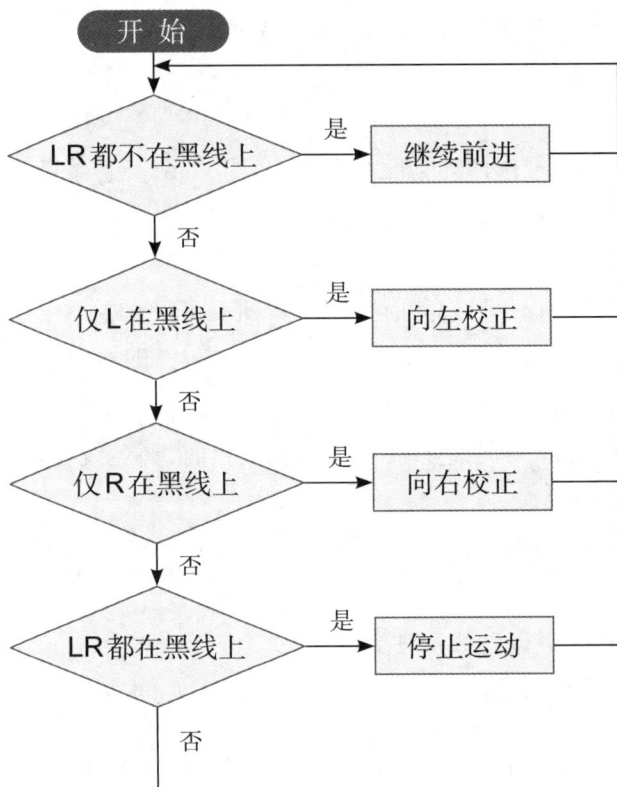

```
                    开 始
                     │
                     ▼
          ┌──────────────────┐    是
          │  LR都不在黑线上    ├──────→  继续前进  ──┐
          └────────┬─────────┘                      │
                   │否                               │
                   ▼                                 │
          ┌──────────────────┐    是                │
          │   仅L在黑线上      ├──────→  向左校正  ──┤
          └────────┬─────────┘                      │
                   │否                               │
                   ▼                                 │
          ┌──────────────────┐    是                │
          │   仅R在黑线上      ├──────→  向右校正  ──┤
          └────────┬─────────┘                      │
                   │否                               │
                   ▼                                 │
          ┌──────────────────┐    是                │
          │   LR都在黑线上     ├──────→  停止运动  ──┤
          └────────┬─────────┘                      │
                   │否                               │
                   └─────────────────────────────────┘
```

💬 **交流**

弯道与路口分析:

(1)在弯道中,巡线代码有没有需要修改的?

(2)小车如何判断到达路口?

(三) 编程实战

1.循环结构语句。

在本项目中,当智能小车巡线的时候,我们需要其根据巡线传感器读取的数值,反复调查小车状态,保证小车一直沿黑线运行。这种一直运行的结构,我们称之为循环结构。Mind+中提供了三种循环语句指令积木。选择模式3,将循环执行模块拖动到编程区即可。

重复执行 10 次

重复执行直到 ◆

循环执行

| 模式1：按设定次数重复执行模块内的程序。 | 模式2：一直执行模块内程序，直到满足条件时，退出循环。 | 模式3：无限次循环，即重复执行模块内所有程序。 |

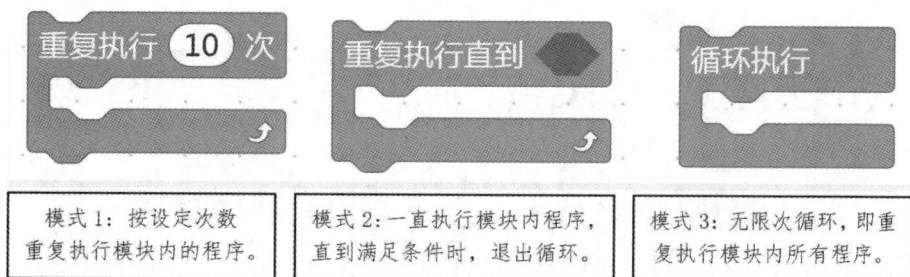

2.条件判断语句。

根据前期的分析，左右巡线传感器数值的不同，共有四种情况。我们先来处理车辆直行的情况，这时，左右传感器均检测到白色。我们使用"如果……那么执行"条件判断指令积木来进行编程，将该模块放入循环执行模块中，这样就可以实时处理条件判断模块了。

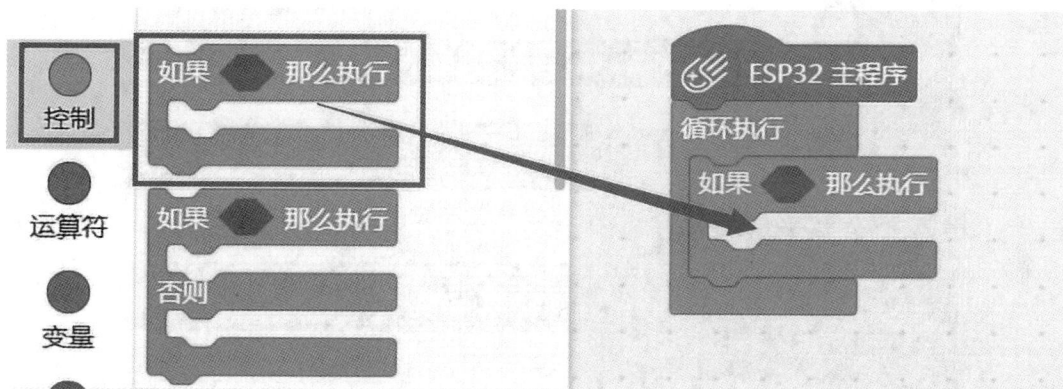

控制　运算符　变量

如果 ◆ 那么执行

如果 ◆ 那么执行 否则

ESP32 主程序
循环执行
如果 ◆ 那么执行

3."如果……那么执行"语句中的执行条件设置。

根据巡线规则，只有当左侧与右侧的传感器都检测到白色时，智能小车继续前进。类似这种条件，我们首先需要用到"逻辑与"运算，同时满足左边条件和右边条件时才成立。同时，读取左右侧传感器的值有一个专用的指令积木"读取巡线传感器"，这样才能正确读取传感器的数值。智能小车继续前进，可以使用"机器人前进"语句。

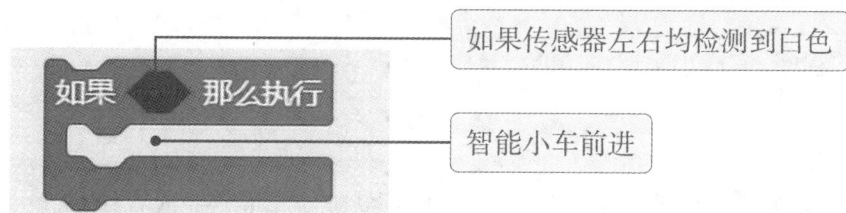

如果传感器左右均检测到白色

智能小车前进

如果 ◆ 那么执行

293

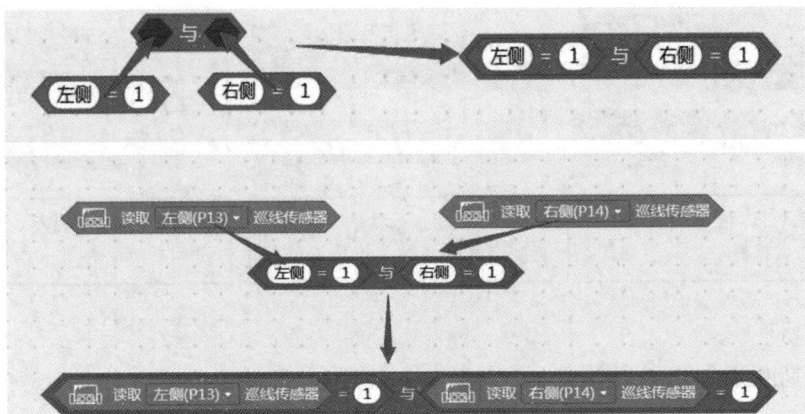

4.小车巡线程序示例。

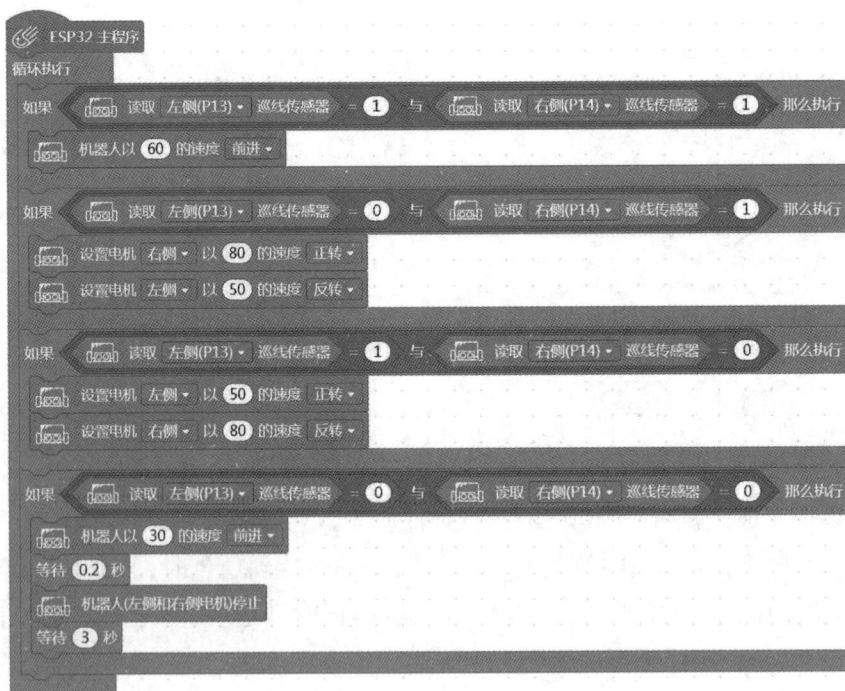

实验

尝试使用上图的程序,完成小车巡线功能。

(四) 巡线参数优化

请根据实际情况,设置电机转速与正反方向等参数,让智能小车能够完成直线、弯道、山区路段等各种情况，记录完成巡线功能的时间，观察其平稳程度，思考算法对巡线效果的影响，寻找最合适的参数与算法。

左侧		右侧		直行速度	完成时间，运行效果
速度	正反	速度	正反		

实验

比一比，在地图上试一试，看谁完成小车巡线功能的时间更少。

(五) 常用指令积木

语句	主要功能
循环执行	无限次循环，即重复执行模块内所有程序
如果 那么执行	对单个条件进行逻辑判断，如果满足条件则执行下方程序
与	逻辑与运算，同时满足左边条件和右边条件时才成立
○ = ○	等于运算符，用于判断左边等于右边的情况，常用于对某个变量或传感器的值进行比较时使用
读取 左侧(P13)▼ 巡线传感器	读取巡线传感器值，可选择传感器位置
读取 左侧(P13)▼ 巡线传感器 = 1	值为1，意为左侧传感器检测值为非黑线；值为0，检测值为黑线
读取 左侧(P13)▼ 巡线传感器 = 1 与 读取 右侧(P14)▼ 巡线传感器 = 1	当两个条件同时满足时
机器人以 200 的速度 前进▼	小车控制语句，动作有前进、后退、左转、右转等，可设置速度值
设置电机 左侧▼ 以 200 的速度 正转▼	小车电机以设定速度转动，参数有电机左右，速度及正反转
机器人(左侧和右侧电机)停止	小车电机停止转动

二、邂逅二哈识图

(一) 人工智能图像识别

1.计算机视觉与图像识别。

计算机视觉赋予了机器人"看"的能力。与人类视觉不同,计算机视觉指的是用相机和电脑来完成目标检测、目标识别、目标跟踪、图像分割、识别3D位置和姿势等任务。图像识别使用人工智能技术自动识别图像中的对象、人物、位置和动作。

2.生活中的图像识别技术。

图像识别技术目前发展得非常迅猛,已应用在生活的方方面面,有许多应用场景。在交通方面,如道路上的摄像头已经可以精准识别出车型、车辆颜色、车牌号。同时,还能判断出驾驶人是否在打电话,以及驾驶座前方是否有遮挡物等,大大提升了交警的工作效率。

(二) 人工智能图像识别硬件

1.二哈识图实现AI图像识别。

无人驾驶小车接送乘客,涉及一个身份确认的问题。通过人脸识别的功能,能够轻松实现对人身份的识别。智能AI图像识别传感器能够轻松完成人脸识别的功能。

2.二哈识图模块基本功能。

二哈识图是一款简单易用的人工智能摄像头(视觉传感器),内置七种功能:人脸识别、物体追踪、物体识别、循线追踪、颜色识别、标签识别、物体分类。仅需一个按键即可完成AI训练,摆脱烦琐的训练和复杂的视觉算法,让你更加专注于项目的构思和实现。其像素为200W,显示屏为2.0寸IPS,分辨率320×240。

  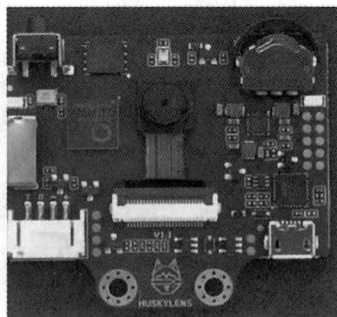

| 麦昆小车 | 掌控板 | 二哈识图 |

(三) 二哈识图使用流程

1.连接二哈识图硬件。

(1)连接数据线。

使用Gravity 4P数据线连接二哈识图与智能小车。一头连接在二哈识图摄像头一侧,绿色靠外侧,另一头连接在智能小车上,通过I2C接口与之相连接。注意"5V"标识处接红色线,GND处接绿色线。

(2)安装二哈识图主板。

拆除固定万向轮的螺丝,换为六角形铜柱,调整位置,使二哈识图支架位置合适,安装好主板,调整好螺丝,使其固定牢固。

2. 在编程平台Mind+中关联硬件。

点击积木指令区下方的"扩展"按钮,在"传感器"标签中,找到"HuskyLens AI摄像头",点击加载模块,然后"返回"编程界面。就会看到在代码构出现"传感器"模块,并有许多图像识别相关的指令积木,就可以进行相关编程操作了。

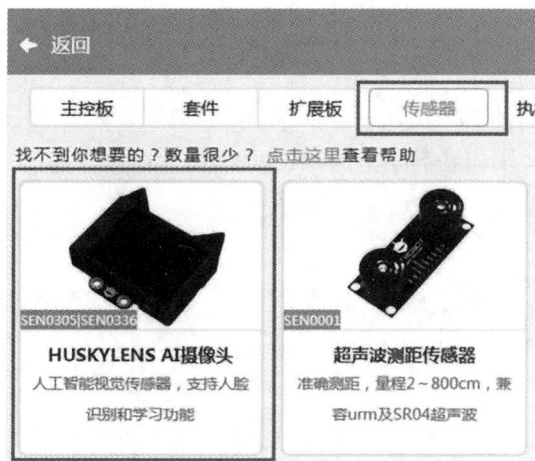

3.二哈识图分区及按键作用简介。

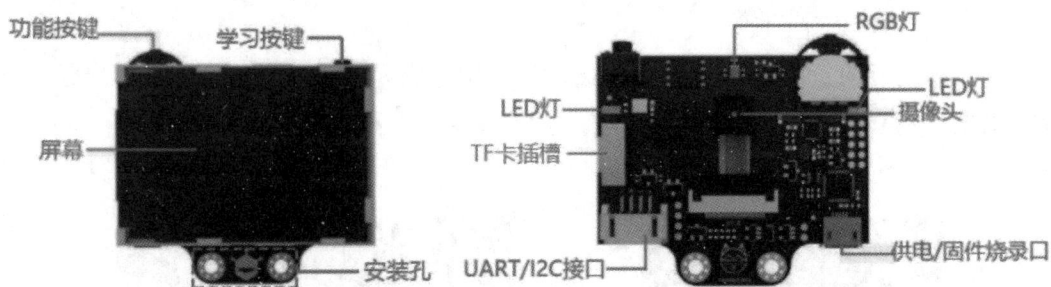

4.使用前设置。

(1)二哈识图默认语言为英文,使用时请将界面语言设置为中文。

(2)检查端口协议:协议种类为I2C或自动识别。

在二哈识图上拨动菜单到"常规设置",选择"协议种类"为I2C或自动识别,然后保存并返回。

(3)更新固件:HuskyLens的功能需要更新固件到最新版本才能得到最新最全的功能和最好的体验,建议更新固件。

(四)体验二哈人脸识别功能

1.选择功能。

左右拨动左侧"功能"按键,至屏幕顶部显示为"人脸识别",设定二哈工作模式为"人脸识别"。

2.检测人脸。

把二哈识图对准有人脸的区域,屏幕上会用白色框自动选出检测到的所有人脸,并分别显示"人脸"字样。

3.学习单个人脸。

将二哈识图屏幕中央的"+"字对准需要学习的人脸,短按"学习"按键完成学习。屏幕上会出现一个蓝色的框并显示"人脸:ID1"。人脸学习成功。

4.遗忘人脸。

对于已经学习过的人脸图片,短按"学习按键",屏幕会提示"再按一次遗忘!"。在倒计时结束前,再次短按"学习"按键,即可删除上次学习的东西。屏幕中央显示"+"字,说明二哈识图已经准备好学习新东西了。

5.学习多角度人脸。

将二哈识图屏幕中央的"+"字对准需要学习的人脸,长按"学习"按键不松开,此时屏幕中会在人脸上显示黄色框并标识"人脸:ID1",说明正在学习人脸。将屏幕中央的黄色框依次对准同一个人的脸的不同角度,如正脸、侧脸(也可以是同一个人的多张照片),录入此人脸的各个角度。松开"学习"按键,结束多角度人脸学习。

6.设置"多人学习"模式。

(1)长按左侧"功能按键",进入二级菜单参数设置界面。

(2)左右拨动"功能按键",选中"学习多个"。

(3)短按"功能按键",向右拨动"功能按键"打开"学习多个"的开关,即进度条颜色变蓝,进度条上的方块位于进度条的右边。再短按"功能"按键,确认该参数。

(4)向左拨动"功能按键",选中"保存并返回",短按"功能"按键,屏幕提示"是否保存参数?"。默认选择"确认",此时短按"功能"按键,即可保存参数,并退出设置。

7.学习多个人脸。

将二哈识图屏幕中央的"+"字对准需要学习的人脸,短按"学习"按键完成第一个人脸的学习。松开"学习按键"后,屏幕上会提示"再按一次按键继续!按其他按键结束"。如要继续学习下一个人脸,则在倒计时结束前短按"学习按键",可以继续学习下一个人脸。如果不再需要学习其他人脸了,可不操作任何按键,等待倒计时结束。二哈识图标注的人脸ID与录入人脸的先后顺序一致,不同的人脸ID对应的边框颜色也不同。

8.识别人脸。

当二哈识图检测到学习过的人脸时,会将这些人脸用方框框选出来并标识ID号,边框大小会随着人脸大小而变化,并自动追踪人脸。

实验

学习人脸识别的八种操作,体会人脸识别检测、学习、识别的过程。

(五)解锁更多AI图像识别功能

(1)颜色识别功能。

(2)标签识别功能。

(3)物体识别功能。

(4)物体识别功能。

(5)物体分类功能。

(6)巡线功能。

实验

尝试使用二哈识图模块开启有趣的玩法。

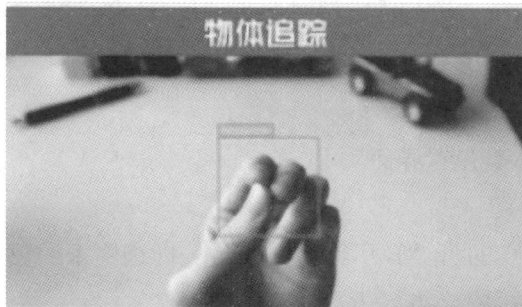

三、带上游客去旅行

　　未来的智能小车，除了可以按线巡逻以外，还可以通过AI人工智能，拥有许多新的功能，比如无人驾驶车接送游客就可以通过人脸识别功能进行！加上AI视觉传感器(二哈识图)，就好比给小车装上了一双眼睛，也使AI(人工智能)成为可能。

（一）流程图分析

（二）程序编写

1.二哈识图常用功能指令积木。

在本项目中，我们调用二哈识图的人脸识别功能实现搭载乘客功能。使用二哈识图模块，需要进行硬件初始化，并切换到人脸识别算法，同时需要将二哈识图的数据存入结果，这样才能访问最新的图像数据。

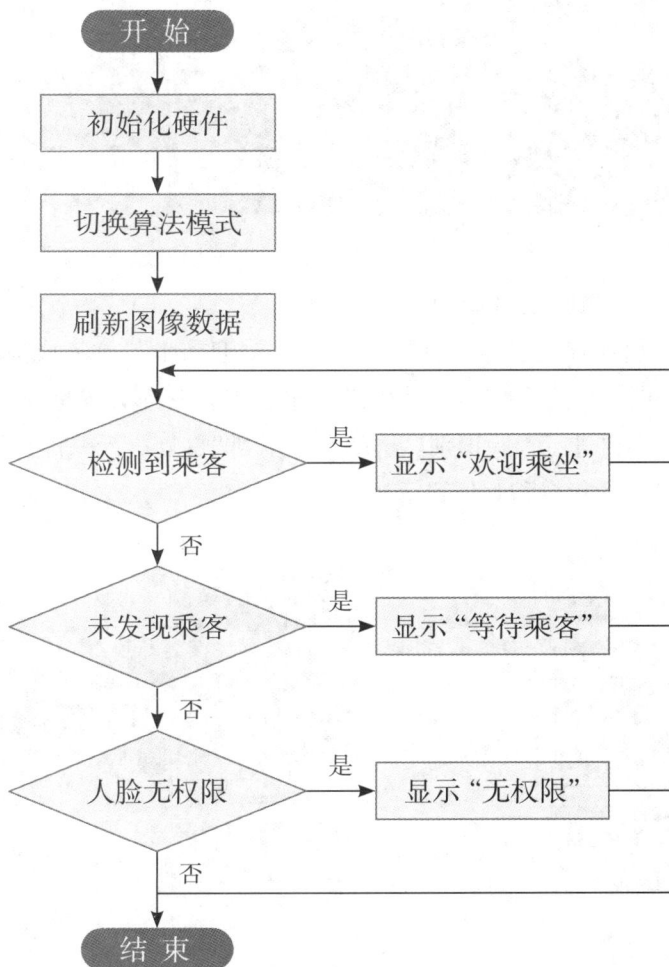

HuskyLens 初始化引脚为 ⬡ 直到成功	HuskyLens 切换到 人脸识别▾ 算法 直到成功	HuskyLens 请求一次数据 存入结果
初始化二哈识图硬件，端口默认选择 I2C 。	点击下拉按钮，切换至人脸识别算法，同时只能用一种算法。	每执行之一次，读取最新的图像数据。

2."重复执行——直到" 循环结构。

当二哈识图识别到有效乘客时,屏幕将显示"欢迎乘坐",并完成搭载功能;当识别到乘客无乘坐权限时,则显示"无乘坐权限";当无乘客时,显示"等待乘客"。当搭载到乘客时,退出循环,不再进行人脸识别。这就需要用到"重复执行—直到"这种循环结构。

"重复执行—直到"指令积木位置示意。

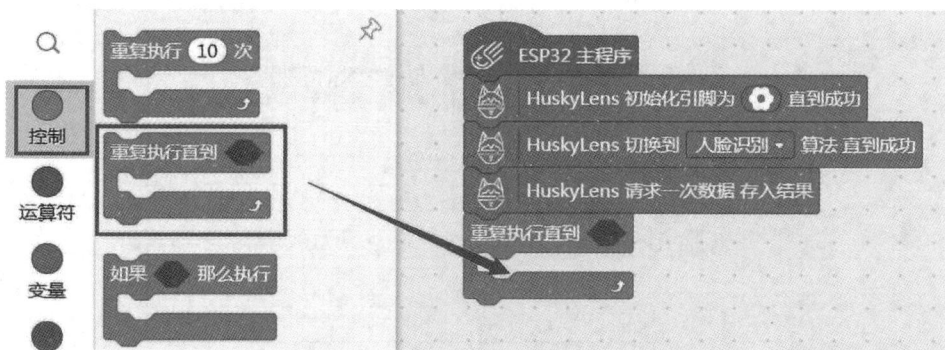

条件判断指令积木功能示意图。

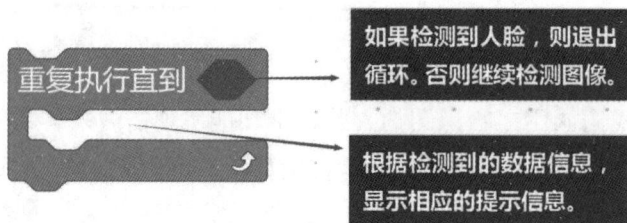

3.如何告知电脑,我们已经检测到人脸呢?

此时可引入一个数字型变量来进行判断。我们分以下几种情况进行讨论,并设置其规则:

(1)未检测到人脸时,设置变量=0。

(2)检测到有乘坐权限的1号人脸ID时,设置变量=1。

（3）检测到其他已经录入但无乘坐权限的人脸时，变量 =ID 号（变量 > 1）。

变量常用功能指令积木如下图。

变量

新建数字类型变量

新建变量

新变量名：

I

取消 确定

设置 num ▾ 的值为 0

将 num ▾ 增加 1

新建数字型变量，建议使用英文字母命名。

设置变量的具体数值。可以关联某个传感器的实时读取值。

在变量原值的基础上进行累加，参数可为负数。

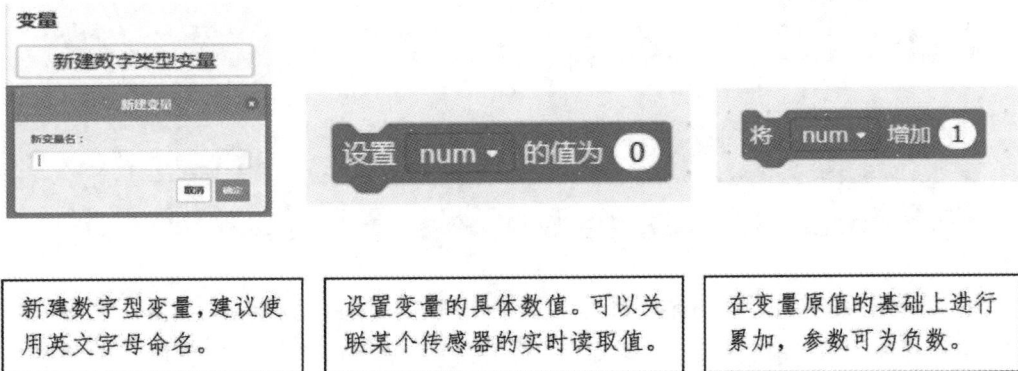

在本项目中，我们用变量 num 来表示检测值。在循环结构运行之前，先设定一个初始值 num=0，同时将循环结构条件设置为变量 num=1。使用变量完成条件设置如下图。

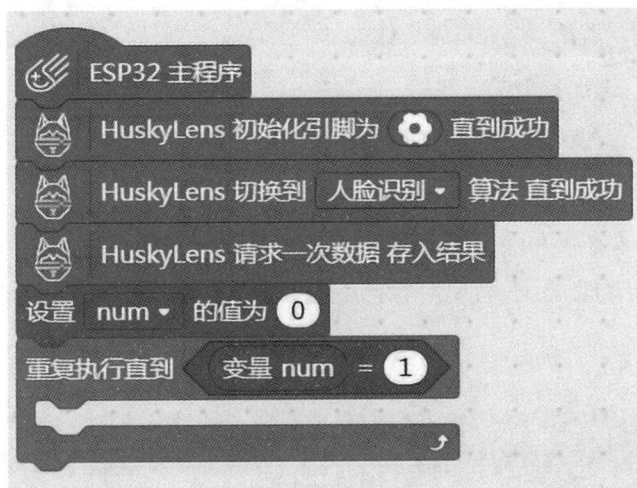

ESP32 主程序

HuskyLens 初始化引脚为 ⚙ 直到成功

HuskyLens 切换到 人脸识别 ▾ 算法 直到成功

HuskyLens 请求一次数据 存入结果

设置 num ▾ 的值为 0

重复执行直到 变量 num = 1

4.当二哈识图识别到有效乘客时，屏幕将显示"欢迎乘坐"，并完成搭载功能。

这部分编程我们需要使用前面学习过的"如果—那么"选择模块。同时，如何判断二哈识图屏幕中有无指定的人脸呢？我们使用"指定 ID 方框是否在画面中"指令积木来判断有无指定 ID 号人脸的功能。

判断图像是否在画面中指令积木如下图。

HuskyLens 从结果中获取ID 1 方框 ▾ 是否在画面中？

除巡线模式外，其余一般都是"方框"模式

✓ 方框
  箭头

将图像是否在画面中作为执行条件。

给"如果—那么执行"的循环部分加上屏幕显示欢迎信息和设置检测值为1的语句，同时在前方加上"请求数据存入结果"语句，以刷新图像内容。发现有权限乘客时代码示例如下图。

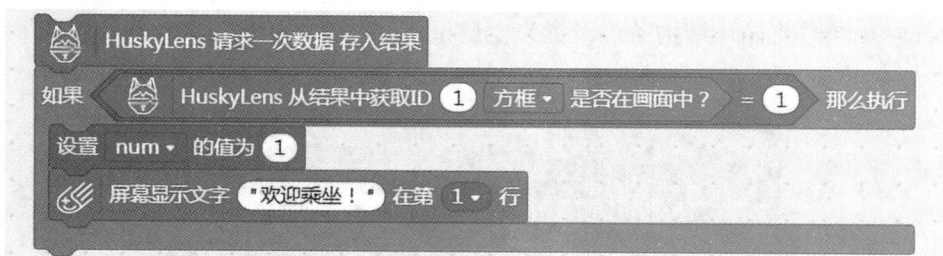

5.当二哈识图未在屏幕中识别录入的人脸数据时，屏幕将显示"等待乘客"。完成此功能编程与前面的类似，但不需要对检测变量num进行设置。等待乘客时代码示例如下图。

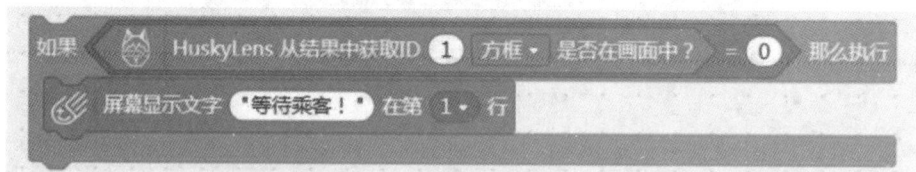

6.当二哈识图识别到其他已经录入但无乘坐权限的人脸时，屏幕将显示"无乘坐权限"。完成此功能编程与前面的类似，但不需要对检测变量num进行设置。同时条件也有变化，尝试使用合适的指令积木完成。乘客无乘坐权限时代码示例如下图。

7.调试中发现，显示文字提示信息时如果没有延时，则会出现屏幕显示不断刷新的情况，影响观看效果，加入延时指令积木可解决此问题。完整程序示例如下。

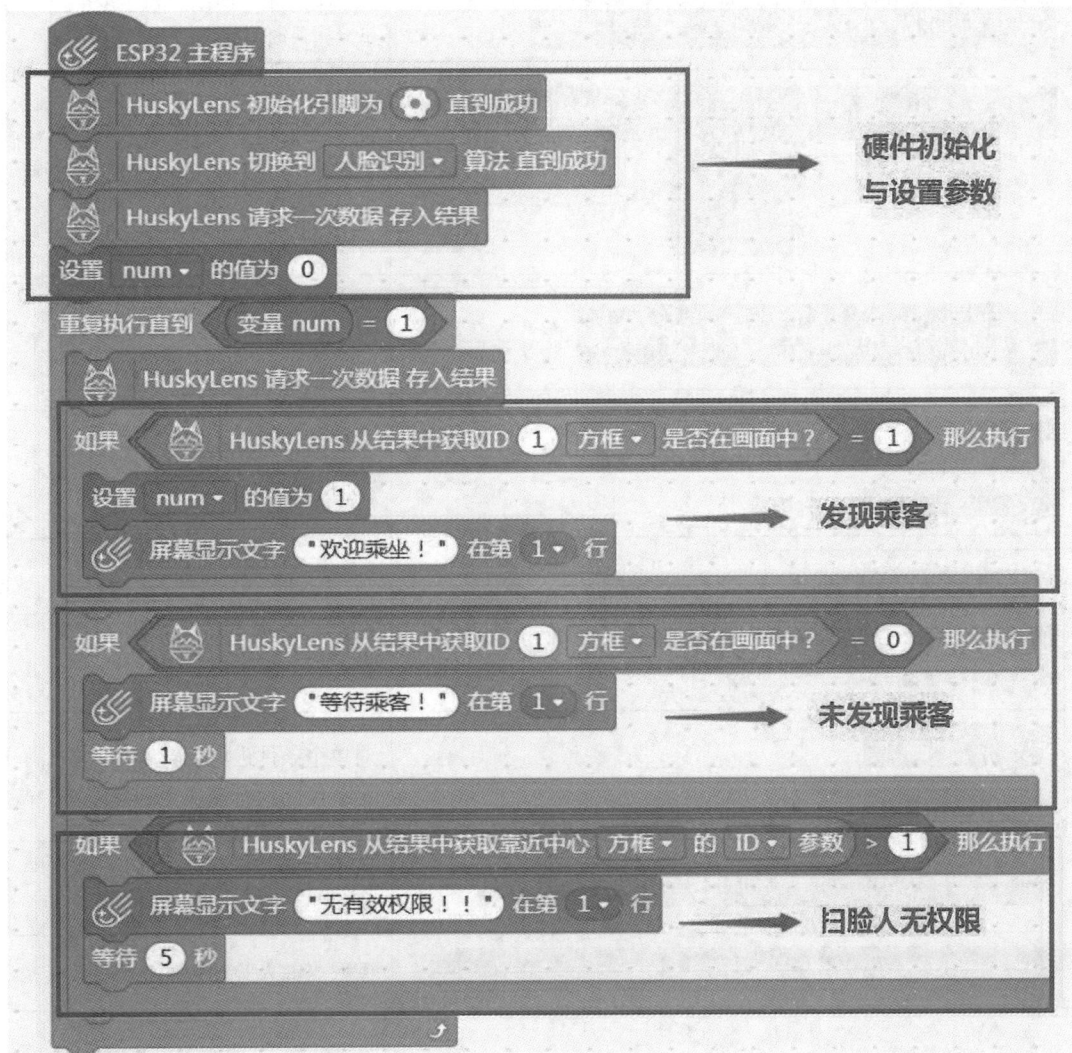

实验

（1）尝试使用上图的程序，实现搭载乘客功能。

（2）当无人驾驶小车搭载到乘客后，能否用灯光与音乐的方式显示欢迎信息？比一比，试一试，看看谁的欢迎方式更特别，更有趣！

（三）常用指令语句

指令语句	主要功能
HuskyLens 初始化引脚为 ⚙ 直到成功	硬件初始化,使用二哈识图的第一步,端口默认选择12C
HuskyLens 切换到 人脸识别 ▼ 算法 直到成功	切换图像识别算法,点击下拉按钮即可切换,同时只能使用一种识别算法
HuskyLens 请求一次数据 存入结果	代码位置在循环语句中间,每执行之一次,则将读取到二哈识图的最新数据放到"结果"中
重复执行直到 ◆	一直执行模块内程序,直到满足条件时,跳出循环
新建数字类型变量	新建数字类型变量
设置 num ▼ 的值为 0	设置数字型变量的值
如果 ◆ 那么执行	对单个条件进行逻辑判断,如果满足条件则执行模块中的程序块
HuskyLens 从结果中获取ID 1 方框 ▼ 是否在画面中?	用于判断指定ID号人脸是否在屏幕中
HuskyLens 从结果中获取靠近中心 方框 ▼ 的 ID ▼ 参数	读取当前人脸图像的ID序号

分享与交流

以小组为单位,展示一下本组的作品,可以从以下两个方面汇报:

（1）实现了哪些效果?

（2）存在哪些问题?

交流是为了相互学习,大家提出的问题,你能想到解决方案吗?

总结与评价

1.创客课堂。

二哈识图功能强大,图像识别前景应用广泛,请小组思考与讨论,列举请你展望其应用前景,将你看到的,或想到的图像识别的应用实例,填入表格内。

图像识别类型	应用场景
人脸识别	门禁系统
物体追踪	自动追光灯
物体识别	看图识花
标签识别	超市收银
循线追踪	自动运输小车

2.总结与评价。

利用项目活动评价表,开展项目学习活动评价,并对项目进行拓展。

评估指标	等级			分数
	A	B	C	
知识和技术 (20分)	基本了解巡线传感器与二哈识图工作原理以及作用 (0—9分)	理解巡线传感器与二哈识图工作原理以及作用 (10—15分)	掌握并能应用巡线传感器与二哈识图的知识与技术 (16—20分)	
巡线传感器功能 (20分)	基本能通过巡线传感器实现对小车的控制,效果一般 (0—9分)	能通过巡线传感器实现对小车的控制,效果良好 (10—15分)	掌握巡线传感器对小车路径的控制方法,效果好 (16—20分)	
AI图像传感器功能 (20分)	基本能够使用二哈识图实现人脸识别与颜色识别功能 (0—9分)	能够使用二哈识图实现人脸识别与颜色识别功能 (10—15分)	掌握使用二哈识图人脸识别与颜色识别功能的方法 (16—20分)	
程序设计 (20分)	只会按照范例编写简单程序 (0—9分)	能编写和调试程序 (10—15分)	能编写、调试和优化程序 (16—20分)	
动手调试能力 (20分)	基本能够完成硬件连接,调试效果差,完成小部分任务 (0—9分)	能够完成硬件连接,能够完成软硬件调试,完成部分任务 (10—15分)	掌控硬件搭建方法,灵活进行调试,完成全部任务 (16—20分)	
项目评分				

第三课　全路况智能驾驶

随着人工智能的飞速发展,自动驾驶技术近年来得到了飞速的发展。自动驾驶的汽车已经开始上路测试,只需要上车后告诉汽车我们的目的地,然后全程交给汽车自动驾驶了。在这个模块的学习中,我们将体验智能小车全路况智能驾驶,并学习物联网通信功能,从而实现小车控制真正从自动走向智能,适应未来交通的需要。

情景与任务

无人驾驶的智能小车麦昆,将经历各种真实路况的考验,城区道路、高速路、山路、拥堵路段、红绿灯、加油站,如此严格的测试只为保障安全,让用户放心使用。经过多次测试,无人驾驶的智能小车麦昆已经能够完成基本的功能,我们将进行批量生产,未来汽车公司的工程师们,正在对已经制作完成的麦昆小车进行测试,检验所有功能是否正常,一起来参与一下吧!

行动与体验

一、红绿灯轻松过

(一)"过红绿灯路口"问题

"红灯停,绿灯行"是大家熟悉的交通规则,按照红绿灯的提示过路口,是交通系统中的常见场景,利用二哈识图的颜色识别功能,我们能够轻松识别红绿灯信息。

(二)体验颜色识别功能

(1)连接二哈识图硬件。

(2)左右滑动左侧圆形的"功能按钮"至"颜色识别"功能。

(3)学习与识别:

①侦测颜色。

②学习颜色。

③识别颜色。

小提示:环境光线对颜色识别的影响很大,对于相近的颜色,HuskyLens有时会误识别。建议保持环境光线的稳定,在光线适中的环境中使用此功能。

实验

学生实验颜色识别功能。

(三) 流程图分析

```
        ┌─────────┐
        │  开  始  │
        └─────────┘
             │
        ┌─────────┐
        │ 初始化硬件 │
        └─────────┘
             │
        ┌─────────┐
        │ 切换算法模式 │
        └─────────┘
             │
        ┌─────────┐
        │ 刷新图像数据 │
        └─────────┘
             │
           ◇检测到绿灯◇ ──是──> │显示"绿灯通行"│
             │否
           ◇检测到红灯◇ ──是──> │显示"红灯停止"│
             │
        ┌─────────┐
        │ 小车巡线 │
        └─────────┘
             │
        ┌─────────┐
        │  结  束  │
        └─────────┘
```

(四) 编程实战

1.二哈识图常用功能指令积木。

在本项目中,我们调用二哈识图的颜色识别功能实现红绿灯检测功能。具体包括以下几个指令积木:

(1)硬件初始化。

(2)算法切换。

(3)数据存入结果。

ESP32 主程序

HuskyLens 初始化引脚为 ⚙ 直到成功

HuskyLens 切换到 颜色识别 ▼ 算法 直到成功

HuskyLens 请求一次数据 存入结果

2.检测变量。

与人脸识别功能类似,使用变量num来检测是否识别到绿灯。

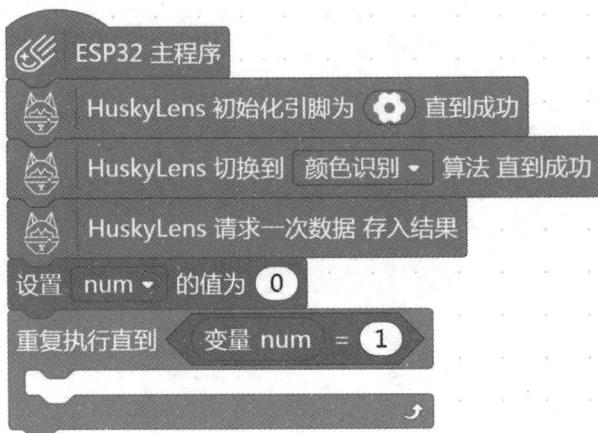

(1)num=1;识别到绿灯;车辆可以通行;

(2)num=0;识别到红灯或未进行识别;禁止车辆通行。

3.显示"红灯停,绿灯行"部分代码。

我们只设置了红灯与绿灯两种状态,我们可以使用另外一个选择结构的代码来实现。

选择性结构指令积木功能示例如下。

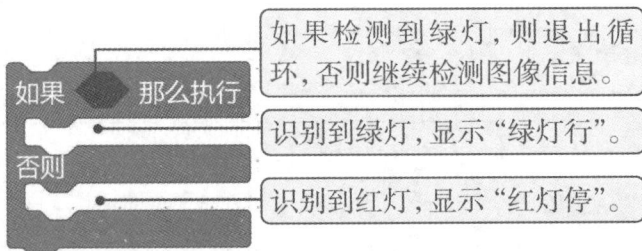

红绿灯提示信息显示程序示例如下。

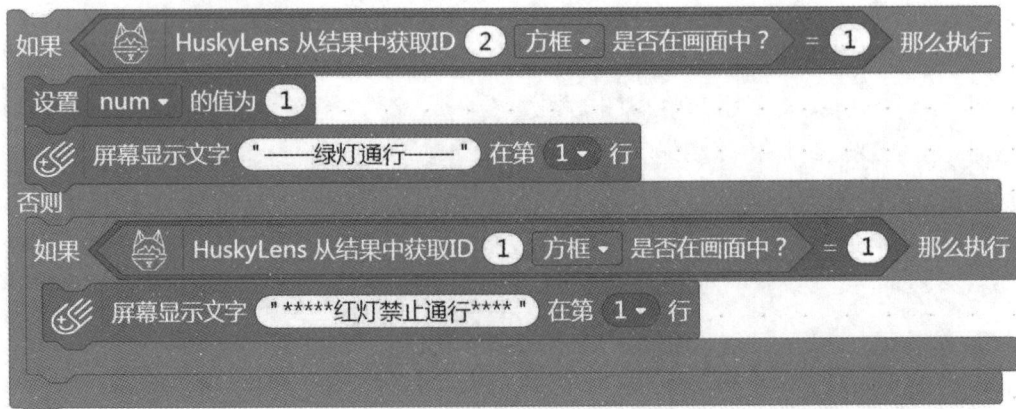

4. 小车过红绿灯后继续前进。

小车过红绿灯后继续前进，其实就是小车继续执行巡线代码。小车巡线代码较长，会提高代码可读性，我们可以引入另一个技能——自定义函数。将自定义函数作为代码积木拖动到编码下方，就可以实现其功能了。

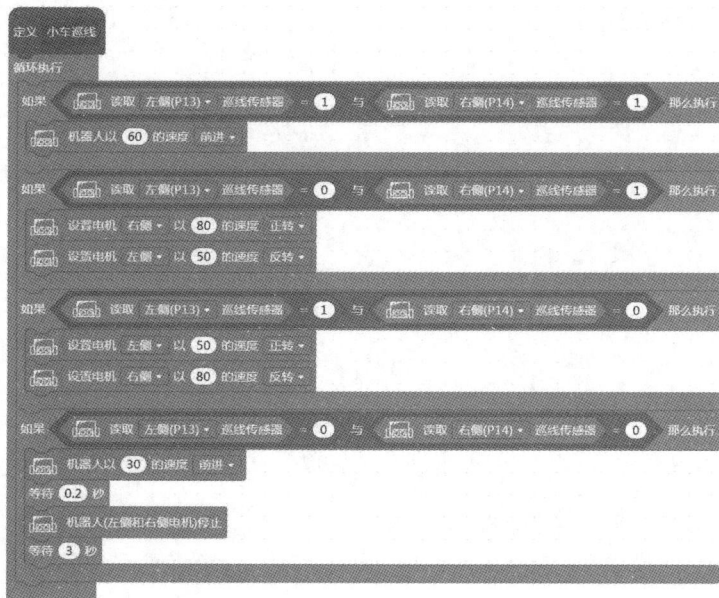

5. 完整代码参考。

过红绿灯完整程序示例如下。

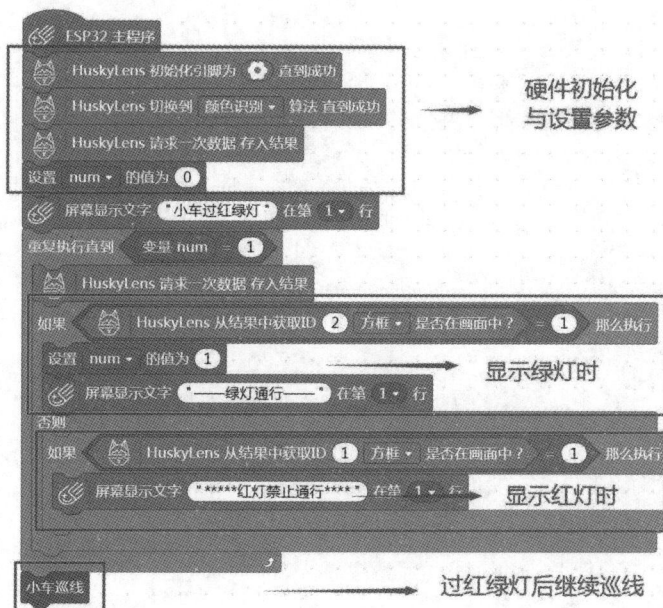

🖧 **实验**

尝试使用上图的程序代码段实现小车过红绿灯功能。

（五）常用代码指令学习

指令语句	主要功能
自定义模块	自定义函数模块，常用于模块化功能，方便调用。能够提高程序代码的易读性，便于理解与编程修改

♻ **拓展**

类似的颜色识别，在生活中还可以有哪些应用呢？

二、竞技大比拼

（一）全路况驾驶

经过多次的测试，无人驾驶的智能小车麦昆已经能够完成基本的功能，我们将进行批量生产，未来汽车公司的工程师们，对已经制作完成的智能小车正在进行测试，检验是否所有功能正常，一起来参与一下吧！

无人驾驶智能小车全路况比赛地图如下。

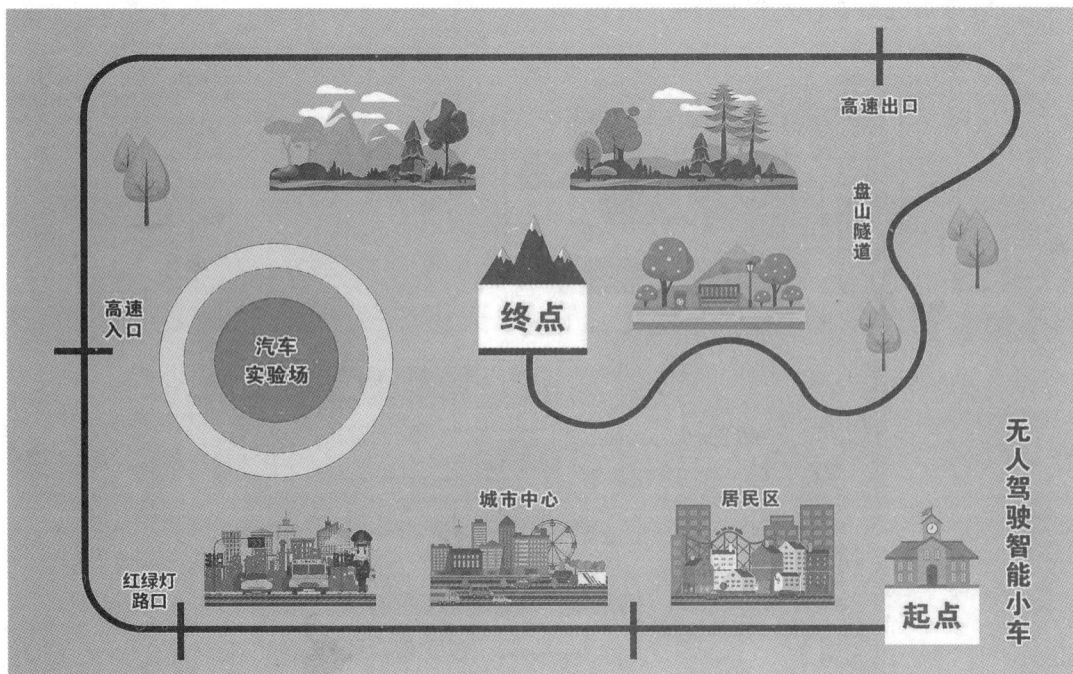

任务序号	测试位置	功能	功能描述
①	起点	启动巡线	开始巡线,播放音乐或闪车灯
②	城市中心	搭载乘客	识别到乘客后,屏幕显示"欢迎乘坐!"
③	红绿灯路口	过红绿灯	直至路口出现绿灯,车辆继续前行
④	高速入口	高速路模式	设定为高速行驶状态
⑤	高速出口	山区隧道模式	进入山区隧道模式,路陡弯多,减速慢行,打开车灯
⑥	终点	到达目的地	到达目的地,播放音乐

(二) 小车竞技任务分类

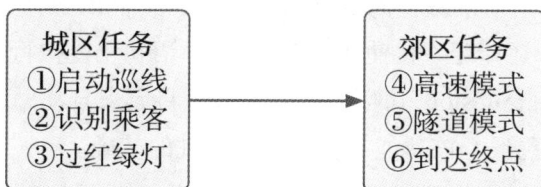

```
城区任务            郊区任务
①启动巡线    →     ④高速模式
②识别乘客           ⑤隧道模式
③过红绿灯           ⑥到达终点
```

(三) 提高代码易读性

1. 使用自定义函数功能做好代码规划。

为方便阅读与理解,可以利用Mind+的自定义函数功能,将主要的功能定义为模块。如我们可以将前期提到的巡线、灯光控制,以及二哈识图的相关功能都设置为函数模块,就可以增加代码的可读性,方便后期修改与调试参数。

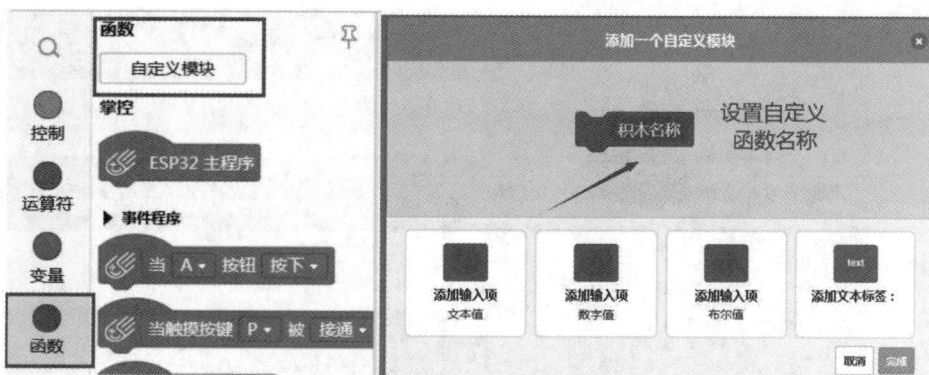

2. 代码的折叠与注释。

当代码比较多时,易产生干扰,此时可利用代码折叠功能,使屏幕显示更加简洁、易读。右键单击某个模块,可以对其进行折叠与编辑的工作。同时对一些复杂的语句可以添加注释,便于理解。

(四) 巡线模式

在竞技大比拼中, 当要根据不同的路口场景执行不同的操作时, 我们还能否使用原来的传感器巡线方式? 还能否直接使用"循环执行"语句反复执行?

通过设置一个检测变量stop, 可以检测停止线。将原来自动循环执行的任务, 分解为8次利用巡线传感器巡黑线。该功能是小车自动驾驶的基础。

在小车巡线模块中增加检测变量如下。

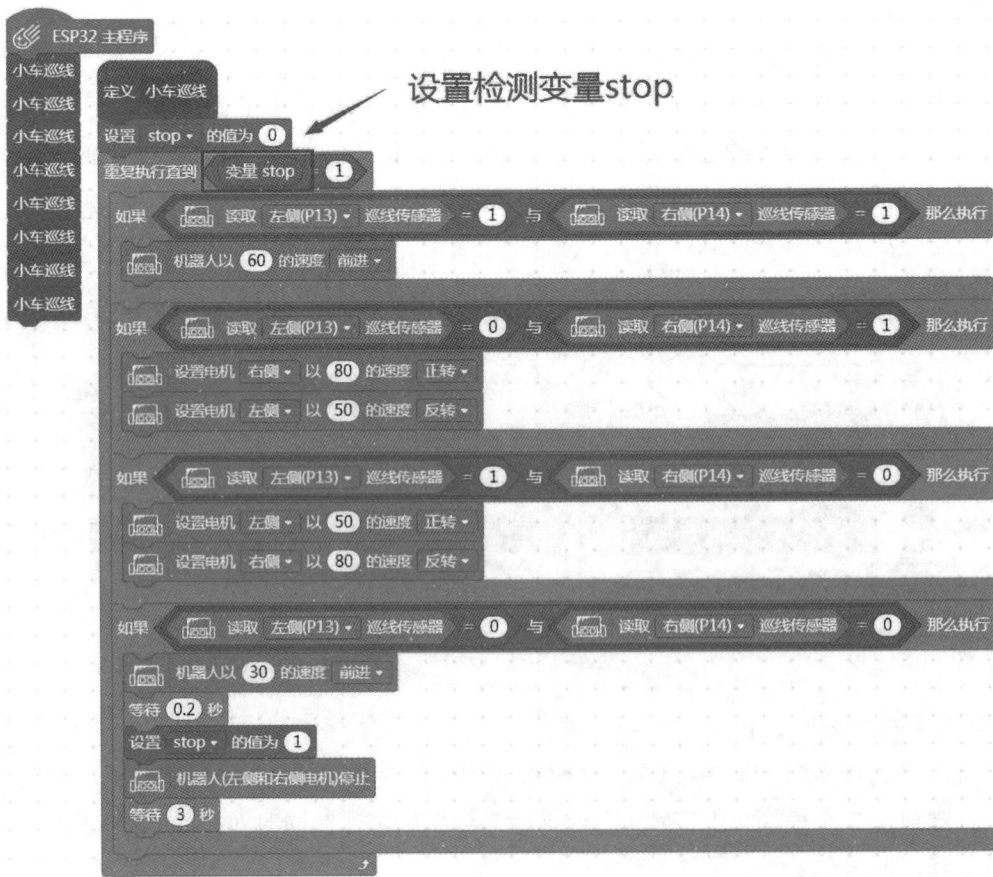

设置检测变量stop

(五) 小车城区任务程序示例

"小车巡线+搭载乘客+过红绿灯"程序示例如下。

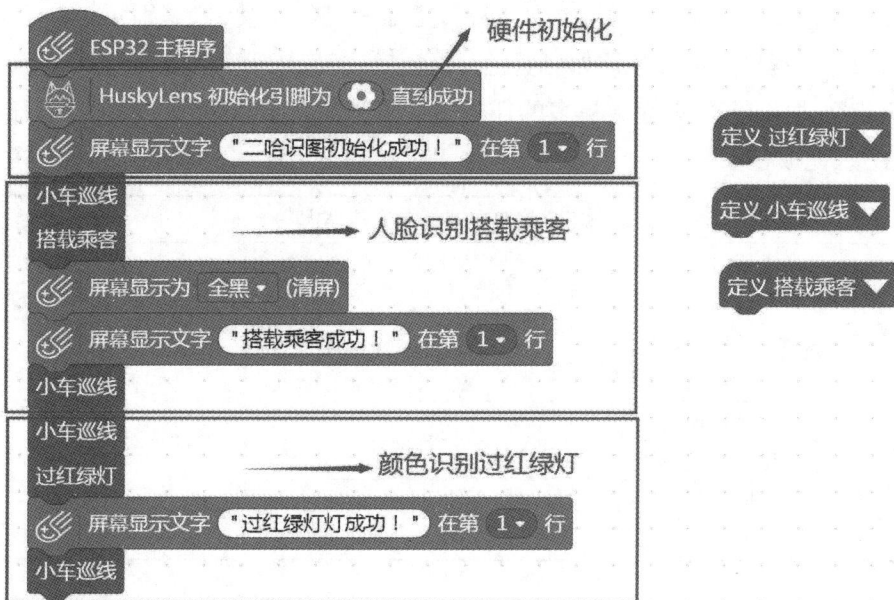

(六) 小车郊区任务程序示例

"小车巡线+高速模式+隧道模式+到达终点"程序示例如下。

实验

(1)尝试使用"小车巡线+搭载乘客+过红绿灯程序"示例的程序,在城区路段完成"小车巡线+搭载乘客+过红绿灯"等任务。

(2)尝试使用"小车巡线+高速模式+隧道模式+到达终点"程序示例的程序,在郊区路段完成"小车巡线+高速模式+隧道模式+到达终点"等任务。

(七) 调试运行

💬 讨论

智能小车在比赛中常常出现的主要问题有：不按黑线行驶，未识别到路口停止标志，速度不够快等。程序中的参数该如何优化，才能让任务完成得又快又好？

请以小组为单位，争取完成更多的任务。下面对你完成的任务进行统计。任务完成打√，任务未完成打×。

小车全路况比赛任务完成情况			
序号	任务内容	完成情况	花费时间
1	全路巡线		
2	识别乘客		
3	过红绿灯		
4	高速模式		
5	山区隧道模式		
6	到达目的地		
7	所有任务		

三、出租车费扫码付(选修模块)

(一) 如何付费？

如何计算与支付车费？

从生活经验来看，日常生活中，出租车均是利用路程与拥堵时间两个指标来进行综合计费的，考虑到麦昆小车中没有能够准确计量路程的设备，我们通过时间来计算车费。

起始时间：当乘客人脸识别成功，开始上车的时间。

结束时间：到达目的地，作为结束时间。

车费规则：0.01元/秒，以元为单位计收。

⚙ 思考

我们可以凭借什么实现收费？需要哪些软硬件条件？

♻ 拓展

标签识别技术

标签识别技术是指对物品进行有效的、标准化的编码与标识的技术手段，它是信息化的基础工作。生活中常见的二维码与条形码，就是常见的可视化的标签。生活中类似的标签很多，比如超市付款时扫描的货物的条形码，手机支付的二维码等。在二哈识图应用中，我们使用AprilTag标识码。

生活中常见的标签有AprilTag标识码、二维码、条形码。

023-123456789

（二）体验标签识别功能

(1) 连接二哈识图硬件。

(2) 标签识别基本过程。

①侦测标签。

②学习标签。

③识别标签。

实验

体验标签的学习与识别功能。

（三）设计算法

车费扫码付流程如下。

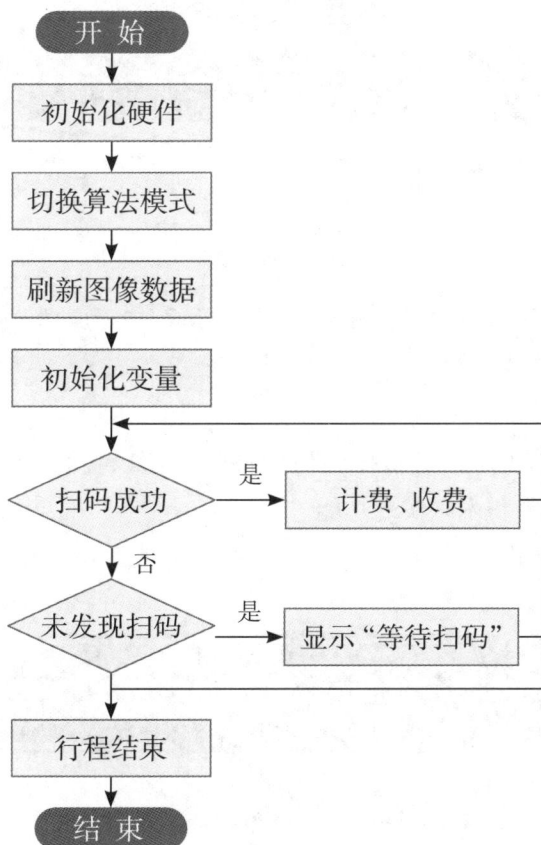

（四）编程分析

运行本程序，到达目的地后，会在屏幕上显示"已经到达目的地"，当扫描到乘客的付款码后，会显示收费信息，同时显示"期待你下次光临"信息；未扫描到付款码，会在屏幕上显示"等待乘客付车费"；完成付款后，会播放音乐，同时显示"行程结束！"。

本程序中，我们需要设置多个变量，分别用于：

（1）变量time，用来存放上车和下车的时间，以及计算所花费的时间。

（2）变量fare，用来计算应收取的车费。

（3）变量num，用来设置是否对乘客进行了扫码。

（五）编程实战

1.获取出发时间。

可以使用语句"系统运行时间"来获取，其单位为毫秒，一般与设置变量值配合使用，将某个变量设置为系统运行时间。在本例中，我们设置变量名为time。

读取系统运行时间指令积木。

2.检测变量。

在本例中，继续使用num作为检测变量，检测是否扫码成功，如不成功，则循环执行扫码，直到成功才退出。

3.选择性结构指令积木。

程序中有"扫码成功"与"等待扫码"两种状态，所以我们继续使用"如果—那么执行—否则"选择结构指令积木来实现功能。

4.获取实际行驶时间。

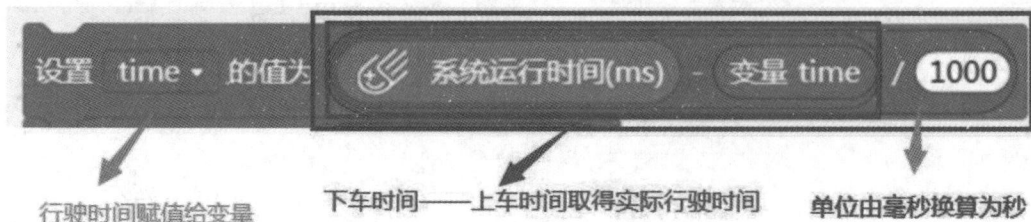

行驶时间赋值给变量　　　下车时间——上车时间取得实际行驶时间　　　单位由毫秒换算为秒

5.乘车收费计算方法。

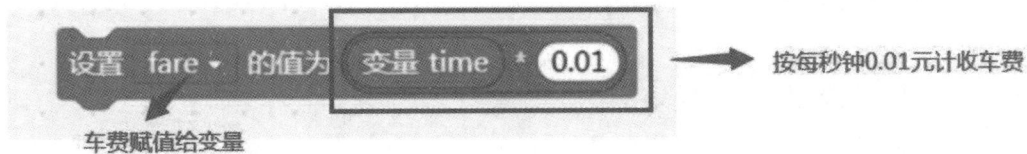

6.显示与音乐播放。

根据扫码收费是否成功，显示相应的提示信息，并播放音乐。

7.完整程序示例。

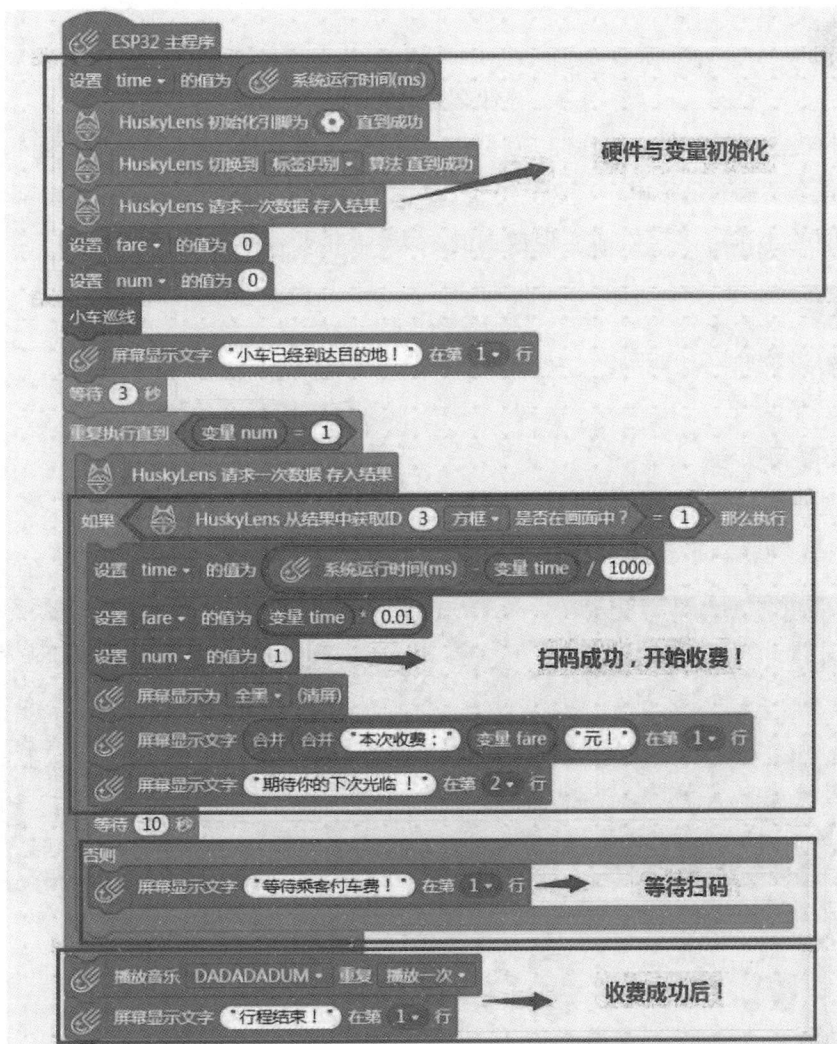

⛬ 实验

尝试使用上图的程序,完成车费扫码任务。

四、行车记录仪(选修模块)

(一) 任务分析

未来汽车公司的管理员,需要随时对无人驾驶的智能小车进行管理,了解小车的运行状态、所在位置,以及小车的营运情况。在万物互联的物联网时代,一切变得更加简单。

要能够与智能小车进行信息传送,需要智能小车连入互联网,成为物联网小车。利用物联网平台,可实现无人驾驶的智能小车与汽车公司服务器端进行双向通信。实现诸如传送位置信息、接送人员信息、各路口时间、到达情况、收费情况等信息。

📖 阅读

什么是物联网

物联网是互联网的一个延伸,互联网的终端是计算机(PC、服务器),而物联网的终端是硬件设备,无论是家电、工业设备、汽车,还是监测仪器,所有这些终端都可以互联。基于物联网的小车可以轻松地实现数据的采集、上传及信息的双向传递。

🌼 思考

你了解过物联网功能吗?

(二) 物联网平台

1.首次使用Easy IoT物联网平台。

Easy IoT物联网平台网站首页如下。

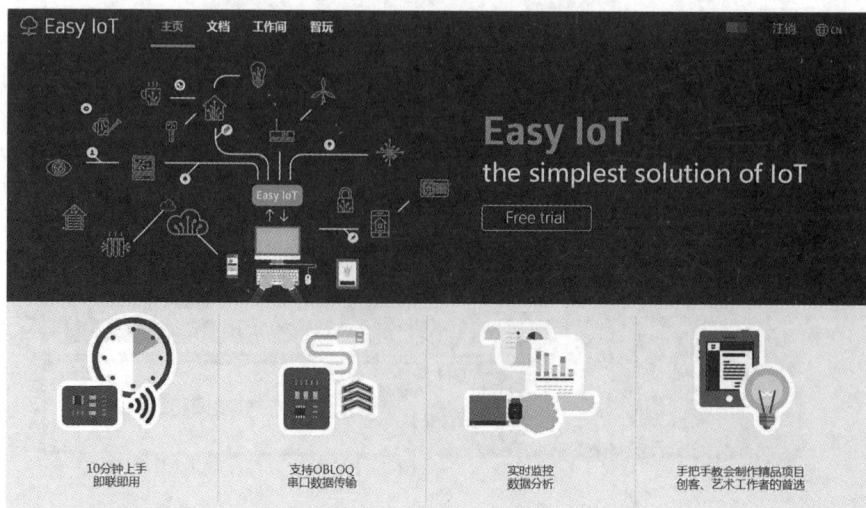

(1)注册账号：首次使用 Easy IoT 需要进行账号注册。

在网址 http://IoT.dfrobot.com.cn/ 注册账号并登录。

(2)添加设备：登录物联网平台后选择"工作间"，点击图中"+"，添加一个新设备。这个新设备就是需要连入物联网的设备。一个设备对应一条数据的双向传递，有时要传递多个数据，就需要设置多个设备。

你可以把设备理解为一个存放信息的房间或是一个公布信息的黑板，获取到的信息与数据会在设备中显示出来。

(3)获取 IoT 账号、密码和新设备 Topic 。点击页面，可以看到 IoT 账号和密码。记录这里的 IoT 账号、密码和新设备 Topic，后面需要将此作为参数以配置 MQTT 服务器。

物联网平台工作间功能分区如下。

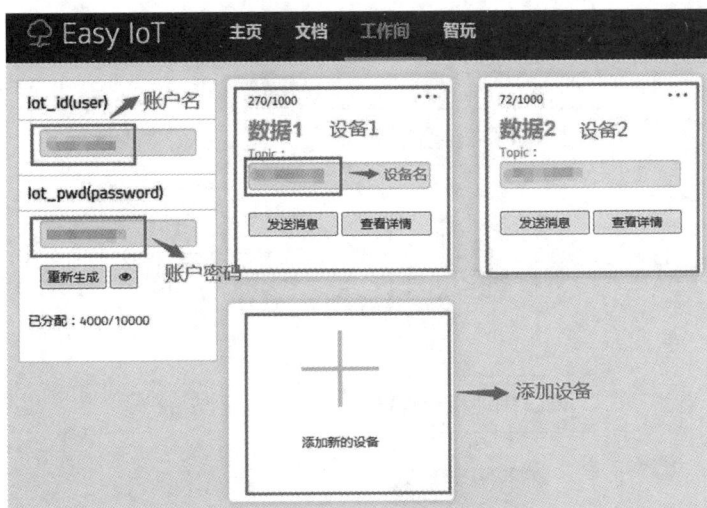

2:Mind+ 中物联网平台编程组件。

(1)选择"网络服务"。

点击"扩展"按钮，选择"网络服务"，选中"MQTT"和"Wi-Fi"功能。

加载 MQTT 与 Wi-Fi 服务如下图。

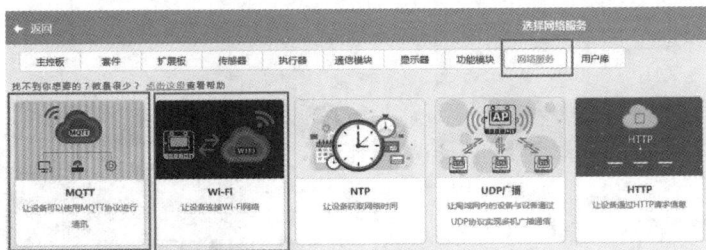

(2)Wi-Fi 环境。

使用物联网平台服务需要Wi-Fi热点，请确认测试环境有Wi-Fi。

(三) 流程图分析

MQTT发送信息流程如下。

(四) 编程实战

(1)Wi-Fi相关指令积木。

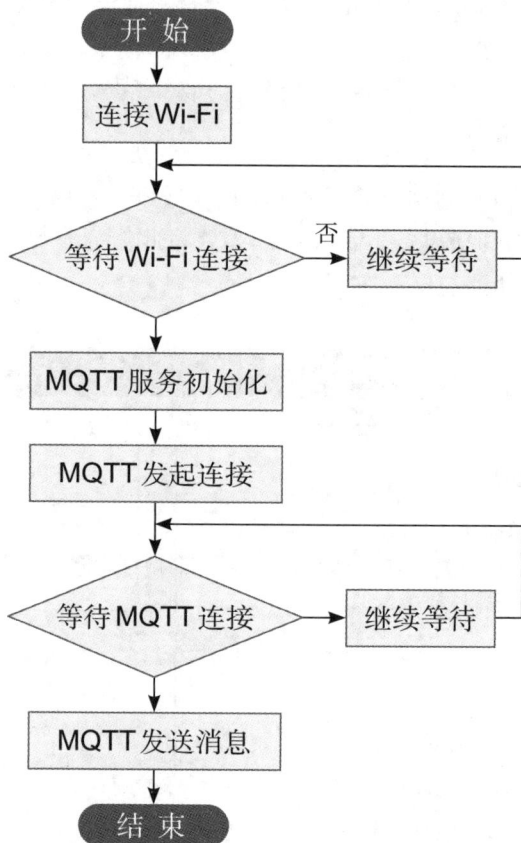

连接到Wi-Fi热点，需要
填写热点名称与密码。

两个指令，用于等待直到
Wi-Fi连接成功。

需要断开Wi-Fi连接时使用

可获取
Wi-Fi的
相关信息

（2）连接 Wi-Fi 编程代码。

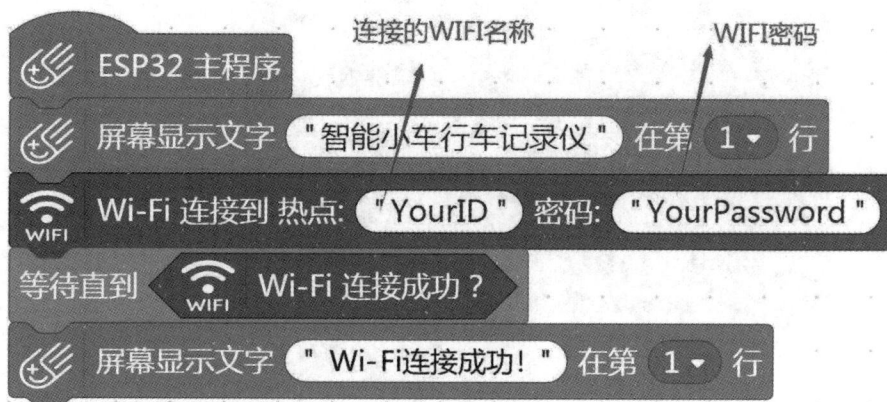

（3）连接 MQTT 服务器。

MQTT 是一个即时通信协议日益成为物联网通信协议的重要组成部分。MQTT 现在主要用于即时通信，物联网 M2M、物联网采集等。

MQTT 相关指令积木如下。

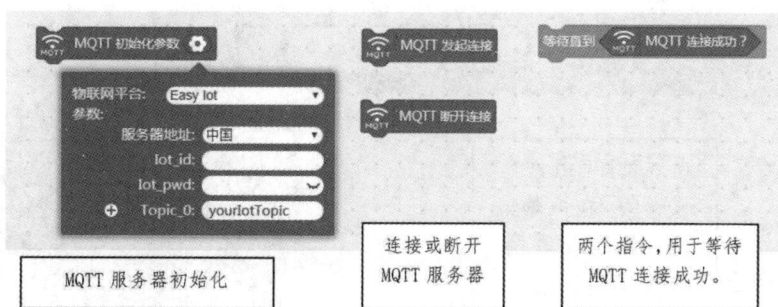

（4）MQTT 初始化与连接程序。

MQTT初始化参数设置如下。

(5) 发送与接收信息。

MQTT 发送信息语句如下。

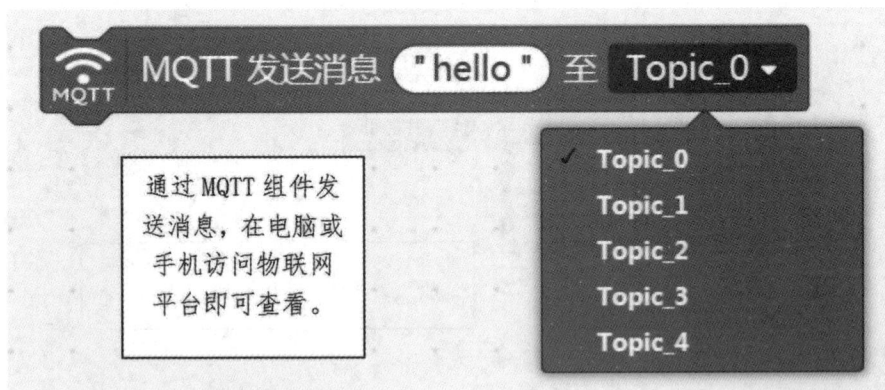

通过 MQTT 组件发送消息代码

(6)MQTT 发送信息程序。

MQTT 发送信息运行效果如下。

查询结果

时间	消息
2021/5/8 20:9:8	hello
2021/5/8 20:8:50	hello

实验

尝试使用上图的程序代码块,完成MQTT发送信息任务。

(五) MQTT 发送收费信息

将MQTT发送信息代码与停车收费代码结合,可将收费信息发送给物联网平台,程序如下。

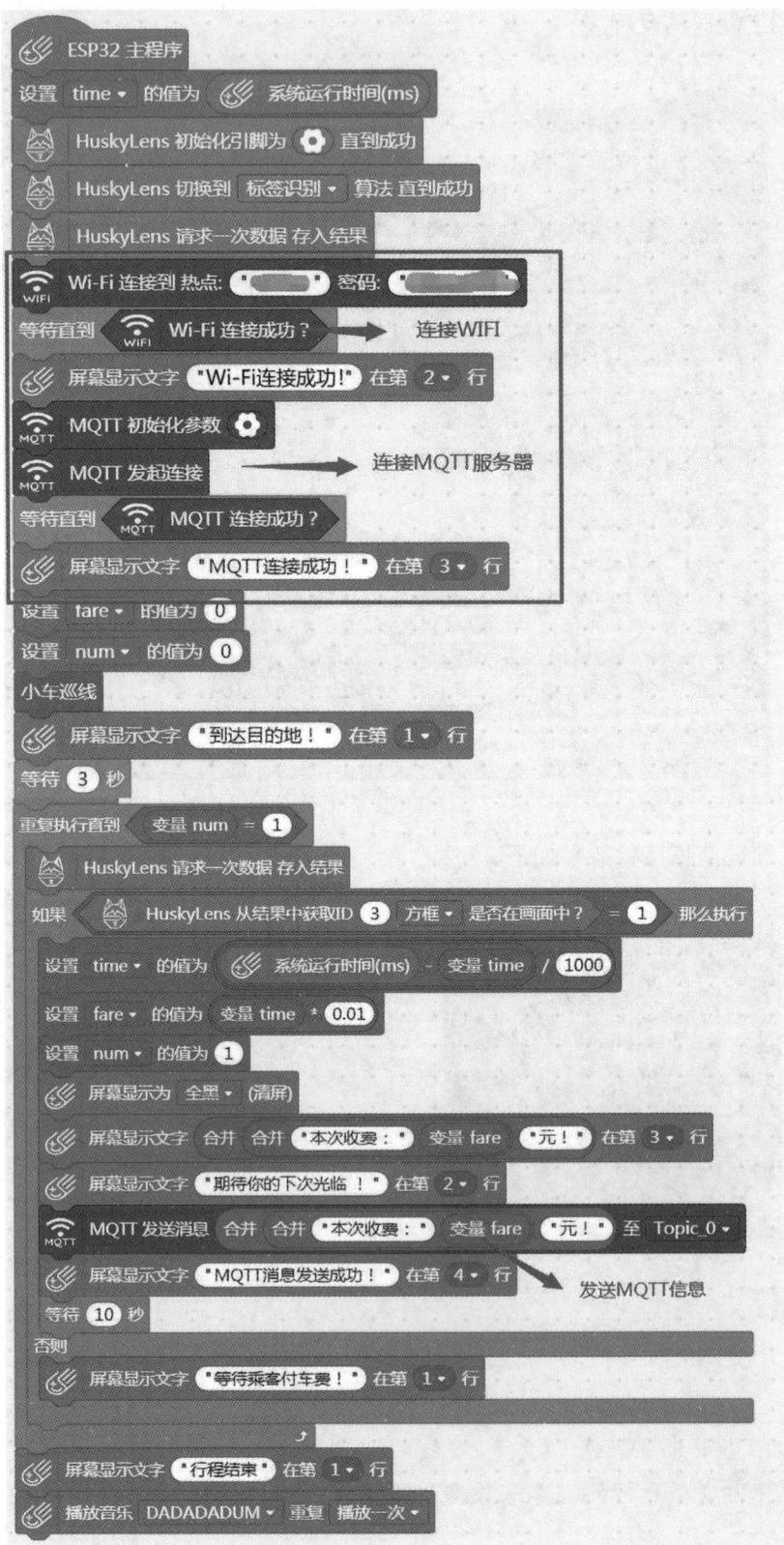

ESP32 主程序

设置 time ▼ 的值为 系统运行时间(ms)

HuskyLens 初始化引脚为 ⚙ 直到成功

HuskyLens 切换到 标签识别 ▼ 算法 直到成功

HuskyLens 请求一次数据 存入结果

Wi-Fi 连接到 热点: "▢" 密码: "▢"

等待直到 Wi-Fi 连接成功？ ——→ 连接WIFI

屏幕显示文字 "Wi-Fi连接成功!" 在第 2 ▼ 行

MQTT 初始化参数 ⚙

MQTT 发起连接 ——————→ 连接MQTT服务器

等待直到 MQTT 连接成功？

屏幕显示文字 "MQTT连接成功!" 在第 3 ▼ 行

设置 fare ▼ 的值为 0

设置 num ▼ 的值为 0

小车巡线

屏幕显示文字 "到达目的地!" 在第 1 ▼ 行

等待 3 秒

重复执行直到 变量 num = 1

　　HuskyLens 请求一次数据 存入结果

　　如果 HuskyLens 从结果中获取ID 3 方框 ▼ 是否在画面中？ = 1 那么执行

　　　设置 time ▼ 的值为 系统运行时间(ms) - 变量 time / 1000

　　　设置 fare ▼ 的值为 变量 time * 0.01

　　　设置 num ▼ 的值为 1

　　　屏幕显示为 全黑 ▼ (清屏)

　　　屏幕显示文字 合并 合并 "本次收费：" 变量 fare "元!" 在第 3 ▼ 行

　　　屏幕显示文字 "期待你的下次光临 !" 在第 2 ▼ 行

　　　MQTT 发送消息 合并 合并 "本次收费：" 变量 fare "元!" 至 Topic_0 ▼

　　　屏幕显示文字 "MQTT消息发送成功!" 在第 4 ▼ 行 ——→ 发送MQTT信息

　　　等待 10 秒

　　否则

　　　屏幕显示文字 "等待乘客付车费!" 在第 1 ▼ 行

屏幕显示文字 "行程结束" 在第 1 ▼ 行

播放音乐 DADADADUM ▼ 重复 播放一次 ▼

运行效果如下。

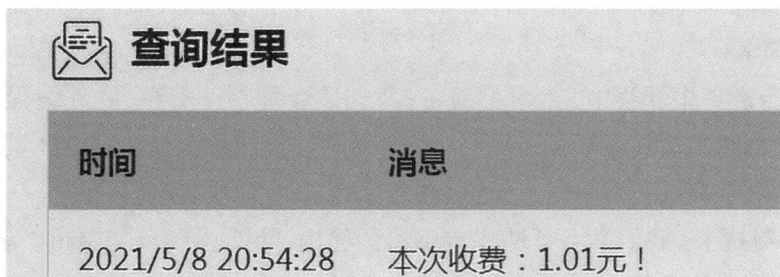

查询结果

时间	消息
2021/5/8 20:54:28	本次收费：1.01元！

(六) 知识拓展

指令语句	主要功能
等待直到 ⬡	在条件满足前一直等待，不执行下面的程序指令
Wi-Fi 连接到 热点："yourSSID" 密码："yourPASSWD"	连接网络，进行网络设置。Wi-Fi 名称、密码不能使用中文
等待直到 Wi-Fi 连接成功？	条件指令，判断 Wi-Fi 是否连接成功
MQTT 初始化参数 ⚙ 物联网平台有多个	设置物联网初始参数。可以选择不同的物联网平台。将物联网平台账号信息填写到对应位置，从而匹配通信到确定的物联网平台账号和 Topic
MQTT 发起连接	发起物联网连接
等待直到 MQTT 连接成功？	条件指令，判断 MQTT 是否连接成功

分享与交流

以小组为单位，展示一下本组的作品，可以从以下两个方面汇报：

(1) 实现了哪些效果？

(2) 存在哪些问题？

交流是为了相互学习，大家提出的问题，你能想到解决方案吗？

总结与评价

1.创客课堂。

在智能车世界中课程中,作为小创客,我们体会了硬件搭建、软件编程、算法优化、编程调试,以及最终的项目展示与竞技。书中项目与任务来源于生活实际,将科学、技术、工程、艺术和数学有机融为一体。我们主要学习了以下几项技术。

(1)传感器技术:我们学习了巡线传感器的使用,小车中还自带有超声波传感器、声音传感器、加速度传感器;还可以外接各类传感器实现各种各样的功能。

(2)AI图像识别技术:我们完成了人脸识别、颜色识别、标签识别相关任务,还有物体识别、物体分类、巡线识别、物体追踪等功能等待我们去探索。

(3)物联网技术:我们学习了智能小车向物联网平台发送信息,还可以实现物联网平台向小车发送信息,双方双向发送信息。

以传感器、人工智能、物联网技术为代表的新技术革命将对未来汽车、未来交通、未来的生活都将产生的影响,让我们一起拥抱新技术时代的到来。

希望同学们通过"智能车世界"课程的学习,学科学、爱科学,在心中埋下创新的种子,将科技创新活动融入生活和学习中。

创新,永远在前行的路上!

2.总结与评价。

利用项目活动评价表,开展项目学习活动评价,对项目进行拓展。

评估指标	等级			分数
	A	B	C	
知识和技术 (20分)	基本了解二哈识图与物联网工作原理以及作用 (0—9分)	理解二哈识图与物联网工作原理以及作用 (10—15分)	掌握并能应用二哈识图与物联网的相关知识与技术 (16—20分)	
AI图像传感器功能 (20分)	基本能够使用二哈识图实现图像识别功能 (0—9分)	能够使用二哈识图实现图像识别功能 (10—15分)	掌握使用二哈识图图像识别功能的方法 (16—20分)	
物联网功能 (20分)	基本能够使用物联网平台实现信息传送功能 (10—15分)	能够使用物联网平台实现信息传送功能 (10—15分)	掌握使用物联网平台实现信息传输功能的方法 (16—20分)	
程序设计 (20分)	只会按照范例编写简单程序 (0—9分)	能编写和调试程序 (10—15分)	能编写、调试和优化程序 (16—20分)	
动手调试能力 (20分)	基本能够完成硬件连接,调试效果差,完成小部分任务 (0—9分)	能够完成硬件连接,能够完成软硬件调试,完成4个以上任务 (10—15分)	动手调试能力强,完成竞技大比拼6个以上任务 (16—20分)	
项目评分				